# 独立のすすめ
# 福沢諭吉演説集

小川原正道　編

講談社学術文庫

# 目次

## 第五章　次世代へのメッセージ

# 凡例

・本書は、現存する福沢諭吉の演説筆記・草稿のうち、重要と思われる七十三編を慶應義塾編『福澤諭吉全集』全二十一巻・別巻（岩波書店、昭和四四〜四六年）から抜き出して、編んだものである。

・各演説には編者がタイトルを付け、ダーシの後に原題を付した。原題に〔　〕が付いているものは、『福澤諭吉全集』の編者によるものである。

・演説が行われた年月日や会合の名称が原題に示されていない場合、判明している限りで、これを記載した。「カ」と付いているものは、推定によるものである。

・原文の旧漢字は常用漢字に、旧仮名遣いは現代仮名遣いに適宜改め、明らかな誤字は修正し、脱字は補った。

・本文中には、今日では不適切と判断せざるを得ない表現があるが、歴史的史料としての性格を尊重し、そのままとした。

・読みやすさを考慮して適宜改行し、「其の」「斯く」「為す」「可し」などは平仮名に改めた。また、適宜濁点・句読点、送り仮名などを補い、読みにくい漢字にはふりがなを付した。原文が平仮名でも、意味が読み取りにくい文言は、適宜漢字に改めた。
・本文内で難解な用語や人名などには、〔　〕を付け、編者が意味などを補った。
・原文で漢字にふりがなが付けられている場合があるが、それは（　）で示した。
・原文で割注となっているものは［　］で示した。

# 独立のすすめ　福沢諭吉演説集

# 第一章　「演説」と「交際」の創始

　福沢諭吉は、天保五年十二月十二日（一八三五年一月十日）、中津藩士の子として大坂に生まれ、中津に帰郷、漢学を学んだあと、長崎に留学した。その後、緒方洪庵（おがたこうあん）の適塾でオランダ医学を学ぶ。安政五年（一八五八年）、江戸の中津藩中屋敷に蘭学塾を開いた。三度の洋行体験、幕府での翻訳活動や政策提言、著作・執筆活動などに取り組み、慶應四年（一八六八年）、塾を慶應義塾と命名し、著作・教育活動によって日本の文明化・近代化に貢献していくことを決意する。幕末維新期の福沢の著作は、西洋の教科書や百科事典などからの翻訳が主であったが、明治七年（一八七四年）二月、翻訳だけでは知識が狭くなると感じ、本格的に西洋の政治・歴史関係の古典を読みはじめる。その成果として発表されたのが、『文明論之概略』（明治八年刊）であった。福沢が「Speech」を「演説」と訳し、その普及に取りかかりはじめた時期は、この理論・思想形成期と、ほぼ重なっている。自らの理論や思想を普及させ、討議を重ねながら錬磨していく。その重要な手段として、「演説」が選ばれたのである。その後、福沢は著作を立て続けに刊行し、地方自治や地方議会、国会の設立といった政策提言を試みていく。第一章には、福沢が演説を「創始」してから、交詢社を創立して組織的に「交際」に取り組みはじめ、その政策提言が明治十四年の政変で挫折するまでの、約七年間の演説をまとめた。この間、福沢は演説において、近代国家にふさわしい独立した個人、愛情あふれる家庭、教育や医学の目的、交際や社交のあり方などについて意欲的に語ったが、まずは演説とは何か、を理解させねばならない。明治七年六月の演説では、演説は学問の普及だけでなく、議会制度の前提となる、と説明した。福沢の主戦場は、翌年に設立された三田演説館だったが、その二年後には早くも三田演説会が百回を数え、福沢はその記念講演で、演説の技能がなければ民会（地方議会）が成り立たないと説いた。当時、福沢は国会の前提として民会を充実させるべきだと考えていたためである。では、福沢は慶應義塾、交詢社、官立学校などに、何を求めたのか。その演説の具体的内容を見ていこう。

## 「演説」とは何か
### ――明治七年六月七日集会の演説

（肥田昭作（ひだしょうさく）宅集会）

この集会も昨年から思い立ったことでござりますが、とかくその規律も立たずあまり益もないようで、この間までもその当日には人は集まると申すばかりのことでござりましたが、このたびはまた少し趣を替えて、社中の宅へ順々に席を設ける約束にしまして、則ち今日はこの肥田君(1)の御宅に集ったことでござります。

全体、この集会は初めから西洋風の演説を稽古して見たいという趣意であった。ところが何分日本の言葉は、独りで事を述べるに不都合で演説の体裁ができずに、これまでも当惑したことでござりました。けれどもよく考えて見れば、日本の言葉とても演説のできぬと申すはないわけ、畢竟（ひっきょう）〔要するに〕昔から人の慣れぬからのことでござりましょう。慣れぬと申して捨ておけば、際限もないことで、何事も出来る日はありますまい。

いったい学問の趣意は本を読むばかりではなく、第一が話し、次には物事を見たり聞いたり、次には道理を考え、その次に書を読むというくらいのことでござりますから、いま日本で人の集ったときに、自分の思うことを明らかに大勢の人に向かって述べることができぬと申しては、初めから学問の手立てを一つなくしておる姿で、人の耳目鼻口触五官の内を一つ欠いたようなものではござりませぬか。御同前に五官が揃うても人並みにないと平生患（うれ）いておる処に、あるその一つのものを使わずに無駄にして置くとは、あまり考えのないわけではござりませぬか。

まずここに物事があるとして、そのものがいよいよ大切だということを知るには、そのものがありて便利なくて不便利という、その便利と不便利の箇条をかぞえ上ぐればよくわかります。いま演説の法があるとないとについて、その便利と不便利を数えて見ましょう。

第一　原書を読んでも飜訳〔翻訳〕の出来ぬ人があり、また出来ても暇のないものもござります。たといその暇があるにもせよ、生涯の内に何ほどの飜訳が出来ましょう。そこに今演説の道が開けましたら、学問の弘まることはこれまでより十倍もはやくなりましょう。

第二　世の中に原書が読めて飜訳のできぬという人は、唯むずかしい漢文のような訳文ができぬというまでのことで、原文の意味はよく分かっておることだから、その意味を口でいう通りに書くことは誰にもできましょう。して見れば、この後は世の中の原書読みはそのまま飜訳者になられるわけで、世間に飜訳書は増えて、その書は読み易く、何ほどの便利かしれません。飜訳書のおかしいというのは、漢文のような文章の中に話の言葉が混じるからこそおかしけれ、これをまるで話の文にすれば少しもおかしいわけはありますまい。すべて世の中のことは何でも、慣れでどうでもなります。御同前に勇気を振るって人のさきがけをしようではないか。すこし生意気なようだけれども、世間に怖いものはないと思うて、我輩から手本を見せるがようござります。

第三　いま日本の誰に逢うても寒暑のあいさつでも、はじめからしまいまであきらかに満足に述べてしまう人はござりません。ことに朋友の送別、祝儀、不祝儀、何事によらず、大勢の人に向かって改まって口上を述べることは絶えて出来ず、ただ酒でも飲んで騒がしくすれば、それで御祝儀などというのも、あまり不都合なわけではござりませぬか。

第四　演説は我輩のような学者ばかりのする事ではござりません。婦人にも小供にもその心得がなくてはかないません。その証拠にはちょっとよその家に行って、その内の下女に口上〔口頭で伝えること〕を取り次がせてごらんなさい。いつでもまちがわぬことなし。畢竟この下女などは口上を聞いたこともなく、述べたこともないからでござりましょう。

第五　演説の法がないものだから、世間には意見書とか何とかいうものを書いてやりとりすることがござりますが、これは唖子（おし）〔発話障碍をもつ人〕が筆談をするようなもので、その書いたものを見てその心持ちを汲みとり、口と耳との縁はなくて、筆と目との取り次で、応対をする趣向でござります。それゆえ議院などの席で一度書いたものを出だして、これを読み上げた跡では、もはや議論は出来ず、議論があれば内へ帰って筆をとらねばならぬことでござりましょう。こんなことでは、とても民選議院[2]も官選議院〔政府が任命した議員で構成される議会〕も出来ますまい。

また学問の仲間も追々増えて盛んに集会を開くこともありましょう。その時には筆談の集会でなくて、口上の集会にして、その口上を紙に写して本にするようにしたいものでござります。

この外にも便利不便利の箇条は沢山あるけれども、今日はまずこれを略して、いよいよ演説が大切なというが分かれば、この上は銘々の見込みを述べたり、または原書を調べたりして、規則を定めましょう。

---

西洋にならった演説をはじめていくにあたり、福沢は明治六年から仲間内でその練習をする集会をもった。明治七年六月のこの演説で、福沢は演説をする利点を列挙している。西洋の原書が読めない人や翻訳する時間がない人を対象に学問を広めること、日常の挨拶にも役立つこと、女性や子どもにも必要な能力であること、そして、演説ができなければ議

論ができず、それでは議会制度も成り立たないこと、などであり、その演説の大切さを理解した上で、演説のルールを定めようと呼びかけた。演説が身近な存在であり、決して学者のみの営みではなく、一方通行の情報発信に止まらない、双方向の意思疎通につながることを、福沢は当初から企図していた。

（三田演説会）

## 演説はなぜ必要か
### ——〔明治八年五月一日三田集会所発会の祝詞〕

友を会して演説弁論するの必用なるは喋々（ちょうちょう）〔口数の多いこと〕これを論ずるに足らず、いやしくも日新の学に志す者なれば、その利益を知らざるはなし。しかるにこれを実際に施すにあたりて、あるいはその事に従わざる者あるは何ぞや。事の大切なるを知らざるにあらず、必竟（ひっきょう）〔結局は〕進取の勇気なきのみ。その極度を尋ぬれば、俗に所謂「キマリガワルイ」というに過ぎず。

今この俗語の意味を註解すれば、習慣に違（たが）うとの義のみ。習慣もとより違うべからざるものありと雖（いえど）も、文明の発達を謀れば、これを破りて妨げなきものあり、これを破らざるべからざるもの多し。結局文明と習慣とは、並立せざるものというも可なり。

そもそも習慣の有力なること、ただに第二の天然たるにあらず、実の天然もこれがために掩われて真面目を見わさざるもの多し。古今天下の人生を見るに、習慣の内に生まれて習慣の内に死し、一生又一生に伝えて遂にその範囲を脱すること能わず、事物の利害得失、皆この習慣をもって目的となし、甚しきは善悪邪正を判断するにも、その極は習慣に止まりて、これに従うものを正理と称し、これに違うものを邪悪として疑わざるに至れり。

故に習慣に従う者は智者の如く、これに違う者は愚者の如く、智者は着実にしてとどまるが如く、愚者は軽率にして動くが如し。習慣の範囲内におりて片眼もってこの趣を見れば、この智者誠に智にして、この愚者誠に愚なるが如しと雖も、少しく範囲を脱して一方より窺うときは、却ってここに反対を見ることあらん。請う、試にこれを論ぜん。

文明の要は発達進取にありて、これを害するものは停滞不流より甚しきはなし。然り而してこの停滞不流の元素と発達進取の元素とを分析して、その性質の相似たるものを求めなば、甲は必ずとどまりて着実なるものに伴い、乙は必ず動いて軽率なるものの内に存せざるを得ず。これに加え、着実といい軽率というもただ事の性質を形容したる語なれば、あるいは着実にあなどるに頑陋の字を用い、軽率の異名に穎敏〔鋭敏〕の字を用うるも、元素の性質に差し響きあることなし。今穎敏にして文明に進む者を智となし、頑陋にして習慣に拘泥する者を愚となすは、万人の許す所なれば、ここに於てか前に智者の如くなりし者、かえって愚となり、愚者の如くなりし者、かえって智となりて、はじめて智愚の反対を見るべきなり。

今我が日本において古来未だ曽て設けざる所の集会席を設けて、未だ曽て演説弁論せざる所の事を演説弁論せんとすることなれば、その習慣に違うは固より論をまたず。その席に就く者は愚なるが如く、その論ずる所の事は無用なるが如く、習慣の範囲内よりこの趣を窺い見るときは、あたかも愚者を会して無用の事を談ずるが如くなりと雖も、前に記す所の趣意に従って智愚の元素を分析せば、果してその反対を探り得ることあらん。

そもそも我が国において開闢以来集会演説の端を開きたるものは、去年の夏我社中の発意を以てはじめとなし、未だ期年にも満たざることにて、固よりその体裁をなすに至らず。今日にありて集会所の普請を終りたりと雖も、これを祝するに詞あるべからず。故に余輩は今の有様に就て祝詞を述べずして、ただ集会演説の大切なる次第を説て祝詞に易え、その果して祝すべきや否は後日に附して事の成跡を待つのみ。

明治八年五月、慶應義塾構内に三田演説館が開館した際の祝詞。演説が必要なことがわかっても、世間体を気にしてキマリガワルイと感じ、実践しない人がいる、と福沢は指摘する。世の中の習慣にとらわれて、それを価値判断の基準にしてしまうことを、福沢は問題視した。日本にない演説という新たな試みに乗り出すことは、日本古来の習慣に反し、愚か者を集めて無駄な集会をしているように思われるかもしれないが、実は智恵深い者の営みである。ある価値観を絶対視して、自らの思考を停止させることを「惑溺」と呼んで、福沢は忌み嫌ったが、それがここでも表れている。三田演説会は、明治七年六月に発足し

──た。

## 政府の専制から人民の政府へ
### ──〔政府と人民〕

（明治八年六月五日・三田演説会）

学者という者は現在の事をいう者ではなく、未来の事をいいて、政事をする人の参考とするが学者の本意なれども、あまり馬鹿馬鹿しい事があるからいうのだ。実は現在の事をいうと学者の直打ちが下がる。ある学者の説に、今の政府は勝手次第な事をしても、人民は黙って唯へいへいといっている。政府は専制圧制をして、人民は卑屈の奴隷だから、いけない。なんでも人民に気力を附けるが第一だと、こういうことをいうが、こんなおかしいことはない。まず政府と人民とを解剖して見ると、政府は役人の集まった者をいい、又人民とは非役の人、役人でない人ということだ。専制卑屈は今のはやりもので、人が寄って話すに、きっと政府専制、人民卑屈というが、それは唯だうわべを見ていうことで、中が分からない。盲も同前、一枚皮を引っぱいで見ると、なあに専制でも圧制でもありはしない。八年前に王政一新ということがあったのは、人民が徳川の暴政を受けるのがいやでたまらないから、尊王だの攘夷だのを持ち出して始めたことだ。

今参議だとか大輔だとか勅任になっているのは、足利の木像を斬ったり、東禅寺へ打入ったり、御殿山へ火を附けたりして、徳川から追手を向けられ、椽〔縁〕の下へ隠れたりして、始末に困った無頼ものであった。それだから参議が話をするにも、おいらが御殿山へ火を附ける時分には、こうであったと話すのは、元わるい心でしたのでないから、恥じることもないのだ。この浪人は徳川の暴政がいやだから、ぶっ潰してしまったのだ。その嫌いな暴政をなんでまた自分にやろうはずがない。

浪人は人民だから、それが政府を持てば、矢張り人民の政府に違いない。天子が自身に政事をするというは、うそのことで、天子が何を知るものか。尊王とは表向きの事で、あの時徳川で今の様に宮内省を立て年々三十万円の定額金を出したら、浪人が承知しようか。何に承知するものか。徳川の末に天子へ出したのは、中々三十万円計りではなかったけれども、まだ足りない、まだ足りないといって、とうとう皆んな取り上げてしまった。慶応の末年に土州の〔山内〕容堂さんが将軍に政権を返上しろといったのは、ちょうど英の「マグナカルタ」[3]と同じ事だ。「マグナカルタ」は千二百十五年の事で、英の貴族が狩りをした時に、王の「ジョン」という人がこれをやめさせようとしたが、とうとう王が負けて、誤り証文〔謝り状〕を書き、以来は我儘を致しませんといったそうだ。王政一新とは違うという人もあるが、外面こそ少々違うように見えるにもしろ、実は同じことだ。容堂さんも後藤象二郎[4]さんに使われたのだ。

象二郎さんが将軍にいうには、これまでのように自儘に暴政をされては困るから、政権をこっちへよこしなさい。しかしお前もこれまで将軍であって見れば、浪人へ直に政権を渡すのは快くあるまいし、又おいらの方でも直に受け取らない方がよい。そこで幸い朝廷があるから、お前は朝廷へ政権を返し、それをおいらの方で受け取ろうとなって、田中不二麿(5)なんぞが働いたことだ。して見ればどうしても人民の政府に違いはない。太政返上と云うけれども、全体返下といってよいのだ。

　天子のためならばといって、錦の切れを付けて働くやつは、みんな屁でもないやつで、それを使うやつは巨燵〔炬燵〕にでもあたって、知らん顔をしている。大名もお先に使われたのだから、廃藩置県の後は、華族の意気地のないこと、人力〔人力車〕に乗るにも礼をいって乗る位のことだそうだろうじゃあないか。それとも説のある人はいって御覧なさい。これより外に説はあるまい。象二郎さんも今のようになろうとは知らなかったろう。わたしもこうなろうとは七八年前には知らなかった。

　役人がくそ威張りに威張るというけれども、参議勅任を昔に較べたら老中若年寄目付にあたるが、中々それだけ威光はない。昔の御老中は鎗を立て合羽ざるを舁かせ、供を大勢召し連れ、見付を通るときは制止声をかけて、大造〔おおがかり〕なものであった。今の参議がかっぱざる鎗を持せて歩いたら、あの参議は気が違ったといわれるだろう。

　八年前までは現にやったのだけれども、人が不思議がらなかったのは、慣れというものだ。上の役人より下の役人がかえって威張るもので、東京府でも等外のやつはくそ威張りに威張る。やれここの書きようがわるいの、可致ではわるい可仕に書き替えろと、やかましくいうのは、昔からの仕来りで、何でも役人というものは威張らなくてはならないものと思い、また外の人も役人は威張るものとして、威張らないと、何だか役人らしくないとか、重々しくないとかいう者だから、自然威張るのだ。

狐付ということを日本でいうが、それと同じことで、狐付といえば油揚とこわ飯を喰わなくてはならなくなっている。狐付の出来るのは、赤犬にでも蹴つまずいて、お稲荷さまが乗り移ったと思う神経病で、油揚とこわ飯には少しも縁のないのだ。それを喰うのは、狐付は是非喰わなくてはならぬものとしてあるからだ。役人の威張るのも狐付の油揚を喰うのも同じことだ。圧制のように見るのは、従来しみ込んでいるからそう見えるので、たとえば火鉢の火を取ってもまだ火の気が残っているようなものだ。それを熱いから火があるというは盲も同じことだ。本統の暴政府は徳川の政府の様なのをいうのだ。

今の政府は唯だ古風な人民を嫌って、鹿児島の様なのを怖がるのだ。出版条例でも人民が怖くてこしらえたのではない。西洋でも無暗(むやみ)に国の事をわるくいうと害になるから差し止めるということを聞いて、なるほどそうかといって条例をこしらえたのだ。この内にもいるだろうが、役人だって何も人民と貌の替わったことはない。ただ月給を取って役所に出でて煙草をふかしたり弁当を喰ったりする人をいうのだ。四時頃に大蔵省の引けを見ると、役人の多いこと、日本人口三千万の内、九百九十万は役人だ。

しかし目ぼしいやつは五六人で、跡はへぼ計りだ。学者が「テーブル」に向って「ビール」を飲む時は、西洋人から釣りを取りそうな風だが、内へ帰れば殿様といわれ、大礼服を三百両でこしらえたといって、出入りの八百屋に自慢するのは、何の事だろう。そうして人民を卑屈だというけれども、自分も役をよせば人民になって、民会〔地方議会〕なり区会なり民撰議院なり立てるがいい。そうしないで、唯人民とは百姓人力挽きをいうのか。

人力挽きに智恵の出るのを待つとは、縁日に小さい植木を買って来て、帆柱になるのを待つのと同じことだ。全体天窓（あたま）を使ったことのない親に利口な子の出来ることはない。よくためして御覧なさい。学問の出来る子の親は、学問がなくても商売か何か天窓を使った人に相違ない。その証拠には、若殿様とお姫様と婚礼して、その間に中々人力を挽く様な丈夫な子は出来ない。こんな人力挽きをあてにして、自分は引っ込んで見ておるつもりか。大きな心得違いだ。

英吉利でも、スコットランドの隅にいて、今日の活計に困る者は、矢張り同じ事で、入札をするにも、その人数には入っているけれども、富と同（オン）などで、いい加減に入札するのだ。日本で頻りと骨を折って、エービーシー、いろはにほへと、と教えたり、小学読本を読ませたとって、急に「スピリット」が出るものか。文部省は大きに御苦労だ。

又ある説に、政府の圧力を強くすれば、これに抵抗する気力が人民に出る。ちょうど人力車のバネの様な塩梅に、上から押せば下からぴんと上るというが、そういうことがありあしない。二千余年もためして分りきったことだ。お気の毒ながら、圧制は八年前に絶えて、今はない。今の政府は人民と方向を同じ方へ向けようとすれども、教院を立て三条の教則〔政府の民衆教化の方針。敬神愛国など〕を説くかと思えば、民会を立てろというし、朝令暮改、何だか訳が分らない。今日人民の智識を進めるには、何でも争って励み合うようにするが肝心だ。

---

明治八年六月、三田演説会での演説。幕末の倒幕運動は、尊王攘夷を建前としたが、実際は徳川幕府の暴政に反発する無頼者や浪人によるもので、維新政府は彼らによって実現したので、人民の政府である、と福沢は評する。天皇は政治を行わないし、何も知らない。大政奉還も、暴政を止めるために政権を朝廷に返上したもので、直接浪人に政権を渡したくないために取られた手段に過ぎなかった。その意味で、政権「返上」ではなく、政権「返下」である、と福沢は指摘するが、廃藩置県で藩まで廃止するとは予想していなかったと言う。維新後の役人が威張っていることや政府の朝令暮改にも、苦言を呈している。くだけた口調の演説ながら、福沢の維新観が凝縮されている。

## 子どもは親を見て育つ

### ——子供の教育は余り厳ならずしてよき例を示すは則よき教なり

（明治九年五月二十七日）

花の開かんとするや雨露の助けを借らざるべからず。しかして気候の寒からず暑からざるときは、自ずから内部の力は蕾(つぼみ)を裂き自然の規則に従い充分なる花を生ず。子供の成長するやこれと異なることなし。花の開くが如く父母の助けを借り、教師の助けを借りて発育せざるべからず。

　而してその教育は厳なるを善とするか寛なるを善とするか、否、厳なるも厳に過ぐる勿(なか)れ、寛なるも寛に過ぐる勿れ。所謂中庸を善とす。しかれども因循して機会を誤ること勿れ。鉢植の草木も成長すれば鉢植の寵を受くる能わず。少年の愛せる衣裳も大人となりてこれを着ること能わざるが如く、少年の間の時は最も大切にして容易ならざるものなり。

　加うるに世の中の進むに従い教ゆることも中々多端になるものなり。熟々(つらつら)世の中の歴史を考うるに、往古より数千百年の星霜を経、時代移り物変り、時の景況漸く進歩して百事高上するに従い、自ずから人々の教育も高上して、太古のことは中古の風に合わず、中古の風は近代の風に合わず、幕府の代の風は現在の風に合わず、たとえば太古の代、人は穴居して、衣類とては獣類の皮を身に纏(まと)い、果実を取り獣を獲てこれを食とするときは、これと目指す子供の教育とてはなかりしが、ようやく世の中の進むに従い、粗末ながら家を建てざるべからず、衣類を作らざるべからず、耕作勤めざるべからず、今一歩進むときは住居を飾らざるべからず、また衣裳を撰び身の廻りを飾らざるべからず、また食物を料理し美味珍物を撰ばざるべからず。

　かくの如くして往古の穴居の人と中古の人と現在の人と異なる処は、唯外形のみならず漸次目的も変わり気風も変わり、また身体の骨格も変わりて、平常の考えも後来の目的もその好む処もその楽しむ処も自然変らざるべからず。従って教育の法も変わりまた改正せざるべからず。この古の人と近代の人(ママ)と目的も変わり骨格も変わり知恵も変わる所以(ゆえん)は、現在の医者、学者、政府の役人は職人の如く、あるいは事物の理を考えあるいは精神を遣い知恵の入用なる仕事をするものの脳力は、職人の如き精神を遣わずして働く一方のものと比較して必脳力勝らざるべからず。

また職人の筋力と医者学者の筋力と比較して職人勝らざるべからず。これ皆前々の教育より生ずる相違なり。しかれどもこの相違は俄(にわか)に平均して学者の子を職人になし職人の子を学者になすこと難かるべし。必ず学者の子は学者になりやすく、職人の子は職人になりやすし。たとえば猿に人真似を教えるが如く、ほとんど人に近き真似は覚ゆれども、人と同一ならしむること難し。犬にこれを教ゆるときは猿に及ばず。犬は犬の子なるが故なり。

依って考うれば、下等の人の子をして上等の人間に育て教え込むは、猿に人の立居振舞いを教え、犬に猿の行儀を教ゆるが如く、中々容易なることにあらず。しかれども猿と犬は本より種類の同じからざるものなれば、人と生まれたるもののその同類の子に人のなす業を教ゆるに、猿や犬に劣ることあらんや。勉めざるべからず。この子供を教ゆるには家内の教を大切なりとす。

人たるもの成長の後、善き行状なるも悪き馴れあるも皆その育てられたる家の固有の馴れを受け得て、その幼少のとき受け得たる習慣は一生離るるものにあらず。ただ命とともに終わるものなり。而して子供の教育を受くるや、その家の風儀則ち座作進退〔日常の動作〕より咄(はなし)しの仕振り世間の交際などに至るまで、父母の例を見、あるいは聞きてこれをおのれの得る所とすれば、本(も)と子供の性質は白糸の如くして、父母の赤く染付たるものは赤なり、黒く染付けたるものは何時までも黒くして、成長の後受る教えは唯知識を増加するのみ。

人あるいは子供を教育するに唯だ厳を以てし、顔を見れば叱り、学校より帰れば勉強を以て責め、休日は勉強を以て責め、瞬間も遊ばしめざるものあり。これ書を読ましむるの一に注意して、心身の発育に注意せざるものというべし。しかるに勉強のみをもって子供を責めるときは、却って知識を得ぬのみならず、身心の発育を妨げ、成長せざるに病身となるものあり、あるいは成長の後事を取らんとするに当って病に苦しむものあり。草木とてもしかり。大木とならんとするもの、成長せざる前、枝振りを付け、肥しをやり、充分世話するときは、成長の後、技振りのよき大丈夫なる大木を生ずるや。返って否(しか)らず。それよりも竹籔の中の他の木を見ずや。本とその木は曲りて生ぜんとすれども、周囲の竹の直なるがため自ずから木も直ならざるを得ず。

しからば則ち子供も、少年の間は遊ぶべき時間も与えずして頻りに勉強を以てし、立居振舞より口上の遣い方、飯の喰様、箸の持方まで、一々厳に責め付けるは甚だ宜しからず。仰ぎて世間を見るに、厳なる親の子に放蕩(ほうとう)ものあるは何ぞや。寧(むし)ろ厳に教育なさんよりよき例を示し、これを傚(なら)わしめ、以て教え導かざるべからず。

たとえば極少年の子供には図解を以て字を教ゆるが如く、すべて例を示すを最よしとす。もしその両親の粗暴なるものの側に養わるるときは必ず粗暴ならざるを得ず。不行状なるものの側にあらばまた不行状なり。不学のものの側にあらばまた不学なり。畢竟子供は見るものの聞くもの皆亀鑑〔手本〕とならざるなし。

また真によく子供を教育せんと欲せば勉めて住家を撰ばざるべからず。隣近所の悪しきは最大なる害なり。米国新英〔ニューイングランド〕の地に地代の高価なる所あり。こはその近傍の住民、行状よくして、子供を教育するに便なれば、人好みてその地に移ればなり。我が国の人、未だ曽てかく子供の教育に身を入れるものなし。故に子供の教育は厳になすよりも、寧ろ周囲の社会は大切なり。

この始めからの趣意を一口に云えば、子供を教ゆるに時を誤る勿れ、又教育は時代の移り変るに従い自ずから変らざるべからず、しからば世の中の人の進歩は、子は親より進み孫は子より進むものなれば、現在の人は現在の子孫に教ゆるに厳になすよりも、よき亀鑑を示し、教育の法を高上にするときは、後来の子孫その余沢を蒙り幸福を受けること期して待つべし。

---

明治九年五月、子どもは、雨露によって花が咲くように、父母と教師の環境に育まれて育つことを論じた演説。教育は厳しすぎず甘すぎず、「中庸」がよいと福沢は述べるが、教育の内容は時代によって変化してきたとする。現在の医者や学者、役人は、肉体労働者とは異なって、真理を求め、知恵を必要とする職業であり、学者の子は学者になりやすく、職人の子は職人になりやすい。それは先天的なものではなく、後天的な家庭・教育・周辺

環境の相違によると言う。また、教育は「勉強」だけでなく、「心身」の発育に注意しなければならない、と福沢は説く。「獣身」を養ってから「人心」を育てるべきだという、福沢の教育観の一端が現れている。

## 所有権の重要性

### ——人意に所有のライトあるを論ず

（明治九年七月八日）

国民の知識の進歩するにしたがい人民同等の自由を得、その自由の破るべからざるはいうを待たずして明らかなり。元来人と生まれたるものは、他人の自由を妨げざれば、おのれの思うままに書を読み物を聴き、またこれを見るも決まって何たる差し支えあることなし。しからばかくして得たる知識は、これを我が所有物として少しも他人のライト〔権利〕を害することなくば、これ新元素をして人間交際の器となし、世の中にありて世の中の用をなすものなり。

また道徳上より見ても、前にいえる如く書を読み見聞を広くして得たる知識は、その人の勉強より得たるものなれば、専らその人の採用すべきものにして、則（すなわ）ちその人の所有品なり。しかれどもこの所有品をもって他人の自由を妨ぐることを得ず。また世間の数千百万の人は、前にいえる如く同じ研究をなし同じ事を行うも、決して妨げあることなし。

毎人皆その力次第にて、おのれの欲する所はこれを考え、おのれの好む所はこれに意を用い、新たに考えを起こしてこれを我が利益とするは自由たるべし。しからば人たるものは所謂人間同等の際限を越え、他人のライトを害せざればその考え出し思い出したるものは、皆な我がものとし、専らこれを採用するに差し支えなければ、従ってこれを所有物とするライトあり。もちろん人の所有せる金銭を盗み、人を殺し衣類をはぐが如く法律上の罪を侵すにあらざれば、如何なる企てをなし如何なる工夫をなすも妨げあることなし。

しかれどもある人の説には、人の脳力より得たる所有のライトもまた人の腕力より得たるライトも、決して人の間然〔批判される欠点があること〕すべからざるものという確証はいまだ得がたし。而して出版の免許、発明の免許などは、法律上にライトというべきものにあらず、ただ勉強を勧めるのためにして、偽物を禁ずるは、偽物をなすの不正なるにあらず、製造物を勢い付かんがためなり、あるいはまた物を工夫したるものの褒美として免されたる専売なり、しからば専売を許すは商法上の目的にして、決して法律上に正不正をいうものにあらずと。

前にいえる如く、発明も工夫もまた著述も法律上においてライトの確証なしとするは僅か数人の説にして、世の中の公論より出でたるものと思われず。また道徳上の点より見るときは如何にも軟弱といわざるべからず。たとえばある商人は商売品を多く買い込みたるとき計らず見込みよりその品直上りして大に利益を得たり、しかるときはその利徳はその人の正しき利徳にして、則ち私有品なるが故に公平にあらずというべからず。しかるにある知者ありて数年の間熟考してようやく一の新器械を工夫したれども、これをその人の私有のライトというべからず。如何なれば、これに免許を免さず専売の権を与えざるは、この発明工夫をして世の中の人に充分便利ならしめんと。

しかるときは法律上に於て正というべきか。もしもある店の丁稚〔奉公する少年〕が主人の売溜の銭を盗みて買い喰いしたるときは何というか、誰も口を揃えて主人の物を盗む賊なりというべし。しかるに他人の著述せるものを盗み偽いたしたる書籍を買い、あるいは人の偽造したる器械を買いて、少しも疑を入れざるもの多し。しからば有形の金銀衣類の如きものを盗むときはその罪逃れ難くして、もし顕るるときは人間社会より取り除けらるべし。

しかるに書を顕わし又発明工夫の如き無形の考えを盗みたるものは、却って無罪にして社会の尊敬を受け、富を得ることあるは如何なる相違ぞや。仮りに発明工夫したる人に問わば何と答えん。発明者いうべし、ある商人の商売品も住家も家財も財本もその人の所有品といいうか、これを所有品といわば必ず現在着ている衣類また日々の食物も所有品に相違あるべからず、しかれども発明者の目から見れば商人の商売品を貯え、家財を沢山所持するは甚だ不正にあらずや、また自分の住居を立派に飾りこれを所有するは、世間に対して甚だ不公平といわざるべからず、しからざれば世の中の利益は勢いの強いものこれを得るとすれば、商人は富を尽し、また他の類したるものには金銭を出さしめ、人民の名代たる政府の国債の払いに用ゆるも決して不正というべからず、否、商人いうべし、家も蔵も商売品も皆な自分の力にて得たるものなれば、実に所有のライトありと。

また発明者もいうべし、数年の艱苦をなめ多くの脳力を費し、ようやく発明工夫したるものなればもちろんライトを持たざるべからずと。商人は財本をおろして商売を始め、その利徳にて日々の活計を立て、その余る所のものを貯えて日増に富をなす。その富をなすや数年の勉強のしからしむる所にして、則ち勉強の褒美ならずや。また発明者の工夫したる器械もこの商人の有様と異なることなかるべし。商人は富を得んがため利益を集める間に、発明者は器械を工夫せんがため考えを集む。また商人は商売の景況を見ておる間に発明者は器械学を勉強しておる。商人は新物を買い入れて相場にかかるときは、発明者は器械の験（ため）しをなし無益に金銭を費し、儘々無益となることあり。商人は勘定帳を付けるときは発明者も図を曳きて時を費す。

かくの如くして商人に富を得さしむると同じ勉強、同じ堪忍、同じ考え、また同じ骨折をなし、ようやく工夫を充分したるものにして、商人の数年の間財本をおろし倹約して得る所の利益を以て活計を立つるも、発明者の工夫したる器械を売りて活計を立つるも決して相違あることなし。しからば発明者に専売のライトを与うるも少しも疑いを入るる所なし。

今もし此発明工夫したる者を専売者とすれば、商人もまた専売者なり。故に脳力より得たる結果にライトがあらずとせば、商売上より得たる結果にもライトのあることなく、世の中のものは何品にも所有の権を失い、盗賊行わるれども制すること能わざるに至る。しからば書を顕わすものには出版（コピー）免許を与え、物を発明工夫したるものにはその免許（パテ〔パテント＝特許〕）を与えて勉めて人意に所有のライトあることを明らかにせざるべからず。

明治九年七月、自由や権利について、所有権の観点から論じた演説。国民の知識が進歩するには、平等な自由を享受し、自由が保障される必要があるが、あくまで他人の自由を妨げてはいけない。これは、福沢が一貫して唱えた自由観であった。こうして知識を得れば、そこには所有権が発生し、他人のライトを害さない限りにおいて、それを人間交際の器とし、世の中に役立てるべきである、と福沢は説く。福沢が早くから取り組んだ、著作権や特許の重要性も強調し、その保護を訴えた。

## 官立学校は「高尚」たれ
### ――明治十年三月十日開成学校講義室開席の祝詞

今日の御招待は存じ寄らぬ諭吉が面目なり。旧幕府の時代なればこの学校も厳然たる一場の御役所にして、とても我々平民の近づくべき処にあらず。また維新の後に至っては御役所の出入りはやや手軽になりたれども、学校の官たり私たるの区別喧しくして、官あるいは私を忌み、甚しきはこれを害するの意味なきにあらざりしが、替れば替る世の時勢、今日は学問に官私を問わずして正味の学問に眼を着くることとはなれり。目出度き有様と申すべし。すなわち本日この御招待は昔の賤劣鄙怯なる気風を脱したるの証拠なれば、殊更にこれを悦ぶことなり。

さて今日は当校講義室の開業、蓋し校内の事務既に十全してこの挙に及びしことならん。諸君子の勉励して学校の盛なる実証なり。ついては諭吉がこの盛挙の祝詞を述ぶるにあたり、世間普通の常文言にならい、聖明の御代に遭遇して徳化の渥に浴し、文明は日月と共に燿き、奎運〔学問の気運〕は天地とともに永く、後来ますますこの学校の盛大なるを祈るといわんと欲して、まずこれを見合せ、諭吉はこの盛大の字に易るに高尚精密の語を用いんと欲するなり。

この学校をますます盛大にせんか、三百の生徒は増して六百となすべし、千二百となすべし、あるいは尚増して一万二千となし、十二万となすも、未だ以て日本国中の子弟を尽したるにあらず。仮に今一万の生徒ありとするも、その費用は何れの源より取るべきや。銭の勘定にも眼を着けざるべからず。

今日この学校に三百の生徒を養い、その費用毎年十幾万円にして、生徒の員数に割り付ければ一名のために費す所、一年五、六百円なるべし。顧りみて田舎の小学校を見れば、無数の貧生徒、学問のために費す金は、公私合して一年一名に付き一円二十銭より多からず。蓋し日本の国力において、学問に費すべき金は平均して一人一円二十銭より増すこと能わざるものならん。等しくこれ日本国中の子弟なるに、これと彼との間に五百倍の相違とは、さてさて開成学校の生徒は日本の果報者というべし、秘蔵息子と称すべし。果報者たり秘蔵息子たるは当人の幸いなれども、次第に之を集めて現に一万の数に至らば、一年の所費五、六百万円となり、これに十倍して十万とならば、日本政府の歳入は秘蔵息子の賄いに供して余りなきに至るべし。即ちこれ諭吉が学校の盛大を祈らざる由縁なり。しからばすなわち学校の盛大を祈らずしてその衰微を願い、生徒の日に離散して建物の次第に破るるを悦び、学校の門前雀羅〔すずめをとる網〕を設く〔訪ねる人が少ないこと〕べきを待つか。いわく、決してしからず。維新の政府に文部省を置きたるは、開闢以来日本の人民間に行われし読書の禁を解きたるが如し。爾来人民始めて書を読んで世間に咎めらるることなきを知り、「百姓は農業を勉めて御年貢を納めよ、町人は分を守りて家業を致せ、学問なぞは無用なり」との説諭は、現在旧政府の裁判所に於ても公に述べて、公私ともに疑を容れざりしことなり。」諸方の学校も日に盛なれども、世間一般に未だ教育の貴き所以を知らずして、真実に心を用いる者も少なく、また銭を費す者も稀にして、これがためその教育の仕組みも自ずから粗にして下品に陥るべきは必然の勢いなれば、この時にあたりて資本に不自由なき政府が善を尽し美を尽したる一大学校を設けてこれを天下に示し、人民よく心を用いて銭を愛まざれば、人の教育はこの境界にも至るべきものなりとて、あたかも物品の見本雛形を掲げて向う所の標的を定むるが如くするは、方今の時勢において特に大切なる処置なり。開成校もまた必要なりというべし。蓋し今の政府の急務は人民に対してかくの如くすべしとの法を示すにあり。自ら手を下してかくの如くするの術を行うべからざるなり。

しかりと雖も、学校を設くるに既に見本といい雛形というときは、その要は粗にして大なるにあらずして、小にして高尚なるにあり。諭吉の考えに、方今〔現在〕我が国力の許す所に従えば、日本国中唯一所の開成校を設けてこれに満足せざるべからず、法学も工学も農学も医学も百般の学科をこの一校内に合して、専門の生徒は各科に三、五十名を限り、その教え方は極めて高尚にして、その事務は極めて精密なるを旨とし、全国最第一の標的となして、人民の志す所を次第に上流に導くことあらば、費す所は今の半ばにして、得る所はこれに幾倍すべし。既に費を省きて余財あらば、その財はこれを地方に散ずるか、もしくははじめよりはこれを地方に取らずしてその適宜に用いるに任せなば、彼の一年一円二十銭の貧生徒へも二円四十銭を給するを得べし。あるいは人民私立の学校に少しく政府の助力を加えて幾多の小開成校を造るもまた難きにあらず。かかる勢いにしてはじめて全国に教育を洽うする〔ゆきわたらせる〕の端を見るべし。すなわちこれ諭吉が官学校の盛大を願わずしてその高尚ならんことを祈る由縁なり。

あるいはしからずして政府自ら百手を下し、直にかくの如くするの術を施行せんとするは、所謂有限の国財をもって無限の盛大を求むるものにして、啻に〔たんに〕これに給するの銭なきのみならず、かねてまた貴き時日と人の働きを損することあるべし。各省各局の発意にて学校を設け書籍器械を買い入れば、その品物は互いに重複して徒らに日本の財を損し、著書の飜訳を盛んにせんとすれば官私に重復〔複〕して徒らに学者の働きを損し、これを重復して事実に足らず、不用の品に余りありて急用の物に不自由なり。

甚しきは内外の人物を使用し、品物を買うにも各省各局争うて高価を命じてまずこれを得んとし、その状あたかも手足互いに強を競い、耳目互いに穎敏を誇り、結局の成跡は一元の生力を消耗するの奇談たるべきのみ。これを事務の精密というべからず。即ち是れ諭吉が政府の多事を悦ばず、官学校の盛大を願わずして、唯その事務の精密を祈る由縁なり。あえて鄙見（ひけん）〔卑見〕を述て祝詞に代う。

明治十年三月、開成学校に講義室が開設された際の祝詞。官立学校の式典に私立学校を運営する自分が招待されたことを、江戸時代では考えられなかった快挙だと評価し、学問に「官私」の区別はないと福沢は強調する。学校には、「高尚」な教育と「精密」な事務が必要であると説き、資金を惜しまずに投入した一大学校を天下に示せば、教育の普及につながると言う。同校はのちに大学南校などを経て、東京大学、帝国大学、東京帝国大学（現在の東京大学）となる。福沢が官立学校に何を期待していたかをうかがわせる演説である。

# 日本における演説の歩み
## ——三田演説会第百回の記

（明治十年四月二十八日・三田演説会）

今日は我が日本に於て開闢以来最第一着なる当演説会の第一百回に及びたるにつき、この会の由来を述べてこれを聴聞の諸君に披露せんとす。諸君もこの会に心を関すること厚ければこそ、毎会に聴聞を辱（かたじけの）うすることとなれば、今日披露の演説は特に諸君の意に適することならんと、余輩のあえて信ずる所なり。

演説の発会は明治七年六月二十七日なれども、この会は元と余輩洋学者流の創意に出でしことなれば、まず我国に洋学の行われたる起原と、我社中がこれに従事せし由来と、次いで又演説の事に及びしその次第とを述べざるべからず。

そもそも我日本に洋学の行われし始めはおおむね皆医学に限りて、旁ら究理天文地理本草学等に及ぶのみ。その始祖先中について最も有名なる者は、前野蘭化（まえのらんか）(6)、桂川甫周（かつらがわほしゅう）(7)、杉田鷧斎（すぎたいさい）(8)等の諸先生にして、読む所の書はことごとく皆蘭書なりしが（事の由来は慶應義塾の旧記にあり近日これを出版するに付ここに略す）、嘉永年間「アメリカ」の人渡来して和信（親）貿易の条約を結ぶに及びて、有志の士は皆蘭学をもって足れりとせず、専ら英書によりて西洋諸国の事情に通ぜんことを熱心すれども、世上一人の教師なく又一冊の英書なし。

一年を過ぎ二年を経て、安政六年の頃、横浜に二、三の外国商館を開きたるにより、この外人より僅かに英蘭対訳の会話書等を得て苦学する者ありき。福沢諭吉も安政五年大阪緒方先生の門(9)より始めて江戸に来たり、横浜にて英蘭対訳の一小冊子を買い、辞書に由りてこれを研究したり。その苦心は今に至りて自ら忘るること能わず。万延元年、諭吉は旧幕府の軍艦奉行某氏(10)の従僕となり、「アメリカ」の「サンフランシスコ」に航して在留二、三箇月の間、英語を学び且数冊の書を携えて帰国したり。この時に同航、中浜万次郎（なかはままんじろう）と諭吉と、各「ウエブストル」の大辞書一冊ずつを買い、その悦は天地間無上の宝を得たるが如し。即ち日本に「ウエブストル」輸入の始まりならん。

二年を経て文久二年、諭吉は又旧幕府の使節(11)に従いて欧羅巴（よーろっぱ）諸国を巡回し、この時にも英国及び荷蘭（おらんだ）にて書籍を買い、帰国の後はやや読書に不自由なく、且つ英学の力も次第に上達して、慶応二年には英蘭の諸書を抄訳し、傍らに欧行中聞見する所を記して、西洋事情の初編を編輯したり。これを日本国中英書飜訳の始まりとす。

それ以前より幕府にも開成学校を設けて洋学を開きたれども、所読の書は多くは物理本草学等に過ぎず。世間に学者と称する者も、医師にあらざればいわゆる砲術家の類にして、歴史なぞ読む者は甚だ少なかりき。

四年を経て慶応三年の春、諭吉は又「アメリカ」に航し、こたびは前に比すれば資本も豊かにして、多分に英書を買入れ、一私塾生徒の用に供して不自由なき程のものを携え帰りたり。すなわちその書類は辞書の外、英氏の経済論、「クワッケンボス」の窮理書〔科学の入門書〕、文典、米国史、「パーレー」及び「グードリチ」の万国史、英国史等、いずれも皆古今未だ曽て目撃せざる所の珍書にして、就中その経済論の如き、初めはこれを読むこと頗る困難なりしかども、再三再四復読してようやくその義を解すに及び、毎章毎句、耳目に新たならざるものなく、絶妙の文法、新奇の議論、心魂を驚破して食を忘るるに至れり。

同時に又英氏〔F・ウェーランド〕の修身論を得てこれを研究し、始めて仁義五常の外に又道徳の教えあるを知り、この時に諭吉は正に「チャンブル」氏「エコノミー」〔西洋事情外篇原書〕の飜訳に従事し、社中小幡君兄弟[12]を始めとして数名の同志、夜となく日となく、これを談じ彼を話して余念あることなし。

そもそも余輩の身分を尋ぬれば、生来士族の家に育せられて世界の何物たるを知らず、所読の書は四書五経、所聞の家訓は忠孝武勇、仏を信ぜず神を崇めず、もって成年に及び、去りて洋学に従事して少しく蘭英の物理書を学び、かねてまた彼の国の事情を目撃してますます洋学の真実無妄なるを知り、既にこれに心酔してなおその奥を探り、人事の議論に達せんとするの念慮は内に充満すと雖も、未だ明に緒（いとぐち）の由るべきものを得ず。旧の疑うべきを知りて既にこれを疑い、新の信ずべきを知りて未だその信ずべきものを見ず。

その状あたかも花木の芽を含んでいまだ春雨を得ざるものの如し。故に当時その心魂の所在を尋ぬれば、未だもって田舎武士の全套を脱したる者というべからず。この田舎武士の魂を以て、偶然に西洋諸国出板〔版〕の史類を読み、その治国経済修身の議論に遭いしことなれば、一時脳中に大騒乱を起こしたるもまた由縁なきにあらざるなり。

翌明治元年は王制維新の騒乱、世事紊れて麻の如くなれども、我が社中は心事の騒乱、正に甚しくして他を顧るに遑あらず、兵乱の如きはあたかもこれを小児の戯れと視做して度外に置きしこととなり。

兵乱ようやく治らんとするに従いて、世の文化はますます進み、西哲の新説は日に開き、舶来の新書は月に多く、多々ますます新奇にして高尚ならざるはなし。蓋し余輩の心事もこれがため自ずから高尚に進みたることならん。この時に当て社友小幡篤次郎、小泉信吉、(13)その他の諸君は、あたかも世事を脱却して心を読書に潜め、世情紛紜の際に一身の所得最も多き者というべし。この地位におりて顧りみて前年の田舎魂を驚破したる英氏の経済修身論等を取りてこれを見れば、これはこれ彼の国学校生徒の読本にして、「パーレー」の歴史類は童児のために出板〔版〕したるもののみなれども、当初余輩のためにはこれを評して新芽の発生を助けたる春雨といわざるを得ざるなり。

世の文学俄に進歩して、公私の学校その数を知るべからず。維新後日ならずして、かの歴史経済書の如きは、我が国においても諸学校の読本たるに至り、知見分布の速なる、真に祝すべしと雖も、我が社中は未だもってこれに満足すること能わず、また演説会の企てを起こしたり。

明治七年社友小幡小泉その他諸君の発意にて討論演説の会を起こし、読書飜訳の外にまた知見分布の一路を開かんとて、屢々私宅に会してその事を謀り、諭吉はこれがため「アメリカ」出版の小冊子を意訳して略その趣を得たるにつき、すなわち同年六月二十七夜をトして発会と定め、同夜、席に会したる社員は、小幡篤次郎、中上川彦次郎(14)、森下岩楠、小泉信吉、和田義郎(15)、福沢諭吉、松山棟庵、甲斐織衛、小川駒橘、須田辰次郎、海老名晋、猪飼麻次郎、小杉俊次郎、安岡雄吉の十四名なり。

討論演説の事たるや、固より古今にその先例を見ず。唯西洋諸国に行われて、社会進歩のために最も有力なる方便たるを知るのみ。あるいはまた世の論者の言に、日本の語は不規則にして演説に適せず、これを行わんとするにはまず我が語法を改革せざるべからずという者もありて、当初は甚だ困難なるに似たりしかども、我が社中の考は則ちしからず、いやしくも一国に言語ありて国人互いに意を通ずるを得るの事実あれば、これを演説に用ゆべからざるの理なしとて、決意勇進、人の言を恐れず、社中自らその不体裁を笑わず、その不都合を憚らず、毎週必ず集会して次第に改革を加え、一月を過ぎ半年を経るに至りてようやくその慣習をなし、嘗て不都合を覚えざるに至れり。

明治八年の初めまでは社中を限り、私に席を開くのみにして、公に聴聞を許したることなかりしが、同年特に演説集会所を築き、聴聞の座を設けて衆人の来聴を自由にし、同五月一日新集会所の開業、爾後毎月二度、席を開て以て今に至り、今日は即ち明治七年六月二十七日より計えて第一百次の集会なり。

近日に至ては世上にも往々演説の会を設る者多く、演る者も聴く者もともにこれに慣れて嘗て怪しむ者なきは、社会のため知見分布の一新路を開きたるものというべし。啻に学問上の知見に関するのみならず、早晩我全国に民会議事の開くべきは必然の勢い、この時に当りて何物か最も必要なるべきや。事を議するの会を開きてこれを議するの演説法なくば、民会も亦画餅に属せんのみ。学問のためにも、商工のためにも、又政治のためにも、演説勉めざるべからざるなり。

明治十年四月、三田演説会が第百回を迎えたことを記念した演説。福沢は日本における蘭学の歴史からはじまり、幕末の開国、自身の洋学修行、洋行体験、執筆活動などを回顧した上で、討論演説の歩みを振り返る。当初は周囲の理解を得られず苦労したが、次第に体裁などを改革して聴衆を増やし、現在にいたったと言う。演説の手法がなければ、民会（地方議会）も成り立たず、学問や商業・工業、政治のためにも演説に努めなければならない、と説く。当時、福沢は国会設立の前段階として民会設置を説いており、そのためのスキルとして演説を強調している点が特徴的である。

## 慶應義塾の未来
――〔明治十一年一月十七日集会の記〕

当塾も創立以来二十一年、慶應義塾と名を改めてより既に十一年を経たり。この二十一の星霜は古来日本国の歴史において最も騒々しき時間にして、その際には外国の交際を開き、内国の政治を変革し、議論の喧（かまびす）しきものあり、戦争の劇しきものあり、世事の紛乱、人心の動揺、振古（しんこ）〔むかしから〕無比の一大劇場というべし。

そもそも人の生は生まれて死に至るまで眠食の数のみをもって計るべからず。一日に三度の食を喰い、一夜に一度び寝につき、この食とこの寝との数をもってすれば人生の長短は計るべしと雖も、その生の大小軽重はもって計るべからず。余輩の生において目的とする所は、蓋しその長短にあらずして大小軽重にあり。

これを譬えば船の如し。船を造りて水に浮ぶれば、船は則ち船なれども、未だもって船とするに足らず。よく風浪を冒して大海を渡り、海面に浪を破りたる痕跡を遺して、始めて船の船たるを見るべきなり。これを要するに、人生の目的も唯この社会にその生の痕跡を遺すにあるのみ。

かの蠢爾（しゅんじ）〔取るに足りない者〕たる匹夫匹婦〔身分の低い男女〕が、蠢爾として五十年の眠食を計え、これを計え了して寺の土に帰するが如き、固より論ずるに足らざるのみならず、あるいは一層の高尚に上りて、いわゆる隠君子の隠然たる者と雖も、尚これとともに語るに足らず。身、多少の智徳を懐き、これを懐いて人に示さず、生前に功なく、死後に名なし。捕鼠の猫よくその爪を匿すというと雖も、これを匿して鼠を捕らざれば、またこれ実に無爪の猫のみ。無爪の猫を学ぶは余輩の取らざる所なり。

生の長短を算せずしてその軽重を計り、所得を内に包蔵せずして外に発露し、生々の痕跡を現在に示して未来に遺さんとするは、余輩の目的にして、しかもこの事を行うに空前絶後の好機会とは、特に今の時をしかりとす。人心動かざれば説を容るべからず、世態動かざれば事をなすべからず。しかるに二十年以来、世態人心の動揺、今日に至りて毫も鎮静したるにあらず。物として用いざるものなし、事として行われざるものなし。

異説争論、未だ曽て勝敗を決してそのとどまる所を定めたるものあるを聞かず。あたかも黒白並び行われ水火居を同うするの世の中というも可なり。この事勢に当たり、いやしくも身に所得ある者にして、漠然無心、もって世間を傍観すべきや。すべからく我説を説き我論を論じ、我物を用い我事を行い、天下の人心を籠絡して共に一国の勢力を張り、敢為進取、もって海外の諸国と文明の鋒を争うべし。豈人生の一大快事ならずや。諭吉は特にこの一事において諸君と方向をともにせんことを欲するなり。

進取の方向、既に定まりたり。またその方法なかるべからず。これをなさんこと如何ん。いわく、細より大に至り、大を勉めて細を怠らざることなり。まず塾中学問の事を論ぜん。我が社中教員生徒、洋書を読み洋算を研ぎ、やや高尚の域に進みたる者、甚だ少なからず。今日四十余名の客、一名として学者ならざるはなし。内客にして既に四十名、在外の社中を計うれば枚挙に遑あらず。我が社決して学者に乏しからずと雖も、その学問なるもの、あるいは大を勉めて大をなし、唯その大にとどまりて却って細を忘るるの弊はなかるべきや。諭吉の深く恐るる所なり。世態の動揺とは世事の繁多なることなり、世事の箇条の増加したることなり。世事増加して繁多なれば、これに応ずるの方便も亦繁多ならざるを得ず。然り而して滔々たる世の中の事は、ことごとく皆高尚なるものにあらず。

これを要するに唯一場の俗世界のみ。この高尚ならざる俗世界に接するに、我高尚なる学問のみを以てせんとするは、銘刀を以て厨下〔台所〕の用に供せんとする者の如し。銘刀の鋭、固より尊ぶべし、これを擯斥〔排斥〕するにあらず、ますます礪磨（れいま）〔みがくこと〕を願うと雖も、その刀の形を庖丁の風に装い、もって厨下に適せんこと、一大緊要たり。これを今日処世の要訣という。

譬えば二十年前の学者なれば、唯難渋なる横文を読み、これを読みてその義を解し、もって学者の名に恥じざりしことなれども、今や則ちしからず。読書を学び技芸を知り、かねて飜訳作文の術を勉めざるべからず。雅文を作るも尚俗に通じ難し。書翰の文体をも学ばざるべからず。手跡の巧拙、写本の醜美、これまた等閑にすべからず。雅文俗文自在なるも尚未だ足らず、演説の稽古、また甚だ大切なり。啻に演説のみならず、応対進退、顔色容貌、書き物の読みよう、対話の語気、語音の正否に至るまで、一切これを些末として軽々看過すべき者なし。

譬えばここに二名の人物あり。その品行学芸文才弁舌、正しく同一様にして釐毫〔ごくわずか〕の優劣なしと雖も、一名はその容貌野鄙にして怒るが如く、あるいは軟弱にして佞する〔口先だけがうまいこと〕が如くに見え、一名は温雅秀麗にして士君子の風致に乏しからず、若（もし）くば簡易流暢して脱々落々の趣を存することあらば、およそ世の中の人として、この二名の孰れを悦び、孰れに近づき、孰れの説を信じて、孰れと方向をともにすべきや。智者をまたずして判断すべし。唯これ外見の容貌風致なれども、その影響の事実に及ぶ所は甚だ容易ならず。交際法の穎敏緻密にして処世の大切なること、もって知るべし。二十年前に行われたる読書の一流は、もって今日の社会を貫くに足らざるなり。

著書新聞紙も、我が所見を人に告げてこれと方向をともにせんとするの趣意なれば、人間交際の一法たるに過ぎず。既にこれを交際の法として視るときは、その交らんと欲する所の人品を察すること甚だ緊要なりとす。即ち読者の心事如何を測量し、正しくその適度に応じて、漸次にこれを高尚に誘導することとなり。故に著書紙中の事柄は毫も著書に益する所あるにあらず、ひたすら読者の便利を謀りて斟酌する所なかるべからず。編者の要訣はただこの一点にあるのみ。世上の著者記者、あるいはこの旨を誤り、殊更に難題を論じ難文を綴りて、社会の黒きものを白くせんとし、その短きものを無理に長くせんとして、これに従わざれば随って軽侮罵詈する者なきにあらず。

その趣は客を招待して門前に番兵を置き、却ってこれを叱咤するに異ならず。交際の法にあらざるなり。但し新聞紙編輯の事に就ては、頃日小幡〔篤次郎〕氏並に劣姪〔甥〕中上川彦次郎、龍動（ろんどん）より帰て種々見込もあることとなればここに詳論せず。又当春夏の際には津田純一[16]氏も亜国より帰り、次で小泉信吉氏も英より帰るべし。編輯の諸君とともに商議して、尚発兌〔発行〕の改革ありたきこととなり。

右の如く塾中の学問も新聞紙編輯も、専ら世上の勢と背馳せざらんことを勉め、これに背馳せざるの際にかねてまたこれを誘導し、遂にこれと方向をともにして一国の勢力を振興維持すること、我が社中の大快楽事、即ち人生を重大にしてその痕跡を著しくしたる者というべし。故にいわく、事々物々、細より大に至り、大を勉めて細を怠るべからざるなり。云々。

明治十一年の一月、慶應義塾関係者などを集めて試みた演説。天下の人心を操作して一国の勢力を高め、「進取」の気風をもって、海外諸国と文明化の競争をすべきであると説く福沢は、学問が「高尚」なだけでは俗世間の役には立たないとして、演説や著書・新聞の発行などによって、「人間交際」を活発にすることを説く。福沢はここで、英国留学中の小泉信吉と中上川彦次郎、米国留学中の津田純一といった門下生の帰国後に、新聞を発行したいと意欲を見せているが、それも天下の人心を誘導する術であった。

## 学校をいかに盛んにするか
### ——明治十一年三月二十七日東京府庁議事堂演説

頃年学校の設立につき様々の差し支えある、その差し支えの中について最も著しき箇条は、第一資本の不足、第二人心の不信、これなり。今の人民の産業決して豊かなるにあらず。下等社会に至りてはあるいは衣食をも得ざるものなきにあらずと雖も、学校に資本の不足する所以は必ずしも人民の貧にして事実に余財なきがためにのみその原因を帰すべからず。

試に彼の寺院を見よ。明治七年の政表に全国寺院の数七万九千七十七ヵ寺とあり。就中真宗の如きは最も人の信を得て、如何なる寒村僻邑にても古来今に至るまで嘗てその廃寺を見ず。資本に乏しからざることもって証すべし。しかり而してその資本のよって来たる処を尋ぬるに、必ずしも富商豪農に限りてこれを給するにあらず。茅屋に住居する翁媼の手より出るものあるいは却って多におることとならん。されば今国中に資本の源ありて、この事については乏しく彼の事については豊かなるその原因は、実物の有無にあらずしてその物を得るの方便如何にあるものなり。

明治七年全国学校の数二万十七にして、寺の数より少なきこと五万九千、比較すれば学校は寺の四分の一より多からず、この四分の一の学校を維持するに未だ十分の資本を得ざるは何ぞや。学校につきて人民の信向未だ深からざるが故なり。そもそも宗教は人の心を制し、あたかも生死の界を支配して死後の権を握るものなれば、その信を取るの一段に至りては固より学校の比にあらず。殊に今の学校はその設立も日尚浅く、人民をしてこれに帰せしむること極めて困難なりと雖も、到底人の信を取るにあらざれば事をなすべからざるものと決定せば、一歩にてもその方向に進まざるべからず。

故に学校の差し支えを資本の不足、人民の不信と二ヵ条に分けたれども、資本不足の原因は人心の不信にあるものにして、人民熱心して学校を信ずるときは、資本の不足は毫も憂うるに足らず。信を取ること最第一の緊要なりと雖も、未だその信を得ざるは何ぞや。学者の特に注意すべきことなり。今日の学校には世話人少なきか、決して然らず。日本開闢以来日本人の教育に心を用うるは特に今日をもってその最と称すべし。あるいは教師にその人なきか、教師あるいは足らず、あるいはその人を得ざることもあらん。しばらく欠典の極度に止まりてこれを見るも、今の教師を昔日の手習師匠、売卜〔金を取る占い師〕先生に比して更に等級を譲るとはいうべからず。いわんや小学教師の中にも往々上流の教育を得てその任に堪えるのみならず、人品と職業とを比較して却ってその人のために気の毒なりと思う程の人物あるにおいてをや。

あるいは教則完全ならずといわんか、今の教則はたとい完全に過ぐるも及ばざることなし。あるいは今の学校は生徒の意に適せずして怠る者多しといわんか、また決して然らず。世話人あり、教師あり、循々（じゅんじゅん）これを訓導してその取り扱いすべて深切なるがために、生徒は学校に行くを楽しんで家におるを悲しむ者あるに至れり。然らば則ちこの学校にして世間の信を得ざるは何ぞや。

余輩ここに一説あり。いわく、今の学校は民間父兄の意に適せざるものなり。社会の進退左右は衆父兄の意に存する者にして、父兄進まんと欲すればもって進むべし、退かんと欲すればもって退くべし。その進む所には学校も繁昌し資本も豊かなるべし、その退く所には資本もまたともに退くべし。学校は父兄の意に従って興敗あるものと知るべし。

しかるに今の学校の仕組みを尋ぬるに、その事実結局の目的は善美なれども、文政天保時代の教育に慣れたる父兄の目を以てこれを見れば、ほとんど一として意に適するものなしというも可なり。学校の建物なり、器械雑具なり、読書習字の法なり、言語応接の風なり、事々物々目に新しく耳に珍しく、これを見聞してこれに眩惑し、ままあるいはこれを敵視する者なきにあらず。殊にその子弟が学校に学び得たることを家に帰りて父兄に語るも、その言を聞て嘗て心に感ずる者なく、楚人の群集に独り斉語するが如き有様なれば、ますますこれを厭い尽して、甚しきは学校の生徒を目し不遜なりとしてこれを叱咤する者あるに至れり。父兄の学校を信ぜざることもって知るべし。

既にそのこれを信ぜざるを知らば、百方術を尽してこれを籠絡し、一歩にてもその信を取るの道を求めざるべからず。方今の急務これに過ぐるものなし。しかりと雖も余輩固より今の学校を嫌いて文政天保の教育法に返さんと欲するにあらず。これを欲せざるのみならずますます古風を脱して日新の門に入らんとするは畢生〔生涯〕の志願なれども、唯今の時にありて新旧の交代容易ならざれば、これを速やかにせんとして事を敗らんよりも、むしろこれを漸次に新門に入るるの方便を求め、その方便の最も容易なるものを用いんと欲するのみ。

即ちその方便とは生徒の教育をなるべきだけ通俗に仕向けて、まず父兄の心を得るの一事なり。故に云く、今の学校を維持するの要は天下父兄の信を取るにありと。ただし教育方法の論は嘗てこれを記して数日前出版の民間雑誌に載せたるものもあり、他は之を他日に譲る。

明治十一年三月、東京府庁議事堂での演説。学校設立の上で障害となっているのは、資本不足と人心不信の二点であると言う福沢は、資本の不足は、学校を信用していない人心によるものだと述べる。その上で、福沢は、江戸時代の教育に慣れた父兄の理解を得るには、急進的に西洋的教育を導入するのではなく、漸進的、段階的に取り入れていく必要を説いている。漸進主義者としての福沢の面貌があらわれている。

## 慶應義塾の今昔

### ――明治十二年一月二十五日慶應義塾新年発会之記

温故知新、人間の快楽、何ものかこれにしかん。本日新年の発会に付き、いささか当塾の履歴を述べて、もって諸君の聴聞に供せんとす。蓋し衆客の内には本塾の起立を知らざる者もあらん。これに加えその起立の時には未だこの世に生まれざる者もあらん。既往を回想すれば事跡故しというべし。

そもそも本塾の起立は今を去ること二十二年、安政五年午十月、旧中津藩の福沢諭吉なる者、大阪より東下して、江戸鉄砲洲〔中央区湊〕の中津藩邸内に於て数名の学生を教えたるものに係る。この時には日本の洋学は唯和蘭（おらんだ）書のみにて、英書を読む者とては全国中二、三名あるか、とても指を屈するの数はなかりき。同年は亜米利加（あめりか）を始め五ヵ国と条約を取り結び、外国人の渡来する者も次第に多く、これがため世上一般学者の考えにも、英書を読むことの必要なるを悟りてこれに従事する者少なからず。

本塾においても首として蘭学を廃して専ら英書を講じ、二年を過ぎ三年を経るの間に、ややその文をも解するの場合に至りし処へ、ここに一の困難事は、世上一般に攘夷の議論沸騰して、洋学者の名ある者は、その人物の良否を論ぜず、その思想の如何を問わず、概してこれを目して尊王攘夷の敵と視做し、甚しきは洋学者にしてその生命をも安んずること能わざる程の勢いなりしかども、これを敵視する者あればまた随ってこれを友視する者もありて、塾の学生は次第に増加し、鉄砲洲藩邸の塾舎にて内外常に百余名の学生あり。

百余名の学生は固より世上の輿論に敵視せらるる者なれども、この方にてはあえて輿論に敵するの意もなく、唯艱難（かんなん）を忍んで学業を勉め、もって自ら期する所を期し、英文を講ずることも次第に上達の勢なりしが、またここに一大事変は、慶応の末、明治の初、王制維新の騒乱、社会の機関、一時に破れて、人心、適する所を失い、天下、武を知て文を知らず、旧幕府の開成校も土崩瓦解、いわんや他の私塾をや。

大都会中、また一所の学校を見ず、一名の学者に逢わず。本塾百余名の学生も次第に分散して僅に数十名を残すのみなりしかども、尚その所期を変ずる能わず。社中商議して慶応三年卯十二月鉄砲洲を去り、芝の新銭座（しんせんざ）に地を卜して新に学塾を営み、土木功を竣（とど）めたるは実に明治元年四月某の日にして、東征の官軍正に箱根を越え、船橋市川に脱走兵の戦うあり、上野に彰義隊の屯（たむろ）すありて、東京城市、風雨腥（なまぐさ）きの時なり。蓋しこの新築の塾を慶應義塾と名づけたるは、当時未だ明治改元の布令なきをもってなり。

この時に当りて旧幕府の旧物は既に廃して、新政府の新令は未だ行われず、大学未だ立たず、文部未だ設けず、あたかも文物暗黒の世なりしかども、我が社中は誓って日本文学の命脈をして一日も断絶せしむるなからんを期し、およそ騒乱の初めより明治元年偃武（えんぶ）の時に至るまで、塾則定式（じょうしき）の休暇にあらざれば嘗て休業したることなし。現に五月十五日上野の彰義隊を撃つの日にも、本塾の講堂にてはたまたま「ウェーランド」氏の経済論を輪講[17]するの定日にあたり、砲声を聞き煙焔（えんえん）を見ながら講席を終わりたることあり。当時在塾の社中は必ずこれを記憶に存し忘るること能わざるべし。

兵乱すでに平らぎ、新政府の基礎はますます堅固にして、百事一時に挙り、世の文運もまた随って盛隆を致し、千里笈（せんりきゅう）を担うて入社する者、年々百をもって計え、新銭座の旧塾も狭くして入社生の需（もとめ）に応ずるに足らず、よって明治四年官より特別の保護をもって当三田の地面を貸し渡され、次いでまた低価をもって払い下げとなり、社中の尽力にて建物を営み書籍等を備え、常に三百余の学生を教えて、今年に至るまで全八年を経たり。即ち今日の会は開塾以来第二十二年、慶應義塾改名より第十二新年の発会なり。新に逢うて旧を想う。人間の快楽これに過るものあるべからず。諭吉もまた幸いに健康無事にして、諸君とともにこの快楽をともにするその中心の喜悦は、口にいうべからず、筆に記すべからず。唯衆客の忖度を待つのみ。

末文に尚一言することあり。そもそも我が慶應義塾の今日に至りし由縁は、時運のしからしむるものとは雖も、これを要するに社中の協力といわざるを得ず。その協力とは何ぞや。相助くることなり。創立以来の沿革を見るに、社中あたかも骨肉の兄弟の如くにして、互いに義塾の名を保護し、あるいは労力をもって助くるあり、あるいは金を以て助くるあり、あるいは時間をもって助け、あるいは注意をもって助け、命令する者なくして全体の挙動を一にし、奨励する者なくして衆員の喜憂をともにし、一種特別の気風あればこそ今日までを維持したることとなれ。

　今や前後入社生の散じて日本国中にある者四千名に近し。その中には往々社会上流の地位におりて事を執る人物もまた少なしとせず。実に我が社中の如きは天下到る処同窓の兄弟あらざるの地なしというも可ならん。人間無上の幸福と云うべし。我輩すでにこの幸いを得たり。豈偶然ならんや。されば今後とてもこの兄弟なるもの、ますます相親みますます相助けて、互いにその善をなし、互いにその悪を警(いま)しめ、世に阿(おもね)ることなく、世を恐るることなく、独立して孤立せず、もって大になすあらんこと、諸君とともに願う所なり。既往を悦ぶの余りかねてまた将来の企望を記し、もって本日の演説を終う。

---

明治十二年一月、慶應義塾における演説。義塾の開学以来の歴史を顧みた上で、戊辰戦争中も休業したことがないと自負し、それらを可能にしたのは「社中」の協力によると言う。「社中」は兄弟のようなものであり、意思と感情を共有して、義塾を維持してきた。福沢はそれを高く評価し、今後も世におもねることなく、「独立」して「孤立」せず、将

来の発展をともになしていきたいとメッセージを送る。「社中」とは、慶應義塾の教職員、学生、卒業生（塾員）、保護者を指す。

## 医学の使命
### ――明治十二年十月十八日東京大学医学部学位授与式の祝詞

往古我が国の文明はことごとく皆仏者の手に帰し、文学徳教技術工芸に至るまで、その進歩したるものは一として仏によらざるはなし。古学者の普く知る所なれば特にここにその証を枚挙するに及ばず。下りて源平の時より足利の末年に至るまで、天下武を尚びて文を知らざるの時代においては、仏者を除くの外に文明を知る者なし、というも可なり。徳川政府の初めより儒者の学ようやく世に行われてようやく一門戸をなし、始めて儒仏相対するの勢いを得たりと雖も、文明の権柄全く儒に帰したるにあらず。儒は唯だ中等以上士族中の幾部分を支配するのみにして、全国の人民十中の七、八は尚仏に属する者なれば、日本古代の文明を語るにあたりて、仏者の功徳とその栄誉は決してこれを堙没〔埋没〕すべからざるものなり。

今日我が国において文明の権柄は何れにあるやと尋ぬれば、洋学日新の主義にありと答えざるを得ず。これまた今人の普く知る所にして、特にその事実を枚挙するに及ばず。しかり而してその洋学のよりて起こりし起原を尋ぬれば、今を去ること百余年、宝暦明和の頃、前野、杉田、次で大槻[18]、宇田川[19]等の諸先生が始めて端緒を開きたるものにして、その濫觴（らんしょう）〔はじまり〕は医学の外ならず。下りて天保弘化に至りては、洋学ようやく盛んにして、江戸の学医に坪井[20]、杉田[21]、箕作[22]、開業医の大家に伊東[23]、戸塚[24]、林[25]、大槻[26]等の諸先生、大阪には緒方先生の兄弟門戸を張り、従学する者甚だ少なからず。

およそ今日の社会にありて有為と称する人物はその門に出る者多し。あるいは直接に門下にあらざれば、則ち間接にその流を汲む者なり。思うに当時の諸大家先生はあらかじめ今日あるべきを期したるにあらず、唯だその好む所を好み、その知る所を教え、厚く信じて疑わざる者のみなりと雖も、今に至りて成跡を見れば、社会文明の元素は百有余年前の医学に胚胎せしものといわざるを得ず。しからば則ち明治近時の文明は医学流の賜にして、その率先の栄誉はこの流の先輩に帰すべき、固より疑を容れず。諸君は即ちその緒を続けてますますその栄を燿（かがやか）す者というべし。これを要するに本邦往古の開化は仏者の功にして、近時の文明は医学者の力と称すべきなり。

本日この盛会に会して医学大進歩の証しを目撃し、かねてまた近時文明の夙（つと）に胚胎する所を示して、諸君とともに先人の功徳を回想するの機会を得たるは、諭吉が畢生の喜悦にして、諸君もまた自から懐旧の情を催したることならん。祝詞既に終りて尚一言を贅す〔付け加える〕。前にいえる如く今日の医学は既に文明率先の栄誉を専らにし、加うるに諸君の勉励をもってその学術の上達は実に内外の耳目を驚し、医学の隆盛は古来正に今日にありというべきその勢に際し、尚この上にも諸君に向って一層の勉強を企望する所なきを得ず。その箇条は今の医学者流が人の病を医するにかねて又その人の情を医するに注意せられんこと、即ち是なり。

情を医するの文字甚だ新奇なるが如くなれども、事実に於てその要最も大なり。滔々たる凡庸世界、今日現に売薬を嘗め草根木皮を服して安心する者は全国十に七、八ならん。而してこの売薬師なりまた草根木皮家なり、医術の一点に至ては固より無学無識、ともに語るべき者にあらずと雖も、この医学隆盛の世にありて尚その残喘を保するは何ぞや。他なし、病の何物にして治方の如何を知らざれども、唯患者の情を医するの熟練によるにあらずや。医情の大切なることもって知るべし。

諭吉あえて諸君に向って俗医の媚を病家に献ずる者に倣えと勧るにあらず。医は人間最貴の業なり。何ぞ人に媚ることをなさんや。しかりと雖も扶氏〔ドイツ人医師・フーフェランド〕の医戒に言えることあり、医の眼中に貴賤富貴なし、智愚強弱なし、唯病の重き者をもって最重最貴の客となし、これに奉ずること君の如く、これを愛すること父母の如くすべしと。この言果して是ならば、この貴重なる客を御するに力を尽くすべきはもちろん、何等の煩労をも憚るべけんや。

客の性質によりあるいは単に病を医すべき者もあらん、あるいはまずその情を医して然る後に始めて病を医すべき者もあらん。その際にあたりては千状万態いうべからざるの苦辛もあるべしと雖も、結局我が目的は患者をして恢復せしむるの一点にのみあるものなれば、百方術を尽くして我が医道の真実を人に信ぜしむるこそ道の本意なれ。虚をもって人の信を僥倖するにあらず、真をもって信を取る、実に丈夫の事なり。諸君勉めざるべからず。諭吉素より医にあらずと雖も、本と医の門にありて洋書を学びたる者なれば、医学に対しては自ずから同情憐惜するの感なきを得ず。贅言時を費す、諸君これを恕せよ。

---

明治十二年十月、東京大学医学部学位授与式での祝詞。日本の文明化の鍵は、「洋学日新」の主義が握っていると言う福沢は、蘭方医の歴史を顧みて、「近時の文明は医学者の力」と評する。その上で、卒業生諸君の勉励をもって学術を発展させ、内外の人々を驚かせ、医学の意義を発揮してほしいと期待を寄せる。とりわけ医者は、病を治す際に、その人の「情」を癒やすことを忘れてはならない、と言う。医学の世界では貴賤富貴も智愚強弱も関係なく、父母のように患者を愛し、労を惜しんではならない。緒方洪庵の適塾で医学を学んだ先人としてのメッセージである。

# 交詢社設立にあたって

## ——交詢社発会の演説

（明治十三年一月二十五日）

交詢社設立の速やかにしてその社員の多きは、実に近年の一大盛挙にして人を驚かすものというべし。蓋しそのしかる由縁は創立社員諸君の才学勉強とその誠意徳望とによると雖も、また一方より論ずるときは社会の時勢に乗じたるものといわざるを得ず。我が封建の時代には三百の諸侯各一藩の土地を領し、今日をもっていえばあたかも一会社の体を成して人心を結合し、上藩士より下領民に至るまで、有形の物、無形の事、皆な一処に集まらざるはなし。即ち知識交換世務諮詢（しじゅん）の中心と称すべし。

三都にある藩邸は即ちその藩邑の支社にして、常に本社の「コルレスポンダント」（特派員）となり、人物の往来、書翰の交通より、金銭の為替、物品の売買に至るまでも、一切万事皆直に藩に依頼するか、あるいは間接に藩名を用いて便とせざる者なし。また三都の藩邸はもって他各藩との交通に便利にして、全国の景況はこの支社の方便を以て本藩に通ずべし。内外の便備わらざるはなし。

然り而してこの藩なる者は、元と新聞探偵の事を行うにあらず、商売運送の事を司どるにあらず、智者の叢淵（そうえん）にあらず、学士の集会にあらずして、その藩士藩民のこれによりて便利を得たるは何ぞや。唯衆知識を集めて又これを散ずるの中心たるに過ぎず。藩必ずしも智ならざるも衆智を集むればもって智者の用をなすべし。

これを譬えば銀行必ずしも富豪ならざるも衆資本を集めてまたこれを散ずれば、またもって富豪の用をなすが如し。かくの如く衆智集散の中心となりて次第に習慣をなすときは、自ずから世の信任を取り、世人藩に表するに信を以てすれば、藩もまた人に告ぐるに信をもってし、遂には人の言行いやしくも藩の名義を帯びるときは、直に信任確実の位を得るの風をなして、知識交換の事を行うにますます容易なりしが故なり。

政治上の得失を離れて単に社会上の利害に入り、封建三百藩の働を論ずればその便利もまた少なからざるものというべし。しかるに今や既に天下に藩なし。即ち人民の知識集散三百の中心を失うたるものというべし。こたび交詢社の設立につきその目的を聞けば、知識を交換し世務を諮詢すというに過ぎず。字義のみを解するも細目を知るに由なし。同社諸君においてもあるいはこれに疑いなきを保すべからず。

創立社員の所期は果して何れの辺りにあるか、余はこれを知らずと雖も、臆測をもって本社今後の成り行きを想像すれば、この社は必ず交詢の字義に違わずして、全国人民のために知識集散の一中心たることならん。本社固より新聞局に非ず、また代言社〔弁護士会〕にあらず。常議諸員もまた必ずしも常に自らその所見を述べて、人に告ぐるのみの職分にあらざるべしと雖も、既に交詢社の名あれば全国の社員は必ず本社に向って諮詢することあるべし。本社は必ずこれを受けて丁寧にこれを討議し、またこれを他の社員にも諮詢することならん。これを諮詢しこれを報知し、全社員の運動は常に中心の本社を経て互いに相知ることならん。

然り而してそのこれを諮詢しまた報知する所のもの、中心の本社を経てこれ彼の間に相通ずればとて、これがため必ずしも一層の高尚を増すにはあらずと雖も、すべて事物の運動に中心を得ざれば用をなすべからず。地心に引力あり、万物皆地面に向い、国に政府あり、国民皆政治の方向を一にす。兵隊に旗章あり、汽車に「ステーション」あり、電信郵便に中央局あり、財貨資本に銀行あるが如し。いずれも皆運動流通の際に、一度びその中心に集まりまた散じて始めて用をなすべきものなり。人の知識精神の運動もまたかくの如し。ここに一の問題ありまた一の所見ありて、これを一人に質すは百人に諮詢するに若かず、百人に告ぐるは千人に謀るに若かず。

その百に諮詢し千に謀るの法は唯集散の中心を得るにあるのみ。例えば我が社中幾百千名のその身の有様はまた千様百態にして、あるいは工業を起こしてその事につき不審を質さんと欲する者もあらん、商売に従事して取引の便を求むる者もあらん、書を読んで理を解せざる者もあらん、世務を推考して疑いを抱く者もあらん、あるいは器械を工夫し物を製作して世に公にせんと欲する者もあらん、物理を発明し新主義を記して人に告げんと欲する者もあらん、医師の開業する者あれば旧痾に悩んで医を求むる者もあらん、代言士の結社する者あれば裁判に不平を抱いて曲を伸さんと欲する者もあらん。皆これ人の精神の正に動き正に発して通達の路を求めんとするの機なり。

この時機に際しこの路を求むるに当りて果して何等の方便あるや。唯他人に諮詢して所得所知を交換するの一法あるのみ。尚細事に亙(わた)れば、地方の社員が始めて都会に出でて旅宿を求め、買物の方角を相談するも諮詢の一箇条なり。あるいは都下の社員が国中に旅行するとき、各地方の景況を視察せんとて、僅かに旅店の主人に質問するが如き迂闊の旧套もこれを用るに及ばざるべし。地方到る処に事物を諮詢すべき同胞の社員あればなり。

右等を計うれば実に枚挙に遑あらず。人間世界多事にして何れも諮詢を要することなれば、ここに一社を設けてその諮詢の中心となし、十問題を集めて百方に質し、百意見を集めて千人に報じ、これを口に伝え又郵便電信に附し、又あるいはこれを集めて随時発兌(はつだ)の雑誌に記し、衆智を合して大智となすの便利は決して少々にあらざるべし。これを彼の一隅に僻在して世間の交通を絶ち、僅かに近隣合壁二、三の人を友として心事世務を談ずる者に比すれば、また同年の論にあらず。

蓋し維新の一挙三百の藩を廃してより、その形を変じて代用をなすものあるべきは固より時勢の必然、いわんや爾後日新進歩のこの社会に於て交通の一事は蓋しやむを得ざるの要なれども、世間皆その必要を感じてこれに応ずるの術を得ざりしのみ。我が社員の如きは既にその要を知りてまた随ってこれに応ずるの方便を事実に施し、あたかも人知交通の一大機関を発明工夫したる者というべし。およそ天下の人民、昔日藩制の時代にありて政治の外に一種の便利を得たる者か、あるいは今日にありてよく天下の大勢を解し、近隣合壁の小乾坤(けんこん)〔天と地〕に安ぜざる者は、必ずまた来て本社に入ることならん。今後社の盛大を致すべき、疑いを容れざるなり。

---

明治十三年一月、交詢社発会の際の演説。同社の設立は「社会の時勢」に乗じたものだとする福沢は、江戸時代に各藩が担っていた「知識交換」「世務諮詢」の機能に注目し、江戸・京都・大阪の藩邸は「特派員（コレスポンデント）」として情報や金銭、物資などの交換を担っていたとして、同社にはこうした機能を持たせたいと言う。新聞社でも弁護士会でもなく、全国の社員が本社に対して諮詢し、本社で討議し、逆に社員に諮詢し、本社を中心にして運動を起こす。そうした「交際」を担う知識の「ステーション」として、交詢社を機能させたいという、福沢の熱意が示されている。

## 酒池肉林の宴会を止めよ

### ――明治十三年二月七日東京築地寿美屋に於て演説

今夕は小幡篤次郎君の御招待に応じ、交詢社創立委員ならびに常議員その他有志諸君の集会にして、諭吉もまたその席末に陪す。ありがたき仕合せなり。該社発起の初めより小幡君始め委員諸君の尽力は実に少小ならず、前月二十五日発会の式を行い、今日この小集あり。蓋し儀式終わりてまた親睦友誼を重ぬるの旨ならん。君の厚意謝する所を知らず。

そもそも交詢社創立以来は広く海内に友交の路を開くのみならず、近くは在都下旧友の交誼もために一層の親を増すに至れり。今夕の小集の如き即ちこれにして、今後もまた度々この類の集会あらん。誠に楽しきことならずや。しかりと雖も楽あればここにまた思う所なかるべからず。故に諭吉はこの楽に兼てまた今より苦慮する所のものあり。

その苦慮とは何ぞや。集会の体裁如何の一事なり。近来都下の風俗日に華美に流れ、官私の別なく士人交際の媒(なかだち)たるものは専ら肉体の快楽にとどまりて、精神を養うものはほとんど稀なり。某の懇親会と云い、某の親睦宴と称し、一擲千金(いってきせんきん)会釈もなく、酒池肉林にあらざれば宴をなすに足らず、糸竹管絃(しちくかんげん)にあらざれば興を催すに足らず、もって自ら豪盛と称して得色あるが如し。何ぞそれ心事の賎劣なるや。

不学無術、肉体にあらざれば快楽の方便を得ざる者はすなわち恕すべしと雖も、いやしくも学者士君子にして他に精神を慰めて交を結ぶの術を得ざるか、体を知りて心を忘る、恥ずべきの甚しきものというべし。諭吉をもってこれを視れば啻に長大息のみならず、窃(ひそか)にこれを蔑如せざるを得ざるなり。蓋し天下の大勢は猶大風の如くまた大河の如し。大風吹き大河流る、人力の支うべきにあらざるが如くなれども、この大河の急流に溯るもまた人力なり。今都下に於て華美軽薄の急流に溯る者は我党の士にあらずして果してその人あるべきや。これを我輩道徳上の責任というべし。今後幾回の集会幾処の宴席においてもこの主義に違うなくして誓ってこの責任に当らんこと諭吉の中心に願う所なり。

また一言を贅してもって諸君の考案を煩わす。およそ華美を争い豪盛を闘わす、豪は則ち豪なるが如くなれども、頗る銭を費す事なり。この銭財の一点について論ずるも、今の所謂世間の交際なるものはもっての外の事ならずや。単にその次第を説かん。例えば某の宴席に幾十名の朋友相会して一夕に幾十百円金を費すことあらん。しかるに朋友は必ずしも出席の人のみにあらず。昔年の親友にして、地方に鞅掌〔仕事が忙しく暇のないこと〕する者あり、都下に幽居する者あり、またあるいは不幸にして貧に困しみ病に罹りて欠席する者も多し。

しかり而して居所の異同、身の幸不幸は、もって人の友誼を軽重すべきものにあらず。しからば則ちその宴席の体裁は果して朋友全体に対して恥じるなきものか、これを思わざるべからず。たとい他より咎むる者なきもいささか自ら反顧して斟酌あるべき事なり。これに加え、親友故旧相助くるの一義は人間道徳上の責任とあらば、むしろ一夕の宴会をやめるか、またはその費の半を減じて不幸の友を助くるの道を求めるこそ、精神の愉快ならずや。道徳の人というべきなり。

今一歩を退き、人事多端の世界、不本意ながらも道徳上の責任はこれを顧るに遑あらずとするも、今日歓楽得意の士人にして果してよく社会上の責任を免かれ了したるか、身に負債はあらざるか、父母妻子を養いて遺憾なきか、たとい貸借直接の負債なきも、少小二親の撫育を蒙り、成長また多少の学資を給与せられ、あるいは公共の資金を費し、あるいは有志者の助力を受け、今に至りてよくその冥々の負債を償い了したるか、これを思い彼れを憶わば、今日はこれ決して歓楽得意の日にあらずして、社会に対して間接直接の負債ある者こそ多かるべし。

また一歩を退き、身に直接の負債なく、よく父母に事えて妻子を養い、冥々間接の負債だもなしとするも、人生黄金のために志を屈するは、世界古今比々皆しかり。人誰れか独立不羈を好まざらんや。これを好んでこれを行う能わざるは何ぞや。十中の八、九黄金のためならざるはなし。五斗米の圧力よく大丈夫の腰を屈折すべきなり。いわんと欲していう能わざるあり、いわざらんと欲して又能わざるあり。精神の苦痛これより甚しきものあるべからず。この苦痛をも忍んで尚黄金を得んとするその黄金の所用は何れにありや。今の流俗に従えば、ただ華を争い豪を闘わすの目的のみ。争華闘豪はあたかも一身内の債主にして、この債を負うて苦しむ者もまた一身なれば、自身自家の貸借に煩悶苦痛する者というべし。

右は今日諸君の現行に就て論ずるものにあらざるは無論、またたとい諭吉の鄙言〔自分の言葉についての謙遜表現〕なきも諸君にしてこの明白なる理由を知らざるものあらんや。誠に賤劣なる贅言なれども、諭吉年ようやく老して動もすれば後来を思案するの癖をなし、今夕の楽宴に陪してもたちまち平生の癖を吐露したるまでの事のみ。

しかりと雖も諭吉もまた嘗て血気の少年たりしことあり。少壮の時あるは流俗の風潮に反対して、その風潮毫も恐るるに足らざるの実験なきにあらざれば、幸いにこの鄙言をもって諸君の考案を煩わし、今後好機会を見て同志警戒の約束を作るか、または親友相助くるの法を設るか、またあるいは死生保険の金を醵する等、その辺の事に着手あらば幸甚のみ。

明治十三年二月、築地の寿美屋で開催された交詢社創立委員・常議員・その他有志者の集会における演説。福沢は、とかく「華美」に流れて「肉体の快楽」にふける「酒池肉林」の集会・宴会に苦言を呈し、集会は精神を慰めて情を結ぶものであり、体を知って心を忘れている現状を恥ずべきものだと断じた。集会に金をかけるくらいなら、困窮や病気で欠席した者を助けるべきであるとして、「親友相助くるの法」を考案するよう提案している。福沢にとって、こうした宴会は清算すべき旧時代の遺産の一つであった。

## 交詢社は政党にあらず
### ――〔明治十三年二月二十九日愛宕下青松寺に於ける交詢社定期小会演説〕

今日は小会に臨席したる処、会員定数に充たざるをもって小会は潰れとなり、その代りとしてここに一席を開き、段々諸君の演説あり。予もまた突然のことにて別に考案はなけれども、一言のもって諸君に告げ度きものあれば、この機に際し敢えてこれを陳述す。

およそ世の人々、その身分を異にしその習慣を異にすれば、随ってまたその心事を異にして、他人の心を忖度するに往々当らざるもの多し。譬えば儒者が俗文を読むには動もすれば漢音を用い、俗人が漢文を見ればこれを俗様に読むもその一例にして、心事の相異なる者は相互にその挙動を見てこれを誤認するものなり。我が交詢社の社員を見るに、雅俗相混じ、朝野相雑り、農あり、商あり、また工あり、世人の視察する所にてこの社は果して何事をなすものと認むべきや。

各心事の異なるに従いて必ず同一の観をなさざることならん。農工に従事する者はこの会を農工会社と思い、商法に志す者はこれを商法会社と認むることもあらん。尚これよりも甚しきは、方今政治の談は世間に喧（やかま）しくして、社員に官員の数も甚だ多きが故に、あるいはこれを政談会社と思うものもあらん。尚甚しきは世間の少年輩は之を一種の政党と誤認するも計り難し。去りとては又鄙劣ならずや。人間世界、政府の外に棲息の余地なからんや、政談の外に諮詢すべき事なからんや。余輩の所見にてはこれらの外に悠々として逍遥すべき地あり、孜々（しし）として〔懸命に〕勉強すべき事あり、区々の政府を目的としてこれに熱心し、あるいはこれに合し、あるいはこれに離るるが如き鄙劣の談は、本社に於て終始関らざる所なり。

会同の諸君もよくこの意を解するは無論、あるいは世人この社を見て異様の観をなす者あらば、勉めてその迷を解かれんこと、余輩の所願なり。

——明治十三年二月、愛宕山下の青松寺で行った演説。世間では政治論が喧しく、交詢社は社員に官僚も多いことから、これを「政談会社」や「政党」と誤認する人がいるが、それは誤っており、政治以外にも諮詢することもあり、政治の外側で気ままに散歩しながら勉強するだけのことで、誤解を解きたいと強調している。福沢自身が「政党」概念を日本に導

—入した先駆者であったから、なおさら誤解を招きかねなかった。

## 交際と親睦の必要性

――〔明治十三年四月二十五日両国中村楼に於ける交詢社第一回大会演説〕

智識を交換し世務を諮詢するは本社の題目なれども、その事甚だ尋常なるをもって、社員あるいは容易にこれを解して却ってその実効を見ざるの患いはなかるべきやと、創立の初めより余輩の顧慮せし所なるに、爾来の事実において決してしからず。各地の社員その知る所を報じ、その識らざる所を問い、家政の処置につき疑いを質す者あり、地方の事情につき説明を求むる者あり、物産製作の事なり、商売運輸の事なり、学芸法律の事なり、詩歌風流の事なり、その事の公私細大にかかわらず、また雅俗に論なく、知不知、相通ぜんとて本社に輻湊（ふくそう）するもの続々絶えず。役員の多事煩労は誠に容易ならざることとなれども、立社の目的はここに達して違うなきものというべし。

右の如く諮詢の件は繁多なれども、逐一之を雑誌に記すべきにもあらざれば、在東京の社員はもちろん、地方の社員も時々出京の便宜に任せて本局に来訪せられ、親しく局中の景況を目撃しまた役員に面談し、またあるいはその時偶然に来社の同社員に邂逅談話あらんこと、極て願う所なり。すべて人の意見を通ずるの道は必ずしも規則により文書により法の如くするよりも、却って交情いうべからざるの際において目的を達すること多きものなり。

今日人事の実際に於て、山を語らんとて人に会して、その語次偶然に河の事に及び、山の談は却って第二着に属して河の談をもって益を得ること大なるが如き、人の常に実験する所なり。蓋し交際に親睦会の必用なるもこれがためのみ。即ち智識交換世務諮詢の最も穎敏なる部分にして、本日大会の事務を終てここにまた親睦の宴を開く。本社の目的十二分に達したるものというべし。

終にまた一言を贅す。本日かく老生が演説し、同社諸君の聴を煩わし、生が意は十分に通じたることと思えども、もしもこの演説を筆記してその文を見たらば、意味あたかも乾燥して穎敏なる部分を失い、真成の情を通ずる能わざるや明らかなり。また以て会合面話の大切なるを証するに足るべし。喜で演ぶ。


---

明治十三年四月、両国の中村楼で開かれた交詢社第一回大会での演説。同社で、商業や学芸、法律、文化など、様々な分野で交際が進んでいることを喜んだ福沢は、地方の社員が上京した際には在京の社員と面談して談話するよう勧めている。文書ではなく、対面で交際する方が、情が交わりやすく、雑談の間に話題も広がりやすいと言う。親睦会が必要なのも、そのためである。

# 第二章　実業界へ出でよ

明治十四年の政変によって、福沢が描いていた議院内閣制、二大政党制、政党内閣、といった国会構想は挫折し、参議・大隈重信とともに、福沢門下の官僚たちが一斉に政府の役職から去った。福沢が組織していた知的サロンである交詢社が政党となり、政権を奪取するのではないか、と政府側に懸念されたことも、政変の一因であった。福沢はすでに、交詢社は政党ではないと明言していたが、この後、その旨を演説で再度強調し、「知識交換世務諮詢」という創設の趣旨を徹底し、具体化させていくことになる。政変に絡んで、政府機関紙発行計画が頓挫したため、福沢は『時事新報』を創刊、以後の著作は、同紙に掲載された福沢の論説をまとめたものがほとんどとなる。福沢の愛弟子で甥である中上川彦次郎も、政変で外務省を追われ、時事新報の社長に転じた。以後、福沢の演説の多くは、『時事新報』、あるいは交詢社の機関誌である『交詢雑誌』に掲載されるようになっていく。政変は負の効果ばかりでなく、明治二十三年をもって国会を開設すること、憲法を制定することが、明治天皇の勅諭によって定められた。第二章は、政変直後から、議会開設が目前に迫った明治二十年四月までの、約六年間の演説をまとめたものである。この間も、福沢は天皇の政治的・文化的役割を説いた『帝室論』などを著し、政策提言を諦めることはなかったが、その著作の傾向は、学問、教育といった色彩を濃くしていくことになる。その実践の場である慶應義塾では、早くから着目していた実業の重要性を説き、幅広い知識を身につけ、個人として独立して実業界へ進出し、自力で競争社会を勝ち抜くよう、繰り返し呼びかけていく。もとより、それが福沢の求めた人間像のすべてではない。道徳や品行を身につけ、社会の秩序を維持していくにはどうすべきか。その点も、福沢は演説で多くを語っている。福沢の視野は日本の近代化に向けて広く開けており、鉄道や産業、開拓など、さまざまなテーマでも、聴衆の関心を喚起した。その具体的内容を見ていきたい。

## 政治経済学の学び方
### ——経世の学亦講究す可し

（明治十五年二月十一日）

ある人いわく、慶應義塾の学則を一見しその学風を伝聞しても、初学の輩は専ら物理学を教うるとのこと、我輩の最も賛誉する所なれども、学生の年ようやく長じてその上級に達する者へは、哲学法学の大意または政治経済の書をも研究せしむるという。そもそも義塾の生徒、その年長ずるというも二十歳前後にして二十五歳以上の者は稀なるべし。概してこれを弱冠の年齢といわざるを得ず。たとえ天稟（てんぴん）の才あるも、社会人事の経験に乏しきは無論にして、いわば無勘弁〔分別のつかないこと〕の少年と評するも不当にあらざるべし。

この少年をして政治経済の書を読ましむるは危険にあらずや。政治経済、固よりその学を非なりというにあらざれども、これを読みて世の安寧を助くるとこれを妨ぐるとはその人に存するのみ。余輩の所見にては、弱冠の生徒にして是等の学に就くは尚早しといわざるを得ず。その危険は小児をして利刀を弄せしむるに異ならざるべし。いわんや近来は世上に政談流行して物論甚だ喧しき時節なるにおいてをや。人の子を教るの学塾にして却ってこれを傷(そこな)うの憂なきを期すべからず云々と。

我輩この忠告の言を案ずるに、ある人の所見に於て、到底政治経済学の有用なるは明らかなれども、これを学んで世を害すると否とはその人に存す、弱冠の書生は多くは無勘弁にしてその人にあらずということならん。この言誠に是なり。事物につき是非判断の勘弁なくしてこれを取り扱うときは、必ず益なくして害を致すべきや明らかなり。馬を撰ばずして妄(みだ)りに乗れば落ちることあり、食物を撰ばずして妄りに食えば毒にあたることあり。

判断の明、誠に大切なることなれども、唯これを大切なりというのみにては未だもって議論の尽きたるものにあらず。故に今この問題については人にしてこの明識を有すると有せざるとの原因は如何、これを養うの方法は如何して可ならんとて、その原因を尋ねその方法を求めて始めて議論の局を結ぶべきなり。およそ物の有害無害を知らんとするにはまずその性質を知ること緊要なり。その性質を知らんとするにはまずその物を見ること緊要なり。熱国の人民は氷を見たることなし。故にその性質を知らず。これを知らざるが故にその働の有害なるか無害なるかを知らざるなり。また人の天然において奇異を好むはその性なり。山国の人は海を見て悦び、海辺の人は山を見て楽しむ。生来その耳目に慣れずして奇異なればなり。而してそのこれを悦びこれを楽むの情は、その慣れざるの甚しきに従ってますます切にして、往々判断の明識を失う者多し。

仏蘭西の南部は葡萄の名所にして酒に富む。而してその本部の人民には甚しき酒客を見ざれども、酒に乏しき北都の人が南部に遊びまたこれに移住するときは、葡萄の美酒に惑溺して自らこれを禁ずるを知らず、遂にその財産生命をもあわせて失う者ありという。また日本にては貧家の子が菓子屋に奉公したる初めには、甘を嘗めて自ら禁ずるを知らず、ただこれを随意に任してその飽くを待つの外に術（すべ）なしという。また東京にて花柳に戯れ、遊冶に耽り、放蕩無頼の極に達する者は、古来東京に生れたる者に少なくして必ず田舎漢（いなかもの）に多し。しかも田舎にて昔なれば藩士の律儀なる者か、今なれば豪家の秘蔵息子にして、生来浮世の空気に触るること少なき者に限るが如し。

これらの例を計うれば枚挙に遑あらず、あまねく人の知る所にして、いずれも皆人生奇異を好みて明識を失うの事実を証するに足るべし。故に子女の養育に注意する人は、そのようやく長ずるに従いて次第に世間の人事に当らしむるの要用なるを知り、あるいは飲酒といい演劇といい、謹慎着実なる父母の目には面白からぬ事ながら、到底これを禁ずべきにあらざれば、その好む所に任して酒をも飲ましめ演劇の見物をも許して、ただこれを節するの緊要なるを知らしむるのみ。ある西人の説に、子女漸く長じたらば酒を飲むも演劇を見物するも初めはまず父母とともにして次第に独歩の自由を許すべしという者あり。この説甚だあたるが如し。

右に述ぶる事実果して違うことなくば、ある人の憂慮する少年書生の無勘弁なる者を導きて、これに勘弁の力を附与しその判断の識を明らかならしむるの法如何して可ならん。身を終わるまでこれを束縛して政治経済等の書を見ることなからしめんか、少年は終身の少年にあらず、三、五年を過ぐれば屈強の人人たるを如何せん。政治経済は有用の学なり、大人にしてこれを知らざるは不都合ならん。今一歩を譲り、人生は徳義を第一としてこれにかねるに物理の知識をもってすればもって社会の良民たるに恥じず。

経世の学は必ずしもこれを学問として学ばざるも、自ら社会の実際にあたりてこれを得ること容易なり。例えば今の日本政府にていえば、大蔵の官吏必ずしも経済学を執行したる者にあらず、文部の官吏必ずしも教育論を研究したるにあらざるも、その実際に事の挙ぐるは今日の如し。畢竟経世は活学にして、当局者が局に当りて後の練磨なり、決して学校より生ずるものにあらずとして安心せんと欲するも、ここに安心すべからざるものあり。即ち人生奇異を好むの性情にして、仮令い少年を徳学に養い理学に育して、あたかもこれを篋中（きょうちゅう）に秘蔵するが如くせんとするも、天下、人を蔵(おさむ)るの篋なし、一旦の機に逢うてたちまち破裂すべきを如何せん。

而してその破裂の勢いは、これを蔵るのいよいよ堅固にして時日のいよいよ久しきその割合に従ていよいよ劇烈なるべし。例えば今ここに一種の学校を設けて、全く経世の学を禁じ、政治経済の書を禁じ、また歴史をも禁じて、生徒を養うこと数年の後は必ず成業に至らん。その時において生徒の所得は理学徳学にして純然たる良民たる者ならん。しかるにこの良民が家に在りて一部の経世書を読むか、または外に出でて一夜の政談演説を聴き、しかもその書その演説は頗る詭激奇抜の民権論にして人を驚かすに足るものとせん。ここにおいて彼の良民は如何の感をなすべきや。聾盲頓（とみ）に耳目を開て声色に逢うが如く、一時は心事を顚覆するや必せり。

　心事顚覆したり、復た判断の明識あるべからず。かくの如きは則ち辛苦数年順良の生徒を養育して一夜の演説もってその所得を一掃したるものというべし。啻にこれを一掃するのみならず、順良の極度より詭激の極度に移るその有様は、彼の仏蘭西北部の人が葡萄酒に酔い、菓子屋の丁稚が甘に耽るが如く、底止する所を知らざるに至るべし。人を順良にせんとするの方便はたまたまこれを詭激に導くの助をなし、目的の齟齬（そご）するこれより甚しきはなし。畢竟社会は活世界にして、学校に教うる者も活物なれば、学ぶ者もまた活物なり。この活物の運動は親子の間柄にても尚且つ自由ならざるものあり。いわんや他人の子を教うるにおいてをや。決して意の如くなるべからざるなり。

　学校の教育は決して教者の意の如くなるべきものにあらず。すでに不如意なるを知らばその不如意に処するの法を案ずるこそ緊要なれ。前にいえる如く、少年輩が動もすれば経世の議論を吐き、あるいは流行の政談に奔走して無益に心身を労し、甚しきは国安妨害の弊に陥るが如きは、元とその輩の無勘弁なるがためなり。その無勘弁の原因は何ぞや。真成の経世論を知らざるがためなり。

詭激の経世論固より厭うべしと雖も、その論者はこれを知るが故に論ずるにあらず、知らざるが故にこれを論ずるのみ。故に我が慶應義塾においては、上等の生徒に哲学法学あるいは政治経済の書を禁ぜざるは、これを禁ぜずしてその真成の理を解せしめ、是非判断の識を明らかならしめんがためなり。

多年の実験によりてこれを案ずるに、書を読むこといよいよ深き者はいよいよ沈黙するが如し。而してその黙するや、これを言うを忘れたるにあらず、時ありていうときはその言もまた適切にして忌憚（きたん）する所なきが故に、時としては俗耳を驚かすことなきにあらざれども、これは唯聴者不学の罪のみ。

その適例は近きにあり。近来世上に民権の議論頻りに喧しくして外国にも先例なきが如きその由縁は何ぞや。今の民権論者は近来初めてこれらの論旨を聞き得て、その奇異に驚き、これに驚きこれに動揺して、あたかも聾盲の耳目を開たるが如きものなればなり。固よりその論者中には多年の苦学勉強をもって内に知識を蔵め広く世上の形勢を察して大いに奮発する者なきにあらず。

我輩その人を知らざるにあらずと雖も、概してこれを評すれば今の民権論の特に喧しきは特に不学者流の多きが故なりといわざるを得ず。実際には行われ難き事なれども、もしも諸方に行わるる政談演説を聴きて、その論勢の寛猛粗密を統計表に作りて見るべきものならば、そのいよいよ粗暴にして言論の無稽なる割合に従いてその演説者もいよいよ不学なりとの事実を発明することあるべし。他なし、経世の事を論じて判断の明に乏しければなり。故に我が義塾に於ては、生徒の卒業に至るまではただ学識を育して判断の明を研くの一方に力を尽し、業成り塾を去るの後は行く所に任して嘗てその言行に干渉するなしと雖も、常にその軽率ならざるを祈り、論ずるときは大いに論じ、黙するときは大いに黙する者をもって、真に我が社友と認るのみ。ただ漫然たる江湖〔世間〕において、論者も不学、聴者も不学、互いに不学無勘弁の下界に戦う者は、捨ててこれを論ぜざるなり。

---

明治十五年二月、慶應義塾で論じた演説。少年に政治経済書を読ませるのは、小児に刀を持たせるのと同じで時期尚早か、という命題に対し、福沢は、少年が政治論に熱中して国家の治安を乱すのは、「真成の経世論」を知らないからだと説く。民権論者の多くが、これに該当する「不学者」であると言う。演説の論者が不学、という状況を憂い、政治経済書を禁じない慶應義塾に学んだ者は軽率に流れないよう諭している。福沢の自由民権運動批判は、民権家の学識や生活に対する不満にも根ざしていたが、その一端がうかがえる。

# 仏教保護の必要性
## ――僧侶論

（明治十五年三月十一日・三田演説会）

宗教の真偽正邪は我輩これを知らず、これを知るもこれを論ずるを好まず、ただ経世の一点より観察を下して、外教の蔓延はこれを防がざるべからず、これを防がんとして固（もと）より政府によるべからず、独り学者に頼むべからず、またこれに依頼すべき事柄にあらず、外教を防ぐには内教をもってせざるべからず、内国固有の宗教は仏法なり、仏法をもって耶蘇教を防ぐべしとは我輩の持論にして、この一事について頼む所はただ仏法のみなるに、ここに我輩をして大いに失望せしめんとするものあり。他にあらず、今の僧侶全体の風俗、これなり。徳川の太平二百七十年の間に寺門の風俗も社会とともに腐敗したるは、万やむを得ざるの勢いなれば深くこれを咎むるに足らずと雖も、維新以後に至りてはその腐敗特に寺門に甚しきものあるが如し。左にその次第を述べん。

維新の初に廃仏(27)の議論を聞きて、僧侶の狼狽甚だし。そもそもこの議論は新政府に出身したる皇漢学の書生輩が前年学塾中の夢想を実施せんと試みたるものにて、誠に恐るるに足らず。この時にあたりて僧侶が固くその守る所を守りて動かず、厳護法城の大主義に従いて、あたかも武家の籠城するが如く、法城を枕にして討死と覚悟を定めたらんには、書生輩何事をなすべきや、却って彼等の失策狼狽を来たすべきのみ。

しかるに僧侶の策ここに出でずして唯恐怖の心を抱き、百方周旋していやしくも免かれんことを求めたるは、敵を見て自ら守るを知らず、却ってその敵に媚を献ずる者というべし。又同時に肉食妻帯免許の令あり。僧侶はこの命令を拝承して如何の感をなしたるか。僧侶に精進する者ありまたしからざる者あるは、政府に関するにあらず、全く教法上の事ならん。親鸞聖人が肉食妻帯の教法を弘めたればとて政府へ伺の上にはあらざるべし。しかるに今日は政府よりこれを許されて、僧侶中一句の議論なきは、その心事のある所を知るべからず。我輩固より教法の義を知らざれば、また固よりその肉食妻帯を咎むるにはあらざれども、ただ僧侶の不見識に驚きて仏法のためにこれを悲しむのみ。

右の如く僧侶の輩は維新の初めにおいて廃仏の風声鶴唳（ふうせいかくれい）に驚き、今日に至るまであたかも放心したる者の如くにして、唯政府に依頼し世間に阿（おもね）らんとして、遂に寺門を俗了するに至りしは誠に歎息に堪えず。古語に青は藍より出でて藍よりも青しということあり。我輩は則ちいわく、僧侶は俗より出でて俗よりも俗なりと。妄評にはあらざるべし。今の僧侶が頻りに顕門に出入りして交を官途に求め、官吏を恐るること鬼神の如くするは、明治初年の放心未だ回復せざるが故なりと雖も、また一方にはこの輩が政府に近づき、卑劣ながらも官の威光を借用して寺門を鎮撫し、もって一時の安を買わんと欲するの情なきにあらず。故にこれらの僧侶にして、官吏に交わるがためによく周旋奔走する者あれば、則ち名僧の誉あり。俗極るというべし。

また名僧以下の輩もその繁多なること実に容易ならず。昨日は某の寺院に説教の法座あり、今宵は某の茶屋に商社の集会あり、商売の組合に失敗するあれば、金策の周旋に利益を得るあり、彼の処に依頼しこの処に紹介し、賄賂公行、諂諛（てんゆ）〔こびてへつらうこと〕恥じず、その目的は唯射利の一点にあるのみ。およそ今の僧侶にして口銭を取るといい、世話料を落手するというが如きは尋常の談にして、その社会中に怪しむ者なきが如し。

これに加え朝野の交際には忙しきを口実に設け、その交際の方便とて花柳に戯れ酒色に耽り、醜行見るに堪えず。近来僧侶に蓄髪して俗服を服する者多きは、あるいはその羽織の袖をもってこの醜行を掩わんとするの策か。慈円大僧正が墨染の袖をもって浮世の民を掩い助けんとの歌は聞きたれども、今の僧侶の羽織の袖はもって自身の醜を包むに足らざるべし。あるいは両本願寺派の僧の如きは、半真半俗、精進を修せざるの流儀なれば、酒色は憚るに足らずとの遁辞もあらんと雖も、その宗祖には深き趣意ありて、一流の僧分に妻を娶り肉を食うことを許したるのみ、沈湎冒色（ちんめんぼうしょく）〔酒色にふけること〕を勧めたるにはあらざるべし。千百の遁辞を設くるも宗祖の怒りは遁るべからざるなり。

我輩は素より仏法を信ずるにあらず、僧侶を愛するにあらず。信ぜざるの仏法なればその廃滅も憂るに足らず、愛せざるの僧侶なればその自暴自棄に任して可なりと雖も、唯如何せん、経世の点より国権の利害を察すれば、我が日本国に固有の国教たる仏法を保護するより外に方略あるなし。何等の困難を犯すもこれを保存守護せんとするは我輩の精神なるに、何ぞ料らん、僧侶の貪利不品行、あたかも仏門内に仏敵あるが如し。慨歎に堪えざるなり。

しかりと雖も、今これを仏敵なりとてただいたずらに罵詈しまた譴責してその行く所を極むるも、これを極了して僧侶を一掃すれば則ち我が仏法を一掃するに異ならず。さりとては固より我輩の本意にあらず。いわんや僧侶不品行なりというと雖も、これを平均して然るのみ。全国幾千万の寺門中、豈人物なからんや。学識深遠にして豪気屈強なる先達の高僧知識も甚だ少なからざるにおいてをや。唯今後の要は、この先達の人物が後進の輩を奮め、後進の輩は奮て国教を維持するにあるのみ。

---

明治十五年三月、三田演説会で論じた演説。国内の秩序を保つため、キリスト教の浸透を防がねばならず、そのために仏教を用いるべきだと福沢は論じる。維新の際に廃仏毀釈を恐れて僧侶が政府に接近したことを「俗極る」と批判しつつ、「国権」（国民性、国情）のためには、仏教を保護せざるを得ず、学識が深遠で剛毅屈強な高僧も少なくないとする。功利主義的な宗教論が際立った演説である。

## 再論・交詢社は政党にあらず

――〔明治十五年四月二十二日木挽町明治会堂に於ける交詢社第三回大会演説〕

交詢社の大会は毎年四月と定め、本年も例によりて今月今日を卜し、諸君とともにこの会堂に会するの良縁を得たり。四月の春風百花を吹き、清和の気は友好の情とともに悠然たり。歓いうに堪えず。去年の四月より今年今月に至るまで本社の状況は小幡君〔篤次郎〕の報道せられたる如く、交換諮詢の事は日々ますます進歩して、また来年に至るまでには一層の盛大を致すべきを信ずるなり。

祝詞終わりてここに一言すべきものあり。そもそも本社ははじめより政談の社にあらず。しかるに近来は世上に政治の談論流行して政党の団結も少なからず。その政党の中には本社の社員にして同盟したる者も多からんと雖も、政党は政党なり、交詢社は交詢社なり、相互に関係する者にあらず。その政党の党員がたまたま交詢社員たればとて、交詢社が政党たるにあらず。交詢社の結社が前にして政党の団結が後ならば、交詢社はたとえば党員を出したる実家の如きものなり。養家の宗旨が真宗なればとて、その念仏の声を聞て実家の宗旨を判断すべからず。

しかるに世の中は誠に広く、瞽者〔目の見えない人〕千人にして明者は千人に足らざるか、本社の内実を視察せずしてあたかもその外面を模索し、これは恐るべき政談社なりと臆断してこれを避ける者なきにあらず。誠に気の毒なる次第なれども、本社の知る所にあらず、瞽者無明の罪なり。その甚しきに至りては本社の姓名簿を一見して恐怖する者ありという。人生の怯懦実に驚くに堪えたり。

蓋し如何なる不明者にても本社を目して直に政談社と証するは難からんと雖も、前にいえる如く本社より往々政談客の出るあるを聞きて、交詢社中は政談の陰伏する所にして、あるいはこれを陰症の政談社なりとて恐るる者か。もしもかかる臆測ならば如何にもその臆測に違わずして、本社に陰伏する者甚だ多し。社中幾多の学者あり、幾多の商工あり、いわんや政談客においてをや、今年既に無数なり、明年またますます増加すべし。

社員相互に智識を交換し世務を諮詢して、ますます学識を研き、ますます芸術を進め、ますます経世の法を推考し、遂には日本国中学者の社会なり、商工の社会なり、また政事の社会なり、今の交詢社員の一手にこれを押領せんとて正に勉強する者なり。その陰伏する所また大なりと雖も、他より見て毫も恐るべきものにあらず。畢竟志士の本分にして、誠に尋常、珍らしからぬ事なり。

この尋常の事に志す士人が本社の社員なるをもってこれを陰症の政談社として嫌忌恐怖するが如きは、実に天下一奇談というべし。我輩はこの奇談に耳を傾くることをも屑（いさぎよし）とせず、ただ悠々逍遥して諸君とともに長く友誼を全うせんことを欲するのみ。

---

明治十五年四月、木挽町の明治会堂で開かれた交詢社第三回大会での演説。福沢は、「政党は政党なり、交詢社は交詢社なり」と、交詢社は政党ではないと再度強調している。交詢社員で政党に加入した者もいるが、それは実家が交詢社であったにすぎないとして、こうした誤解を「天下一奇談」と一蹴した。前年に起きた明治十四年の政変の際、交詢社が政党であると疑われたことを強く意識して、反論したものと思われる。

## 帰郷して失敗しないために
### ――〔青年輩の失敗〕

（明治十六年六月二十三日・三田演説会カ）

青年壮歳の士、講学の目的をもって東京に在留する者、極めて莫大の数ならん。而してその十中の九は、いうまでもなく地方より負笈（ふきゅう）〔書物を背負って遠隔地で勉学すること〕して来遊せしに相違あるべからず。この人々が多年講学の後には、あるいは故郷に還るもあらん、猶京地に留まるもあらん、後来の目的実に様々なるべしと雖も、一般にこれをいわば、永く京地に留まりてしかるべき者は、知識に不足なけれども資産には欠乏なる人々なるべし。その次第は、たとい学成り郷に還るともすでにその学問を運転すべきの場所少きことと故、むしろ東京にありて時節の到来を待ち、好機会の乗ずべきあらば随分望外の僥倖あらんと雖も、すでに望外の僥倖あればまた存外の失望も多く、前途の喜憂相半ばする者というべし。

しかるに資産ある身分にて且つは文明の学問を磨き得たる人なれば、その郷里にはおのれの学問を実業に応用すべきの余地あり資本あり、前途の希望また確実のことなれば、その学問の成就次第、大東京の学問を携帰してその郷土に事業の地を求むることこそ、この人に取り無上の上策なれ。

今日の日本なれば、何れの地方、何れの郷土にも、挙ぐべくして挙らざるの事業、千百啻（ただ）ならず、日新なる学問の応援を待つの切迫なる折柄、幸いその地方の人が永く京地に学問を研究して一旦郷に帰らば、挙らざるの事業と施すべきの実学と相投合して、その事業を斡旋する、実に百事掌上の物なる筈なれども、事の実際に臨みて大いにしからざる者あり。

その故如何にというに、ここに憂うべき困難事は、成学の壮年輩が一朝国に帰りてその郷里に用いられざるの一条なり。かねてその父兄の心には、多年東京に遊学せしめたることなれば、帰郷の上はその立働き実に衆人に超絶するならんと思いおる処に、突然帰来して相面談すれば、そのいう所空漠雲を攫（つか）むが如く、その働きを見れば誠に遅鈍にして、店頭の児、厨下の丁にすら及ばず、その読む所の書籍、またこれ奇怪千万、その心において感服する能わざるなり。

故に父兄の目よりこれを見れば、永年の遊学にその子弟を廃物になしたりと思われ、これをして事業にあたらざらしむるのみか、ちょっとも、その言う所を許さず。しかるにその当人は久しく人海に漂泊して天下の事を聞知し、また学問の智識を得たるが故に、その父兄を始め親戚郷里の人、皆我が眼中になしと雖も、おのれは却って我が眼中になきその人に束縛せられ、父兄の威権に対してはその頭を上ぐること能わず。ここにおいてか不平忿懣して自ら堪え難く、心中には何の彼奴と思いながら、実際にはこれがために圧制せられ、あるいは鬱屈煩悶して疾（やまい）を致し、あるいは暴飲蕩行して身体を損害し、往々非命の死を招く者、実に数多し。気の毒の至りなれども、また別に如何ともなし難く、畢竟当人の無分別と嘆息する外なきなり。

これ予が実際に視察して果してしかるを信ずる所、今その模様をここに画き出してこれを示めさんに、予の想画の的中して、他日諸君が経験の後面（まの）あたり予が言の実際に写しあたりしを目撃するの日あらん。その模様如何にというに、一たび京地を踏みて大東京の学問を学び得たる壮年輩は、復た従前の人物にあらず。その思想行為全く一変すべしと雖も、その父兄はすなわち従前の父兄にして、四年前、郷を辞するときに聴き得たる父兄の談論は、四年後、郷に帰るとき依然として一点の変更なく、その思想その行為、一として旧観を改めず、千年一様、桃源の春に殊ならず。

随ってその事業を計画するも皆同一直の筆法なり。しかるに右の壮年輩は全くこれと相反し、往日の古風ことごとくその気にかなわず、父兄の束縛その心を困しめ、父兄は責むるに従前の人物をもってし、当人は自処するに今日の人物をもってす、その間の和せざること知るべきのみ。しかれども子弟の身分、到底その父兄に駕御（がぎょ）〔人を自分の思う通りに使うこと〕すること能わざるより、不平鬱屈の余り疾（びんしょう）を致し身を損し往々死を招く。その不遇は察すべきの至りなれども、その心術の迂拙、実に愍笑に堪えざるなり。

顧うにかくの如く壮年輩がその失敗を招くの所以は、平生ただ知識を磨くの必要を知りて、嘗て徳望を養うの必要を悟らず、蒔くべきの種子をのみ求めて、これを下ろすの地面を工夫せざるの咎に相違あるべからず。およそ何事にても事を成すには、学問才力、固に要用なりと雖も、人の信向を得て人の属望に預ることとまた最も必要なり。彼の漢儒者がその頭を四書六経の中に埋没すと雖も、世俗の信向を得てその徳望を養うの術を知らざるが故に、その教の広く下流の通俗世界に行われざるのみか、おのれまた不幸にして、命の究せしとて天を怨み世を憤るの外なしと雖も、仏法の開基たる人々はその教えの学問にかねて人の信向を取るの必要を知り、巧みに徳望を養うて弘教の便道を開く。その知才遥かに漢儒者の及ぶ所にあらず。我輩感服に堪えざるなり。

しかるに今の壮年輩は思慮ここに出でず、知識の研究には熱心なれどもこれを応用するの地を営むの術は疎かに、一旦事業につくに及んで人の信用もなく、その言用いられずして忿懣し遂には身を傷（そこな）う。その浅見、彼の儒者流と一般の談なり。されば壮年の士はその学を磨くと同時にまたその地を作るの術を工夫せざるべからず。これをなすの方法は甚だ容易にして少しも六ケ敷（むつかしき）ことならず。唯だ遊学中勉めて家の父兄、若（もし）くは家人、あるいは郷土の知己朋友に、書信を送るの一事にて足るべし。

地方の父兄輩が突然遊学帰りの書生に突然面会すればこそ、如何にも実際に迂鈍なる者の如く思われ、何分不充分の人物なりと失信すなれ。その遥かに東京に在留するを遠地より望見すれば、東京は実に百物整備の淵叢にして、ひとたびその境に入る者は一世の人物たるべしと想像しおるところに、一朝東京の書生よりその書信を得ば、争（いか）でか謹んで披読せざらんや。既に尊敬の心を込めてこれを披読すれば、その言う所は孰れも耳新しく、その事たる、東京にて演説の景況もあらん、外国にて交際の関係もあらん、あるいは昨日は某侯外国より来遊しその景況如何、今日は某祭に都下の繁華この如しと、随って読めば随ってその心に感じ、その有様は猶欧米遊学の学者より故国の知己に書状の達したる如く、非常に珍重してこれを愛読するや必然なり。これを愛読してその心に感ずることいよいよ深ければまたその人を信向し、その人の徳望は冥々の中、すでに養成しありて、一朝帰郷の暁には、その徳望信用なる者が、もって事業の地を作るに足るべし。

かくの如く書信交通の能く人の信向を作為するのみならず、その父兄家人もしくは隣里の朋友等も、常に東京よりの来信を翫読〔よく読む〕すれば自ずから東京の事情も知れ、天下日進の勢運も窺い得べく、ようやく桃源の旧眠を醒し、父兄家人隣里朋友の輩、皆な文明の新思想に改良せられ、おのれ郷に帰ればこれらの人皆な壺漿（こしょう）〔飲食を用意して歓迎すること〕してこれを迎え、従前束縛を加えたるの父兄も今は我が味方となり、新事業にその技倆を振い得るは無論、間接にその土地の文化を開導すること、また尋常ならざるべし。

あるいは書中認め送るべきの事件なしとてその材料に苦しむ者もあるべしと雖も、これ大いなる謬見なり。その報道すべきは何事にても可なり。日常書生間交際のこと、あるいは購読したる書籍のこと、その外何事にても気の付きたるは一切洩らす所なく報道するも可なり。何れも地方人の心目には珍しきことなれば、必ず注意してこれを読むべし。あるいは新聞紙上に載せたることにても、その郷人の読ざる新聞ならんには、その一節をその儘に書き送るとも、あるいはおのれが意見を附するとも、随意のことにして、あえて高尚なるを要せず。ただ日々にても又隔日にても、務めて勉励して多く書信を出し、なるだけ筆細（ふでこまか）にして委曲なるべく、一封僅に二銭を投ずれば国内到る処に達し、その勤労もその費用も些少にて足るべし。

而してその効用をいえば、後来事業の版図を弘めておのれが味方を懐け、且つは地方の文化を開導するに足るべし。またいたずらに知識を研究するにも、これを使うの土地なくしては、到底その言の行われざるのみならず、所謂不平忿懣に堪えかねて身を傷うに至らん。畢竟文明の基礎たる交通の便とは何事を指すか。一封の郵書能く全国に達して、彼我の声息を通ずるの故にあらずや。交通の軽便なるこの今日に、文明の利器たる書状の通信を活用して、預め事業をなすの地を営むことなく、一朝郷に帰れば突然新知識の筆法を直写して固陋なる父兄輩の運筆を釐（ただ）さんとするは、勘弁なきの至りというべし。

諸君他日に経験して予の想画の能く実際を写出せしことを発明するの日あらん。一片の婆心自ら禁（た）えずして、この演説をなすこと爾（しか）り。

---

明治十六年六月、三田演説会で行なわれたと思われる演説。東京で学んで帰郷する青年に対し、学んだ学問を生かして郷土で事業を推進するよう勧めている。こうした青年が帰郷しても、実務に役立たない学問ばかり身につけたとして、実務から遠ざけられる傾向があり、それに不満を覚えて自暴自棄に陥る青年も多いと福沢は言う。それは、青年が知識にばかりこだわって「徳望」を身につけていないからであり、「徳望」を身につけ、尊敬を

――勝ち取るには、在京中に頻繁に手紙を郷里に送り、近況を伝えるのがよいと説く。福沢が重視した文明の利器のひとつ、郵便の活用を唱えた演説である。

## 鉄道網を利用せよ

### ――〔明治十六年十二月九日熊谷町談話会に於ける演説〕

一利起これば一害これに伴うとは人事に免がれざる所なれば、事物の利害を判断するには、その利害を相互に加減乗除して、果してここに害あるものを害となし、利あるものを利となすべきのみ。蓋しその利の大なるものはこれに伴う害もまた大なり。例えば利刀の利は誠に利なれども、一旦その用法を誤るときは人を害するの禍もまた大なること鈍刀の比にあらず。今鉄道の利は如何なるものぞと尋るに、およそ開闢以来発明工風多しと雖も、これを人事に適用して直に勢力を逞うし、あたかもその向う所に敵を見ずして人間社会最上の様を専らにしたるものは鉄道の外にこれあるを見ず。

鉄道の勢力の強大なることかくの如くなれば、これを利用してこれに伴うの弊害もまた大ならざるを得ず。例えば今回東京の上野より本庄までの線路既に通じたる(28)上は、この地方の人民にもあるいは害を被りたる者もあらん。しかも通線の初期たる今日は、未だ利を見ずしてまず害のみを感ずる人も少なからざることならん。人力車夫も頓(とみ)に業を失い馬車営業の輩も大いに当惑したることとならん。又宿駅の旅籠屋茶屋なども旅客の足を駐ること少なきがために、店頭自ずから寂寥の嘆をなすこととならん。これらを計れば枚挙に遑あらず。一目してこれを鉄道の禍害と評するも可なり。またその当局者のために謀れば、実に禍害に相違もなきことなれども、地方全般の上より観察を下して後日の利害を加減乗除したらば、残る所の数は害なるべきや利なるべきや、諸君の注目すべき所は唯だこの一点にあるのみ。

我輩が右の残余の利益を計れば際限もなきことにして、終日談ずべし、終夜語るべし。実に無尽の利益にして、口にも筆にも尽し難しと雖も、ちょっと即席に思いつきたる一事を摘いでいえば、当地にも往々店を張りて呉服太物を売り、または様々の雑貨店もあるが如くに見受けたり。思うにこの種の店は大抵皆東京より品物を仕入るることとならん。またこの仕入品を貯うるには堅固たる土蔵も用意しあることとならん。その土蔵の中には昨今の仕入品のみならずして、当夏仕入たるものもあらん、あるいは当春来貯えたるものもあらん、あるいは甚しきは三年前より用意したる品も稀になきを期すべからず。この品を仕入るるには固より資本金を要することにして、各店主の有金はことごとく皆これを用い尽して、仕入品即ち身代なりという人もあらん。

あるいは自家の資本にては不足を訴え、他に金を借用して元入れに供し、利子を払う向きもあらん。即ち日夜店頭の売品に対して利子を払うこととなれば、その利子だけの分はこれを(29)売品の代価に課せざるを得ざるの訳なり。しかるに今度東京より当地に鉄道の通ずるあればば、今月の売品を今月に仕入るることやすし。否、今日仕入れて今日売るべし。尚急なれば買物の客を店頭に留めて暫時の猶予を乞い、直に東京取引の店向きへ電信を報じて、注文の品は一、二時間に到来し、客の便利を達すること甚だ容易ならん。この趣向をもって電信汽車を利用すれば、店には唯見本の品を排列するのみにて曽て不自由を覚えず、商況一転の機というべし。

仕入品の要用あらざれば土蔵もまた不用なり。いわんや仕入れの資本に利子を払うが如き憂いなくして、従前一万円の資金をもって商売したるその商売には、僅かに三分の一か五分の一の元手を運転して事足るべし。またこの他諸種の製造品にても今後は必ずしも従来の慣行に随いて当地に作るを要せず、日用の菓子酢鮨〔鮨〕の類に至るまでも都会製のものを用い、価は廉にしては品は美なるの便利あらん。またその代わりには当地に漁する川魚野菜の類は、早朝に東京に送りて都人士午膳の用に供することやすければ、売捌は広くして価の貴きは推して知るべし。これを要するに熊谷地方は今回その市邑の全面を挙げて東京負郭〔城外〕の地に移転したるものなれば、京城近在の人民をして独り従前の利を専らにするを許さずして可なり。電気蒸気の効力も亦大なるものというべし。

しかりと雖も前節にもいえる如く、その性質の鋭利なるものはこれを用ることもまたやすからず。これを能く利用すると否とは人の智愚如何にありて存す。利刀利なりと雖も、これを痴漢に授くれば自ら傷るに足るべきのみ。諸君もしこの鉄道を利用せんとならば、すべからく人の言を聞き人の書を読むを要す。いやしくも学校の少年童子にあらざるより以上、現業に就く人の為には著書、新聞紙、演説、集会、一も知見を増すの方便たらざるはなし。

我輩は今より数年の後、当地にて誰か能く鉄道の劇勢に堪え、能くこれを利用して大利益を占むる者か、刮目（かつもく）してこれを見んと欲する者なり。

明治十六年十二月、熊谷で開かれた談話会での演説。「人間社会最上」の発明品として鉄道を挙げ、東京から熊谷まで鉄道が通じたので、商人は余剰在庫を抱えず、客に必要なものをすぐ手に入れることができ、東京の商品も売りやすくなる、と福沢は言う。首都近郊の利点を生かし、鉄道を利用して大きな利益を上げてほしい、と期待を寄せている。鉄道、郵便、電信、蒸気は、福沢が特に注目した文明の象徴であり、この頃、アメリカに留学していた次男・捨次郎には、マサチューセッツ工科大学（ＭＩＴ）で土木工学を専攻させ、鉄道を研究させている。

## 上下水道の整備と伝染病対策
### ――〔衛生上の注意〕

（明治十七年一月二十六日、大日本私立衛生会）

本日当席来会の諸君は衛生の何事たるを知らんと欲する者にあらず、またその学問上の道理を学ばんと欲する者にあらず。事の要はすでにすでに知り尽して、その平生の知見を実際に施行せんとて、ただその工夫に忙わしきのみのことならんと信ず。しかるに福沢諭吉は素と医師にあらずして衛生上の学理にさえ迂闊なる者なれば、諸君に向っていうべきものなきに似たれども、諭吉畢生の心事は唯西洋文明の学問にあるのみにして、学問のためには如何なる煩労をも厭わず如何なる苦痛をも恐れず、一身を委ねて学問の犠牲に供し、いやしくも我が学問の利害に関することなれば毫厘(ごうり)〔少し〕も他に仮さずして、自ら斯道を保護せんとするの熱心は数十年一日の如し。即ちこの私立衛生会も元と西洋の学問より由て来りしものにて、その主義はあたかも諭吉の親友なるが故に、たとえその蘊奥(うんのう)〔極意〕緻密の義に暗きも、あえてこれがために一言して諸君の聴を煩わし、もって諭吉が学問に対するの友誼を表せざるを得ざるなり。

前節に申す如く衛生会員は衛生の法を知らざるにあらずしてその法を実施するに苦しむものならん。そもそも公共の衛生を害するは必ず下流の凡俗より起こるものにして、この凡俗をして衛生の如き学問の要を了解せしむるは極めて難き事なれば、これを誘導して真実の所在を知らしめんとするには、ひたすらその人情に訴えて、いやしくも学理の許す限りは勉めて古俗旧慣を驚かすなきを要す。単に西洋人の言を聞きまた西洋書の白文を読み、その聞見する所と我日本人の所為といささかにても相違するあれば、則ちこれを不養生なりと咎め、民俗の根底より一時に顚覆せんと企てて却て失望するが如きは、往々世間にその例を見るのみならず、諭吉も自身に同様の罪を犯して今に窃に赤面するもの多し。

例えば西洋諸国の浴湯と日本の風呂とを比較すればその温度甚しき差違にして、東京の湯屋などに浴するは甚しき不養生なりと西洋学者一般の説なりしが、今少しくその実際について考ればまた大いに然らざるものあるが如し。元来西洋人の湯に浴するは、最初より掛り湯とてもなく、衣裳を脱してそのまま全身を風呂の中に没し、徐々に温を取り、徐々に湯の中にて垢を落し、終わりて湯より出れば身体を拭うて直に衣裳を着るの風なれば、温度の高き浴湯にてはとても長き時間に堪ゆべからず。西洋に微温湯の行わるる由縁なり。

　これに反して日本流の洗湯は、まず風呂に臨みて身体を清むるは即ち温むるの法にして、湯に入ればとて久しく全身を没することなく、やや熱を覚うればすなわち外の流しに出でて垢を摺り、随って出で随って入る、即ち随って冷し随って温め、その実に湯の中にある時間は、浴湯中僅々数分時に過ぎざれば、湯の温度高きも害をなすの遑あるべからず。

　蓋し日本の湯殿には必ず板流しの要あれども、西洋の湯殿は時として風呂の外に敷物など敷き詰めて、掛り湯のなきは無論、流しの用意さえせざるもの多し。東西風呂の様子の異なること、もって知るべし。人身瞬間の熱に堪えるは誠に容易なるものにして、木炭の火さえ撮りて指を傷(そこな)わず。俗間の人が東京の湯屋の熱きものに浴してさまで害を蒙らざるもまた、道理なきにあらず。湯屋の事、漫(みだり)に咎むべからざるなり。

　また糞汁の臭気を有害なりとして避けんとするが如きは、農家において万々行わるべからざることなり。この糞汁を施したる田地に水を張り、四面その水田に囲まれたる卑湿の地に家を建ててこれに眠食す、間歇熱(かんけつねつ)の如きはその病源に富むものというべきなれども、日本の農民に限りて必ずしもこの病に罹るにあらず。あるいは千百年来の習慣によりて禍を免がるるというか、ある地方にて沼地に突出したる一村の者は、その隣村に比して実に間歇熱の患者甚だ多きの事実あり。水田の禍は習慣によりて免がれ、沼の禍は習慣によるも免がれ難しとの道理もなかるべし。されば沼と水田とは衛生上においてその性質を殊にするものたるや明らかなり。その事実明らかなればまたその道理をも明らかにして、懇に凡俗に告ぐるは大切なることとならん。

また西洋の流儀にしては汚水疏通の事を重んずること甚だし。固より衛生上において甚だ重んずべきものなれども、これまた東西の古俗旧慣を通覧して少しく考案を要することなり。西洋諸国の都会にては毎戸の大小便も他の汚汁とともに下水に疏通し去るの風習にして、その汚気の酷烈なる、日本の下水の比にあらず。故に彼国の下水は地下の樋に流し、伝えまた伝えて遂に河海に灌ぐの仕掛にして、曽て地面に露われて流るるものなし。日本にていえば万年樋の法なり。

実に西洋の都会においてはやむを得ざるの要用なりと雖も、日本にては必ずしもこの西洋の汚水疏通法をそのままに写真する程の要はなかるべしと信ず。汚水とて唯毎戸の厨下より流し出すものにて、さまで酷烈なる性質にあらざれば、その流れを日光に露呈して飛散を促がすこそ好ましからざれども、ただ従前の下水の板なるものはこれを石に取替え、場所次第にて石灰又は「セメント」等を用いて勉めてその浸出を防ぎ、上には蓋を覆うて随時にその掃除の法を便利ならしめたらば、害を防ぐに足るべし。

右は我が都会の地に万年樋の必ず要用ならざる理由なれども、ここにこの法の不便利なる箇条あり。すべて西洋の習慣は厨下に水を用ること少なきが故に、日常その煮焚き料理の際に、魚肉の骨皮なり、野菜の屑なり、いやしくも形あるものはその固形のままにこれを取り捨て、什器百物の汚れたるものを洗うたる汚水は、別に汚水にして流し去るの仕掛なれども、日本の人は水を用いること甚だ多く、魚肉も洗い、野菜も洗い、一度び洗いて調理したるものもまた重ねてこれを洗い、その際には骨も皮も根も屑も一切水に混淆して一種の雑物水となり、これをそのままに流し棄るの風習なるが故に、動もすれば下水の流を閉塞すること多し。即ち汚水中の雑物をもって堰を築き、その上流に水の停滞する憂いにして、地下の万年樋には最も適当せざる有様なり。世人の往々心付かざる所にして、万年樋は奇妙なりと称し、これを実際に試みてたちまち差し支えを生じ、諭吉も曽て自ら失敗を取りし所のものなり。

以上の所記果して大に違うことなくんば、日本流の熱き洗湯も深く咎むるに足らず、農家糞臭の水田も甚しき害をなすに足らず、都会の地に汚水疏通の法も必ずしも西洋の雛形に傚うに及ばず、この類の事実を計え立れば実に枚挙に遑あらず。何れも皆その外面を皮相すれば、西洋書中に記す所の趣意に背きて、西洋の学者に咎めらるべきが如くなれども、その実は学問の道理において許すべきものなれば、漫りにこれを犯して新奇の説を唱え、洗湯の温度大いに低くすべしといい、糞臭を嗅いで水田の間に住居するは病を求むる者なりと嚇し、下水は必ず万年樋に限るなど云々と主張して、凡俗の人情を傷るが如きは、衛生法の流行を妨げていたずらに法のために敵を求むるものというべし。

すでに凡俗をして敵意を抱かしむるにおいては、如何なる急にあたりて如何なる真理を説諭するもこれに耳を傾る者あるべからず。例えば下水の談を以て既に人情を傷て実際上にも失敗を取りしその跡にて、更に上水の事に及びて真実の道理を語り、木材をもって粗糙(そそう)〔きめがあらいこと〕なる井戸側を作りたるその井戸に近接して、粗造なる雪隠の溜桶に大小便を留るときは、その汚汁多少に滲透して井戸に入るべきの理なり、殊に流行病の時節などに当て、数戸一井をともにすれば、一戸一人の病毒はたちまち近隣に伝播して、その禍たる、実に不測のものなれば、井戸側に注意すべきは無論、毎戸の雪隠にも桶の代に甕(かめ)を用い、その周囲を漆喰にするか、または甕の形を工夫して汚汁の浸出を防ぎ、あるいは井戸を掘るにも上水掛り、掘井ともにその場所を択びて勉めて雪隠芥溜(ごみため)等を遠け、上水の樋も大都会においては鉄管を用いざるべからず、およそ人の体内に入るものは水より多きはなし、この水の中に苟(かりそめ)にも毒物を含むときは、その人は日夜間断なく毒を飲む者にして、恐るべきの甚しきものなり云々と説き来るも、その説諭の効力甚だ著しからずして、凡俗のために軽々看過せらるることならん。蓋し聴者は最前の奇説失策に懲りたるが故なり。

下流の人に接するの困難はこの類を推して知るべし。故に衛生法を実施せんには、学問上にその真理を推究すべきは勿論の事なれども、すでにこれを推究して所得あらば、その上は唯一偏に凡俗世界に接するの法を工夫し、その心情を収攬(しゅうらん)して厭わるることなきを勉め、いやしくも学問の真理の許す限りは、物の形の如何を問わず、事の体裁の如何を論ぜず、古俗旧慣のままに襲用して、不知不識の際に真理原則の所在を示すこと最も緊要なり。これを喩えば小児に苦薬を服せしめんとするに、その平生愛重する玩弄具中の猪口を用るときは、その器を悦ぶのあまりに薬の苦きを忘るるものの如し。これは小児を扱うの機転なれども、下流の凡俗は小児に異ならず、これに接するに機転なかるべからず。

その要は唯これを驚かさずしてこれを導き、衛生の真理を将（もっ）てあたかもこれをその秘蔵の玩弄具たる古俗旧慣に載せて流行せしむるにあるのみ。その際にはあるいは高尚なる学問の事を俗了するの観を呈して、偏窟なる学者に嗤わるることもあらんと雖も、衛生は天下人間の大事なり、区々たる人の嗤は恐るるに足らず、断じて大事を行うべきなり。

---

明治十七年一月、大日本私立衛生会で試みた演説。同会は、コレラなどの伝染病対策について民間の協力を得、衛生思想を広めるために前年に創設されていた。福沢は、風呂や水道などを西洋風に改良することについて、住民の生活や伝統に配慮し、その反発を受けないよう配慮すべきだと強調している。当時問題になっていたコレラは水を媒介として感染が広まるため、それを意識した発言である。同会創設の中心人物である長与専斎（ながよせんさい）は、適塾時代からの福沢の親友。

# 商工社会への期待
## ――商工社会に所望あり

（明治十七年二月三日・交詢社随意談会）

我輩は品物を売買する商人にあらず、またこれを製作する工業家にもあらざれども、我が国に商工の道の盛大を祈るの情は当局者に異ならず。蓋し我輩の専業たる学問の隆盛を求むるにも、国に殖産の興るにあらざればかなわざることにて、いわば商工は学問を生む母の如きものなれば、その子のために謀りても母の行状については注意する所なきを得ず。これ我輩が商工の事に不案内ながらもいささか喙（くちばし）を容るる由縁なり。さてその所望の箇条は甚だ多けれども、思いつきのままに一、二を挙れば、

第一、品物の度量を定めて動かさざる事。尺度権衡は国法の定る所にて全国違う者なしと雖も、国中の製造品には名実相異なるもの甚だ少なからず。五寸釘といい三寸釘というが如きは法外なる名称にして、これには何か起原ありてしかるものならんと雖も、願わくは実の長さを記し度き事なり（西洋船来の螺旋釘などは番号を目的として売買し欧米各国製造のものにても曽て大小長短の差なきは甚だ便利なり）。一寸板の厚さ必ず一寸に足らず、四分板の実四分より薄し。これは板を挽き割るときの墨縄をあてにしてかくいうとのことなれども、すでに板の名に一寸又は四分の名あれば、板の実にもその厚さあるべきは当然のことな

り。

　また石も同様にして、例えば尺三と唱るものは長さ三尺にして一尺角を表したるものなれども、実際市上に尺三の切石は長さ二尺五寸計りに角は七寸より太からず。この類を計え上れば実に枚挙に遑あらず。何も実益はなくして唯人の耳目を惑わすに足るべきのみのことなれば、その筋に関する有志の人達は何とか工風を運らして、名実相当する様尽力せられんことを祈る。もしこの趣意を拡めて日常の家什品物等に及ぼし、例えば柄杓匕〔さじ〕などにても、五合柄杓一合柄杓といえば必ずその名に違わずして実量を容れ、匕にも二匁一匁又五分等それぞれ定りたる液量を容るる様に作るの風習を成したらば、毎家台所の便利は申すに及ばず、急病の時などに薬を量るにも家内在合いの匕にて用を達すべきなれば、これを広くして全国一般の利益は実に洪大至極のものなるべし。

　また昔よりの悪弊にて物に寸尺度量の定めはなけれども、外面を装うて無益の名を唱え、またはは物価騰貴の時節にその価を増さずしてその量を減ずるものあり。在昔大坂と伏見との間を上下する淀の河舟に、乗客一人前の席には如何なる小男にても膝を容るるに足らず。今日芝居桟敷の一坪とて六尺四方はなきことならん。また敷居、鴨居、畳の大小を見れば、京間六尺三寸、中間六尺より田舎間五尺八寸まで五寸を差え、東京にては中以下の建物皆田舎間を用いるの風にして、材木にても畳の表にても製造場より来たるものは大抵中間六尺には適すべき品を、故さらに切り棄てて五尺八寸に用いるが如きは、甚だ不経済なる始末なり。

　また大豆の相場騰貴するも豆腐の定価は依然たるが故に次第にその形を縮小し、また同様の原因をもって蕎麦の盛りを減じ、蠟燭の心を大にする等は止むを得ざるの人情としてこれを恕するも、ここに笑うべき戯れともいうべきは、東京にて菓子折の底を次第に揚げ、上方の竹の皮に羊羹を包みたるものは外形と正味と比較して甚しき釣合を失うものなり。

また炭俵の口と称するものは、元と俵の下に底して上に蓋するの用なるべきに、その底の厚くして蓋の重大なるは、炭の正味を一方にしてこれをその風袋(ふうたい)に比較すれば、量目にして風袋はおよそ正味の一割以上、容積にすれば三分の一よりも大なり。さればこの炭俵を都邑(とゆう)に売買するには、無用の風袋もともにこれを売買し、遠路を馬の背に附けまた船に積んで渡海するにも、百石の船にその容積三分の一即ち三十三石高は無用物を運送せざるを得ず。商売上不経済の明白なるものなれば、商工の当局者にて何か改革の工夫あるべきことと信ず。この趣意を推すときは酒樽も今の如く揚げ底にせずして実用に妨げなからん。米麦の俵にも何か新工夫あるべし。我輩は唯商工社会に率先者の出現するを待つのみ。

以上所記は極めて些末なる事柄にて、世人の常に関心せざる所ならんと雖も、一人一個に取りてこそ些末なれ、商工社会の全般は個々の便利を集めて人のためにし、またしたがって自らためにするものなれば、少々の利害も決してこれを等閑(なおざり)に附すべからず。足袋の紐をこはぜに改めたるは誰の工夫なるや。些少なるが如くなるも今日に至れば便利の広きものなり。障子の小間の丈と障子紙の丈と相当せしむるが如きは今日尚不行届なれども、追い追いは双方の寸法を一様にするの日あるべし。遠大を目的とする者は近小を忘るべからざるなり。

第二には偽物を禁ずることに注意を望む。鍍金を以て黄金白銀を偽る等は偽の最も簡単明白なるものなれば、これを禁じこれを摘発するの法もまた自ずから容易なりと雖も、著書の版を偽造し製造品の出処を偽するが如きはやや事の入り組みたるものにして、これを禁じこれを摘発すること易からず。

著書の版権における、ただその偽版なきに依頼するのみにして、作為したる偽書も真本も功能においては毫も異なるなきが故に、商人社会にては特に注意を加え、たとい他人の蔵版にても偽する者あればこれを摘発して直に法に訴うる慣習を養わんことを祈る。また百般の製造品はその商標を重んじて偽造を制すること甚だ緊要なれども、今の政府には特にこれらの法もあらざれば、これ亦商人社会相互に注意を要するのみ。

愚案には、法律に実印を偽するの罰あれば、この法律に依頼して、およそ商標には必ずその標の傍に製造発売人姓名を記してこれに実印を捺するの工風は如何と思うなり。かくの如くしてもし世間の奸物が製造品を偽造してその商標をも偽するときは、実印を偽するの罪をもって論じらるべきが故に、如何に奸商にても多少に戒心を加うることとならん。

商工社会に向って第三の所望は商売品の見本と正物の齟齬せしめざる事なり。物を製し物を売り出すに、あるいは引札を用い、あるいは新聞紙に広告して、価を廉なりといい品物を無類最上というが如きは世上普通の事なれば、実際にあたって必ずしもその言の如くならざるもただその直段（ねだん）次第にてこれを咎むる者はなけれども、商売の取引に臨んで見本に異なる品を授くるが如きは最も厭うべき所為にして、結局これを商売不繁昌の基なりといわざるを得ず。あるいは現に見本を示す程の取引をなすにあらざるも、ここに何品にてもはじめて売り出して定価は何程にして品物はかくの如しとて次第にこれを売り捌くその間に、次第に仕入れ品の格を落とし、価は最前の如くして物の品格は前に異なるが如きは、またこれ見本を違るの一法として見るべし。

たとえば新著の書籍を売るに、その初め売出しのときには美本を製して人を悦ばしめ、時日を経るの間に用紙を粗にし、製本の位を落とす等の例は少なからず。呉服太物同名の品にて次第に地合の粗悪になるも、初めの程は織場にて少しく手を抜き、外面を装うて人の目を掠めるか、または手を抜きたることをば公言せずして、その割合だけの直段を引下げ、売り捌きを広くせんとの策よりして、次第に直段を引き下るに随って次第に品格を落としたるものにして、その極端は人間の実用にも適せざる粗物を織出して、これがために織場全体の名声を損ずるが如きは、永年の大不利益というべし。

また工商の開業開店の初めに当たって、損益を図らず漫りに廉価をもって売出し、あるいは得意の客を失わんことを恐れてその代価の不払いにもかかわらず次第にこれを貸込むものあり。何れも永久の謀にあらざるのみならず、ようやく世人の悪習を養成して売買の機働を鈍らし、結局当初一時の売出しに損しまた不払いの客に失う所は後に他の客に向かってこれを求むるの勢いに陥るべきが故に、売者も買者もともに不利を蒙らざるを得ず。

今の新聞社などにて代価の停滞多きがために自ずからその定価も廉なるを得ざるもの多しという。また近年は予約の出版流行してその法は随分便利なれども、時としては主客共に約束を履行せざる者あるがために、せっかくの便法も次第に信を失うは遺憾なる次第なり。以上枚挙する所、その事柄は一様ならざれども、売物に就ていえば見本と正物と齟齬して商売の秘訣たる信の一義を欠くものというべし。

又第四の所望は卸売りと小売との分界を明らかにする事なり。商売社会に於て品物を売るに巧拙の差あるはほとんど社外の人の想像にも及ばざる程のものなり。商店の場所柄により店頭の形容により、商売に便不便あるは人の知る所なれども、同市同町内に同様の店を開き軒を並べて同様の品を売買するに、甲は繁盛して乙は不繁盛なるあり。そのしかる由縁は何ぞや。店の人の働きにありて存するものといわざるを得ず。これを小売の働きと名づく。

尋常の考えにおいては、品物を売るにその性質美にして価廉なれば、店頭に木偶人(でく)を置いて守らしむるも商売は繁盛すべしというものあれども、これは所謂素人の言にして、実際は大いにこれに異なり。小売の働きは客の好む所に応じて品物を呈するのみならず、主人より客の好嗜を制御して、その曽て好まざる所のものを好ましめ、その今日好む所のものを厭わしむることやすし。我々の常談に、昨日は何々の品を買わんとして図らずもかくの如き物を獲たり、今日は何々を見物のついでに思わざる何品を購(あがな)いたりという。その図らずまた思わずの買い物は、本人これを求めずして小売商のために求めしめられたるものというも可なり。

小売の働きの有力なることかくの如し。卸売りを業とする者は必ずこれに依頼せざるを得ず。これに依頼して始めて卸売りの大機関を運転すべきは弁を俟(ま)たずして明らかなり。即ちその報酬には小売りに若干の利益を許し、その働くがままに任して曽てこれを干渉せざること商売の大法なり。しかるにここに近来我が商売社会において痛嘆すべきは、この小売商なる者が仲間同士相互に売り捌きを争うて、薄利を厭わず法外なる売買して、俗にいわゆる共潰れの禍に陥る者少なからざるその上に、尚一層の禍を卸売りと小売りとの間に醸成して、双方また共潰れの有様に及ばんとするの一事なり。

そもそもこの卸売と小売との関係は、本来相互に利するの主義にして、卸売りは大資本を以て薄利を利し、小売は小資本を以て厚利を利し、厚薄と大小と平均して双方の利害甲乙なき筈なるに、卸売商の不徳というべきか、また不智というべきか、その仕入れの品をすでに小売商に渡して売り捌きをなさしめ、また随って自身の手をもって直に小売りの事をなすものなきにあらず。この事たるや眼前利益あるに似たり。小売商に渡すには僅かに三分か五分の薄利を見て、それ以上一割ないし二割の厚利は小売に帰すべきなれば、卸売の主人が直に客に接するか、または小売商人中他の誰れ彼れに私し、一割前後を利して売るときは、主客ともに便利なるが如くなれども、さりとては一般小売の商店には客を失うのみならず、卸売商人の密売（語を酷にすれば密売というも可なり）に由りて商売品の価を売り崩され、進退これきわまり、あたかも身を容るるに地なき者の如し。ここにおいてか小売商いは黙止すべからずとて、小売の傍らに卸売の業を学ばんとし、小資本を以て大業を企て、左右の腕を二様の事に用いるが故に、その不自由なるは固より論をまたずと雖も、間接の禍は則ち従前の卸売商に帰せざるを得ず。

かかる事の次第にて、商人社会次第に小売商の数を増し、また次第に卸売商の数を増し、両様混同して次第に分界を紊(みだ)るの端緒を開きたるものの如し。商売に純然たる小売の働きを空しうするの災害は実に容易ならざるものならん。在昔上方の商人等は最もこの一義を重んじ、すでに自ら卸売と一定したる上は、その所有売品の一片たりとも卸売の価をもって人に売ることとなし。もしもやむを得ざるの場合に於ては、小売の価をもって売り渡して、その小売に属すべき利益の分は自家に収めず、これを居取りの口銭として、かねて小売約条の商人へ附与し、もって信を表するの風習なりしという。方今商売社会の有志者も特にこの辺に注意せられんこと、不案内ながら我輩の祈る所なり。

---

明治十七年二月、交詢社随意談会での演説。学問の発展は国家の殖産の発展に頼らざるを得ないとする福沢は、「商工は学問を生む母」だと述べ、商工社会への期待を述べる。不案内といいつつ、度量衡の重要性や偽造品禁止、卸売・小売の分業、など、その語るところは詳細かつ具体的である。商業・工業に従事する社員が談会に集まっていたのであろう。

# 北海道開拓・移住論
## ——坐して窮する勿れ

（明治十七年三月十八日・交詢社随意談会）

世人往々職業の従事すべきなくして自活の道に乏しきを歎ずるものありと雖も、人は植物と異にして能く手足を動かしまた能く所在を移すことを得れば、空しく業務なきの地に彳在（てきざい）〔たたずんでいること〕してその無為徒然を歎ずるは智者の事というべからざるなり。

今仮に我が北海道をして英国に属せしめ、あたかも東京を距ること二百里なる如く、倫敦よりその距離のところにあるものとせん。かの北海道たる、四囲海に面し江河内に縦横し、海には漁魚の利多く山には礦〔鉱〕物あり、運輸四達（したつ）、土地膏腴（こうゆ）〔肥沃であること〕し、実に天然の富源と称して可なり。

この富源にして倫敦の東西二百里の地にあり。英国人はなおこれを放擲して顧みることなからんか。必ず争うてここに移住し、開墾に従事して寸地をも余さず、数年ならずして新に一英国又一日本国を作り出すことならん。蓋し在昔欧人が亜米利加を発見してこれを開きたる時の辛苦困難に比すれば実に同日の論にあらざればなり。

しかるに日本人はこの北海道を二百里外に見て棄たるものの如し。たまたま移住の利を説く者あるも、これを拒むの口実は、里程遠しといい、気候寒しといい、あるいは人口稀少にして寂寥なりという。また驚くべきにあらずや。

欧人は二千里外に海を超えて亜米利加を開き、日本人は二百里を遠しとて北海道に行かず、我輩いささか赤面の情なきを得ず。されば今の世間に年齢壮少にして身体も屈強なる者が事様の乏しきを憂うるは、業のなきにあらずしてある業を取らざるの罪というべし。寒夜果して寒きを覚えなば、何ぞ起きて夜具を出さざるや。夜具は近きにあり。ただ押し入れの戸を開くの労のみ。世人の貧寒を憂うる、我輩未だ真にその理由の所在を発明する能わざるなり。

人あるいはいわく、北海道に行くの労はこれを厭うにあらずと雖も、たとい行きて海陸の物産を獲るもそのこれを売るの市場を見ず、日本の内地に穀物の豊かなるあり、海産肥料の所用も自ずから限りあり、労して報酬を得ずして却って困窮したるの先例少なからず云々の説あり。

我輩固よりこの説に感服する能わずと雖も、仮にその言うがままに従って北海道の移住は不利なるものとせん。しかるも北海道の不利は以て壮年輩の因循姑息を恕するの口実とするに足らず。その不利果して不利なるか。何ぞ眼を転じて諸外国に渡航せざるや。米国の如きは最も渡航に適当の国柄ならん。我が壮年論客の口吻として常に支那人を蔑視し、支那の豚尾奴（中国人に対する蔑称）が米国に渡りて賤役を執り、彼の国人に犬馬視せらるるは見苦しき様なりとて、窃に冷笑すと雖も、如何せん、この犬馬輩が数年の辛苦に幾千幾万の資金を貯えて故郷に帰るにあらずや。

これを我が日本人が優悠不断、墳墓の地に彳在群集して空しく無職業に嘆息する者に比すれば、その優劣如何ぞや。この一段に至りてはあるいは豚尾奴に対してもいささか愧る所ありというべきものの如し。もしも今日にても日本人が米国に行くと覚悟を定るときは、その人は必ずしも被傭人足の類のみならず、生来多少の教育を受けたる人物も少なからざれば、この輩が志を決して彼の国に至り、暫時その風俗習慣に通ずるの後は、真に有為の者として用いらるべきや疑いを容れず。

元来日本の有様をいえば、教育と人事と不釣合にして、教育は頗る進歩したれども世間の事業にはその人を用ゆべきものなお甚だ稀なり。これを物に喩えていえば、日本国中石炭坑より採掘したる石炭が自国の需要に余るものの如し。石炭は余るが故にこれを海外に輸出す。しからばすなわち西洋文明の教育を受けたる人物も、目下自国の需要に余るの勢ならば、これを輸出すべきこと亦当然の数ならずや。壮年の有志輩が多方に周旋奔走して海外の渡航を企ること、即ちこの策なり。

---

明治十七年三月、交詢社随意談会での演説。北海道は水産物、鉱物が豊富で、運輸も発展しており、土地も肥えた「天然の富源」であって、英国人ならば移住して開墾し、発展させるにちがいないと福沢は説く。日本人は北海道を遠い、寒い、人が少ないといって軽視しているが、欧州人はアメリカに移住しているとして、北海道移住を勧めている。福沢自身、この後、北海道炭礦鉄道の設立に寄与、婿養子の桃介を就職させている。

## 人間交際における手紙の重要性
### ――〔明治十七年四月二十六日両国中村楼に於ける交詢社第五回大会演説〕

今日は何にも演説の用意をなさざりし。かく申すも毎度の事にて、ほとんど贅言に似たれども、今日は実に所用ありて小石川辺へ行き多事匆卒（そうそつ）〔あわただしい様子〕、何にも考うるに暇あらざりき。しかしこの演説は敢えて辞すべきにもあらざれば、ただ交詢社の事につき、今日考えおる所のありのままを述べ申さん。

さて交詢社の事につきて考察を下すに、この社の仕組みは如何、この社の事務は如何、後来の方向は如何と、種々の端緒あれども、まず交詢の主意に因てこれを言えば、元来人の交際は窮屈ならざるをよしとす。

古語に、道二つ仁と不仁とのみといえることあれども、人間の事は極めて繁多なるものにて、かく簡単に論断すべからざるものあり。今人間の交際にかくの如き簡単なる区別をなし、敵にあらざれば味方なり、味方にあらざれば敵なりと両断し、甚しきは容貌言語の些細なる事にまで敵味方の境界を設くる如きに至ては、誠に窮屈の事ならずや。

たとえば気候の寒暑における、寒にあらざれば暑なり、暑にあらざれば寒なりと二分するも、その間にまた寒ならず暑ならざるの気候あるが如く、人間の事もまた敵味方のその間に、敵とも味方ともつかざる数多の者あるにあらずや。

社会の事は千種万異、様々のものなれば、決して仁と不仁とのみといえる如き簡単なる区別に劃（くぎ）られ、窮屈になすべきにあらざるなり。交詢社は元と種々の人より成り立ち、繁多なる社会に立つ者なるに、世間あるいは敵味方の眼をもって交詢社を待つ者あるが如きは何ぞや。元来世間の狭隘なることは甚だ困り入りたることなり。

近来の状勢を観るに、兎角敵味方の境界を設くる者あるが如し。かの政談者流の如き、その思考する所、往々敵味方の区別あるをもって、交詢社の如きを見るも、また直にかの社は如何なる社なるや、その常議員は何人なるやと、動もすれば敵味方の判断を下すこと、なお夏と冬との外に他の気候なきものの如し。

交詢社はかく窮屈なる社にあらず、種々の人あり様々の事ありて、決して狭隘なる判断を下すべきにあらず。しかるに動もすればかくの如き誤解をなすは何事ぞや。しかしながらこの事たる、元と看やすきの理にして、誰もこれを知るに苦まざるべけれども、唯人の心は存外に弱きものにて、あるいは他人の言を聞き他人の書を読みて動かさるることなきにあらず。これ往々人の免かれざる所なれども、交詢社員諸君はかかる浮説のために惑うものにあらず、もしこの社の各自についてこれを言えば、いたずらに種々の職業、種々の思想あるのみならず、細かに分析すれば同社員中にて敵味方もあるべしと雖も、これらの事は此社の関わる所にあらざれば、ただ交詢の主意に基づいて純（もっぱ）ら交換諮詢の利益を謀るべきのみ。

さてまた交詢の人間に欠くべからざる事たるは敢えて言うまでもなきことながら、手紙往復の如きは又交詢の利益として最も意外の必要を見るべきものあり。今本年一月より本社へ往復せし手紙の数四、四一一あり。この手紙につき一々如何の利益あるかを明証するはなしがたきことなれども、その冥々裏に得たる利益は決して少々ならざるべし。

原来手紙の利益を知るに、この手紙をやりし故にこの利益ありと知るよりも、この手紙をやり置きしならばこの事なかるべきにと反省するときに、その利益を知得すること往々これあり。しかし手紙の利益は今さら多言を須たず、ただ此世の中は事物繁多なり、単身孤立にては何事もなす能わざることを記臆すべきのみ。

すでに単身孤立にてこの繁多なる世務に応ずること能わざるを知らば、すなわち交詢社の如きはまた甚だ大切なる物たることを知るならん、と申すは他にあらず、近来鉄道の業ようやく起こり、運輸交通の便、ますます開かること、これなり。

交詢社の眼目は知識交換世務諮詢と申せども、やや無形に属して解し難き場合もありしが、今日世間に鉄道論の盛んにしてその実施の速やかなるを見れば、本社のまさに今世の風潮に適してますます隆盛に至るべき、誠に明白なりといわざるを得ず。

元来鉄道の用は有形物の交換、人物の往来にありて、世間すでにその交換往来の必要なるを悟りたり。何ぞ独り無形なる知識交換の必要を知らざらんや。故に迂老をもって見れば今の鉄道論の盛んなるは正に世人が交詢社の必要を合点したるの徴なりと認めざるを得ず。且つまた鉄道起こりて有形の交通繁多なるときは直接に本社の事業に益するものもまた少なからず。日本国人頓に羽翼を生じて世務の繁劇なるに逢えば誰かよく孤立閉店して黙する者あらんや、必ずやその諮詢を試みることとならん。

故に鉄道起こりて世務の繁を致し、世務繁にして本社の事業もまた繁なり而してその繁劇の中にあたかも全社員の知識聞見を博くして直接の便益を得ることとなれば今後我交詢社は天下の鉄道とともに運命をともにして互いに相依頼するものと申すも可ならん。

近くこれを例せんに今回の建議者の如きもし鉄道の便あらしめば自身この会に出席してその建議案の説明をなすことを得べしと雖も如何せん。今日は未だその便を欠くがためにこの会にあずかるを得ず豈遺憾の事ならずや。今東京と鹿児島と幾許の距離あるや多くも四百里内外に過ぎざるべし。僅に四百里の程を距るがためにこの熱心もて建議せし案も自ら説明する能わざるとは何事ぞ。

今日の有様たるや、吾々幸いに東京にありし故にこの会に出るを得るのみ。若し僅か数十里を隔つるときは遂に出席するの便を得ざるなり。これ人間にありながら往復するの足なき者というべし。かかる有様なればこそ、今日の社会にはなお未だ交詢の必要を見出し得ざるも無理ならぬことなれども、今日は世間すでに鉄道の便を説かざるなく、交通の便利はまさに駸々(しんしん)として日に開進せんとするの時なり。即ち従来足なきの人もまさに長足を得んとするの時なり。

しからば向後人間交際の道もますます繁多に至り、交詢社もますます盛大に至るやまた疑うべからず。吾々は今後ともに無形の知識を交換するの際に自ずから有形の交通を賛(たす)け、有形無形相依りて社会の幸福を求るものなり。

明治十七年四月、両国の中村楼で開催された交詢社第五回大会での演説。同社本社に宛てられた手紙は、この四ヵ月で四千通を超えると言う。社員に必須のスキルとして「手紙往復」を挙げる福沢は、人間は自分一人では何事もなせないと強調し、手紙による知識の交換の重要性を説いて、有形の鉄道の発展とともに無形の「知識交換世務諮詢」の促進を期待している。

## 智識交換・世務諮詢に不景気なし

### ――明治十八年四月二十五日交詢社大会の席にて演説

諭吉は過日来家族同伴箱根へ温泉入浴中なりしが、本日の大会につき社友岡本貞烋(ていきゅう)君(30)がわざわざ旅行先に来訪、ちょっと帰京は如何との勧めに任せて、家内の者どもは浴場に残し置き、東京一日間滞留の積りにて同君と同道昨日帰来、幸いにこの席に諸君に会合の栄を得るは大慶の至り、実は岡本君の賜にして、諭吉の身においてはあたかも入湯中の一楽事を得たるものの如し。

さて交詢社も今の世の中の不景気にて今後の社運如何なるべきやとは幹事をはじめ役員の関心せらるる所にして、諭吉も毎度承わることとなり。如何にも世間の不景気と申すは相違もなき事実にして、箱根往来東海道中の淋しきこと、また湯亭などに浴客の少なきこと、古来未曽有の有様なり。

諭吉の一目したる所にてもこの様子にては湯治場の客屋渡世はもちろん、道中筋の旅籠屋または人力車夫等の如き、近々の中に滅亡に及ぶならんというより外に一説もあるべからず。これはただ諭吉が一局部の所見なれども、またもって世間喋々の不景気談を実証するに足るべきものなり。

さてかくも不景気なる世の中に、交詢社の如きはまずもって不急の沙汰なりなど、時にあるいは人の思想中に往来すべきなれども、鄙見においては全くこれに反対するものありと申すは、本来世の不景気とは如何なるものぞと尋ぬるに、天下経済の変にして、殖産の機関を誤り、人民手を空しうして執るべきの業を得ず、坐して衣食して日に消し、終に飢寒に陥るの謂にして、畢竟実物に直接するものなれども、今交詢社は智識交換（この智識の字を所知〔知っていることを指す仏教語〕の義に解すること肝要なり）世務諮詢の主義を執るものにして、実物世界の景気不景気に論なく、文明進歩のあらん限りは須臾（しゅゆ）〔わずかな時間〕も離るべからざるの切要事なり。

世間の景気甚だ盛なるか、その盛んなるに処してまた随ってその反動に衰勢の来たるを予防せざるべからず。世況果して不景気にして衰勢を呈したるか、世況衰えたりと雖も我が身の死したるにあらず、いやしくも生きて世に処するからには、たとい一時の不景気に逢うも第二の策を案ずるこそ人生の本分なれば、これを等閑に附すべからず。

されば景気にも不景気にも等閑に附すべからざるものは智識交換世務諮詢にして、人間世界有形実物の運動には時として盛衰の変あるも、その変に処するの智識世務は古今に不景気なきものと知るべきなり。今日会合の諸君も諭吉とともにこれまで交詢社員たるがためにかかる大利益を得たりと、目もって見るべく手もって触るべき実物に逢うたることなきが如くなれども、素と智識といい世務といい都（すべ）て無形の事たるが故に然るのみ。

退きて独り我が居家処世の行路を考うれば、間接に所得多きは諭吉の自ら信じて疑わざる所なり。あるいは実に所得なしというも、失うべきを失わざりしだけは諸君においても許さるる所ならん。今日我が社員の如き、社会上流の人のために謀りてもなお且つかくの如し。まして漫然たる江湖、思想惑迷の暗夜というも可なり。

家に相応の財産もあり地方に年来の声望もある輩にして天下の時勢を知らざるや甚し。常に過伝誤報の間に浮沈して他の軽蔑を被るのみか、世間の虚声を聞きて自家の実物を左右し、また随ってその地方の衆人をも誤り導き、暫時を過ぎて事実の齟齬するに驚きはじめて茫然たるが如きは、誠に珍らしからぬ事なり。

諭吉の所望を申せば、天下に幾千万の限なきこの輩をして一時に交詢社に入らしめ、その暗夜を開きて青天白日の明を得せしむるにありと雖も、これは実際に行わるべき事柄にあらず。ただ時節を待ちて本人の自然に発明するを期するその傍らに、現社員も衆とともに利をともにするの義に従い、機に応じて入社を奨励するべきのみ。利の在る所は人の帰する所なり。今後社運の隆盛疑うべからざるなり。

明治十八年四月、交詢社大会での演説。松方デフレで不景気に陥っている日本社会の現状を、箱根との往来中に目撃した福沢は、「智識交換世務諮詢」という同社の主義は不景気に関係なく、文明が進歩する限り、守り続けなければならない、「智識世務は古今に不景気なきもの」と説く。福沢はここで、「知識」ではなく、「智識」を意図的に使い、「所知」の重要性を強調している。

## 法学教育への期待
### ――英吉利法律学校開校式の演説

（明治十八年九月十九日）

今日は英吉利法律学校の開校式とて御案内を蒙り、幸いにして諸君と席を同うするを得るはありがたき次第、一応御礼を述べて、さてこの学校の開業は目出度しと申すの外なし。日本にて法律学のはじまりたるは今日なお二十年に足らず。官立私立の法律専門校あり、あるいは専門ならざるも少しく高尚なる学校の科目中には必ず法律を加えて、法学者も次第に出来る訳なれども、国のためを謀れば供給なお未だ足らず。

何卒今後もますます勤めて国中無数の法律家を養成いたしたき諭吉の所望なれば、今日の開校式、固よりこれを祝せざるを得ず。また法律に仏蘭西あり、独逸あり、また英国、米国あり。その孰れか善きは、法学不案内の諭吉が知る所にあらざれども、仏独英米、皆同じくして、一長一短、これを平均すれば皆善しということなれば、諭吉は特に英吉利の法律を賛成せざるを得ず。

如何となれば開国以来、我が国に行わるる外国の語は英語にして、今後もますますその流行の盛んなるべき、論を俟たず。故に法律の学が英吉利なれば、我が国に流行する外国の語と相伴うて、その際に無限の利益あるべければなり。これ亦諭吉が開業を祝するに兼ねて別に欣喜の意を表する所なり。

一応の謝辞祝詞に兼ねて私の歓びの情を述べ終りたる処にて、満座の少年諸士はこれより法律学に従事することならん、また教授の校員も丁寧に教え深切に導きて学問の進歩は必ず速やかなることならん。さて学問は日に上達するとして、諸士の身の行く末は何とせらるる積りなるや。法学卒業したるその翌日判事となり、また他の官員に拝命の胸算か。もしも左様なる目的なれば、まずもって違算なるべしといわざるを得ず。政府の官員には定まりの数ありて、とても諸士の望に応ずべき空位なし。

方今七万五千の官員、既に少なしとせず。なおこの上に無限の法学士を出来（しゅったい）、次第に官途に容れんとするは物の数においてかなわざることなり。次に代言人は如何というに、これまた限りなく入用のものにあらず。詞訟人は病家の如く、代言人は医師の如し。医師の数、割合に多くして、病家の数、割合に少なければ、固よりもって職業とするに足らず。

されば政府の官員なり代言人なり、その数は誠に少々にして、法学者中の一部分をもってその席を充たすべし。しからばすなわち前にいえる国中無数の法律家は何の用に供すべきやと尋ぬるに、諭吉自ら説あり。そもそも法律学なるものは、必ずしも法庭に訴を聴きまた法庭に罷り出で曲直を判断し勝敗を争うがためのみの用意にあらず。およそ商売工業の大事より居家世帯の些末に至るまでも、常に法理の存せざる処あることなし。商工社会取引の約条等は無論、僅かに幾百坪の地面を売買し、一軒の家屋を貸借し、筆一本墨一挺の小買物なりとて、ことごとく皆法理の範囲内に在るものなれば、法律は人間生々必須の学というも可なり。

蓋しかの判事となり代言人となるがために法律を学ぶという者は、未だこの学の区域を知らざる人の考たるに過ぎず。喩えば医学の如し。これを学び得て病人に接し処方を授くるは開業医師の事なれども、およそ人として自身の大切なるを知る者は、医業こそ本務にせざれども医学一通りの心得はなかるべからず。近くは目下長崎のコレラ東漸の恐あるときに、病気の取り扱いは医師の知る所なりとて、予防摂生すべて無頓着にして漠然たるは智者の事にあらざるべし。

而してその予防摂生は医学の範囲にして、平生その学の心得ある者にしてはじめて誤るなきを得べし。故におよそ人としておのれの権理の大切なるを知る者は、仮令え判事代言人を職業とせざるも、法律一通りの心得はなかるべからず。もしもしからずして漠然たるは、生命よりも重き権理を守らずして、人事のコレラに向かい、その予防摂生を忘るる者というべし。

医学に暗きの極度は自ら病に罹りて容体を述ぶるの法を知らず、法学に暗きの極度は自ら曲を被りてその不平を訴うるの法を知らず。今日の人事に甚だ珍らしからぬ実例にして、医師も判事も代言人も、当局者の苦痛の在る所を推察するには甚だ苦しむという。

法学を知らざるの不利はほとんど言い尽すべからず。実に人生必須の学問なれば、諸士が本校に入りて勉強するにも、各その身の有様もあるべきことなれば、必ずしも成業の上、官吏代言人と限らずして、後年一日、社会の表面に身を立つるの時にあたり、その所得の知見を百般の事業に適用して、もって一身を護り一家を護り、屹然たる独立の男子たらんことを冀望（きぼう）に堪えざるなり。

ただしなお終りに一言すべきは、諸士が法律を学ぶに深く、これを学んで容易にこれを用るなきの一事なり。在昔封建武士の時代に、佩刀（はいとう）を抜いて犬を切る者は必ず近来剣を学んで未熟なる若武者に限るという。蓋し真成の武人は終身刀を抜かず、抜けば即ち必ず敵を切りて誤らず。武辺の奥意なり。

故に今の諸士もこの真成の武人を学び、法律をもって犬を切る勿れ。常に黙して法理を言わず、言えばすなわち必ず法敵を斃して自家の権利栄誉を護るべきなり。そのしかるとしからざるとはただ学識の深浅にあるものなれば、諭吉は特に諸士の学問の深からんことを祈る者なり。

明治十八年九月、英吉利法律学校（現在の中央大学）開校式での演説。福沢は、日本にはまだ法学者が足りないとして、「国中無数の法律家を養成」したいとして、同校の開校を祝している。法律を身につけた後は、判事や官員、代言人（弁護士）になるのではなく、商売・工業における契約などに知識を生かし、社会で幅広く活躍してほしいと呼びかけている。慶應義塾にも明治十二年に夜間法律科が設けられるなど、福沢は法学教育に理解があった。

## 学問の目的と実学の奨励
### ――慶應義塾学生諸氏に告ぐ

（明治十九年一月二十三日・三田演説会カ）

余曽ていえることあり。養蚕の目的は蚕卵紙（たねがみ）を作るにあらずして糸を作るにあり、教育の目的は教師を作るにあらずして実業者を作るにありと。

今この意味を拡めて申さんに、そもそも我が開国のはじめより維新後に至るまで、天下の人心皆西洋の文明を悦びてこれに移らんとするに急なれば、人を求むることもまた急にして、いやしくも横文字読む人とあれば、その学芸の種類を問わずその人物の如何にかかわらずこれを用いたれども、限りなきの用に供するに限りあるの人をもってす、固より引き足るべきにあらず、且つその時の学者なるものは何学を学びたる何学士と申す訳にもあらずして、実際に臨みて知らざる事も多ければ、これにては行く末たのもしからずとて、ここにおいてか教育の説起こり、新たに学者を作り出さんことに熱心して、朝野ともに人を教えるに忙わしく、維新以来十数年の間、曽て少しも怠ることなし。

当初の考えには我が日本国の不文不明なるは教育の普ねからざるがためのみ、教育さえ行き届けば文明富強は日を期して致すべしとの胸算にてありしが、さて今日に至りて実際の模様を見るに、教育は中々能く行き届きて字を知る者も多く、一芸一能に達したる専門の学者も少なからずして、まずもって前年の所望はやや達したる姿なれども、これがために国の文明富強を致したるの証拠とては甚だ少なきが如し。

その事情を語るには言長ければ手近く一例を挙げて示さんに、一国の富は一個人の富の集まりたるものなりとの事は争うべからざるものならん。されば彼の文明富強の根本たる教育を受けたる者が、国を富ますためにはまずもって自身の富を致すの必要なるは申すまでもなきことなるに、世間の実際はこれに反し、およそ我が国の学者として大いに資産を作り出したるものを見ず。

如何なる専門の一芸一能を手に入れたる人物にても、一事一業を起こして富を致したるの談を聞かず。あるいはたまたま豊かに生活して多少の余財ある者もあるべしと雖も、その財は本人が教育上に授けられたる芸能を天下の殖産社会に活用して得たる財にはあらずして、幸いに官途に用いられ、差したる用もなけれども定まりの俸給に衣食して、少々ずつその余りを積み貯えたるものより外ならず。

その有様は心身に働きなき孤児寡婦が遺産の公債証書に衣食して、毎年少々ずつの金を余ますものに等し。天下の先覚、憂世の士君子と称し、しかもその身に抜群の芸能を得たる男子が、その生活は如何と問われて、孤児寡婦の謀(てだて)を学ぶとは驚き入たる次第にして、文明活溌の眼をもって評すればただ憐むべきのみ。

試みに西洋諸国の工商社会を見れば、某は何々の工事を企てて何十万円を得たり、某は何々の商売に何百万の産をなしたりというその人の身は必ず学校より出たる者にして、少小教育の所得を成年の後、殖産の実地に施し、もって一身一家の富を致したる者にして、世に名声も香しきことなれども、少壮の時より政府の官につき、月給を蓄積して富豪の名をなしたる者あるを聞かず。若しもこれあれば所謂守銭奴として世に齢せられざることならん。

されば今日我が日本国の教育を蒙りたる学者は、到底殖産の社会に適用すべき者にあらず。殖産に不適当なる人物なれば、如何なる卓識の先生も、如何なる専門芸能の学士も、碁客将棋師に等しくして、とても一家の富を起こすに足らず。一家富まざれば一国富むの日あるべからず。教育の目的齟齬したるものというべし。

日本の教育が何故にかくも齟齬したるやと尋ぬるに、教育さえ行き届けば文明の進歩、一切万事、意の如くならざるはなしと信じて、却ってその教育を人間世界に用うるの工風を忘れたるの罪なりと答えざるを得ず。人間世界は存外に広くして存外に俗なるものなり。文明の頂上と称する国々においてもなお且つしかり。

　まして日本の如き、その文明の実価は兎も角も、西洋流の文明についてはすべて不案内なるこの人民に向かい、高尚なる学校教場の知見を丸出しにして実地の用に適せしめんとするも、浮世の様に行わるべからざるは明白なる時勢とも心付かずして、我が国人は教育の熱心自ら禁ずること能わず、次第次第に高きを勉めて止まるを知らず、俗世界は依然として卑く、教育法はますます高く、学校はあたかも塵俗外の仙境にして、この境内に閉居就学すること幾年なれば、その年月の長きほどにますます人間世界の事を忘却して、窃にこれを軽蔑するが故に、浮世の人もまた学者とともに語るを厭い、工業にも商売にもこれとともに事をともにせんとするものとては一人もなく、ただ学者と聞けば例の仙人なりと認めて、ただ外面にこれを尊敬するの風を装い、敬してこれを遠ざくるのみなれば、学者もまたこれに近づくを屑（いさぎよし）とせず、さりとて俗を破りて独立の事業を企るの気力もなく、まずその身に慣れたる学校世界に引き籠りて人を教うる業につく、すなわち学校の教育により学校の教員を生ずること多き所以にして、随って教えられて随って教員となり際限あることなし。

　畢竟するに数年来世の教育家なる者が、学問を尊び俗世界を賤しむこと両様ともに甚だしきに過ぎ、高尚至極なる学問の壁の中に無理に凡俗を包羅して新奇の形を鋳冶せんとして、却ってその凡俗を容るることは出来ずして、大切なる教育を孤立せしめ、自ら偏窟に陥りたるものといわざるを得ず。

　自今以後とても教育家がこの辺に心付かずしてただ教育法の高尚なるを求め、国民の智徳の高さと文明の学理の高さとほぼ相あたらしむべきの要を知らずして、今のままの方向に進みたらんには、国中ますます教師を生ずるのみにして実業に就く者なく、はじめにいえる如く蚕を養うて蚕卵を生じ、その卵を孵化してまた卵を生じ、遂に養蚕の目的たる糸を見ざるに等しきの奇観を呈することあるべし。

我慶應義塾の教育法は学生諸氏もすでに知る如く、創立のその時より実学を勉め、西洋文明の学問を主としてその真理原則を重ずること甚だしく、この点においては一毫の猶予を仮さず、無理無則、これ我が敵なりとて、あたかも天下の公衆を相手に取りて憚る所なく、古学主義の生存するところを許さざるほどに戦う者なりと雖も、また一方より見れば学問教育を軽蔑することもまた甚だし。

蓋しそのこれを軽蔑するとは、学理を妄談なりとして侮るにあらず、ただこれを手軽に見做して、如何なる俗世界の些末事に関しても学理の入るべからざるところはあるべからずとの旨を主張し、内にありては人生の一身一家の世帯より、外に出ては人間の交際、工商の事業に至るまで、事の大小遠近の別なく、一切万事、我学問の領分中に包羅して、学事と俗事と連絡を容易にするの意なり。

語を易えていえば、学問を神聖に取り扱わずして通俗の便宜に利用するの義なり。故に本塾の教育はまず文学を主として、日本の文字文章を奨励し、字を知るためには漢書をも用い、学問の本体はすなわち英学にして、英字、英語、英文を教え、物理学の普通より数学、地理、歴史、簿記法、商法律、経済学等に終わり、なお英書の難文を読むの修業として、時としては高尚至極の原書を講ずることもあり。

また道徳の課に至りては特別に何主義を限らず、ただ教師朋友相互の責善談話をもって根本となし、その読む所の書は人々の随意に任じ、嘉言善行の実をして自ずから塾窓の中に盛んならしむるを勉むるのみ。かくの如くして多年の成跡を見るに、幾百の生徒中、時にあるいは不行状の者なきにあらずと雖も、他の公私諸学校の生徒に比して、我慶應義塾の生徒は徳義の薄き者にあらず、否なその品行の方正謹直にして、世事に政談に最も着実の名を博し、塾中常に静謐なるは、あるいは他に比類を見ること稀なるべし。

明治十九の歳華すでに改まりて、慶應義塾の教育法は大いに改まるにあらずと雖も、一陽来復とともにこの旧教育法に新鮮の生気を与うるはまた自ずから要用なるべし。その生気とは何ぞや。本塾の実学をしてますます実ならしめ、細大洩らさずすべて実際の知見を奨励し、満塾の学生をして即身実業の人とならしめ、彼の養蚕の卵より卵を生ずるに等しく、本塾に卒業したる者がただ僅かに学校の教師となるかまたは役人となりて、孤児寡婦の生計を学ぶなどいう無気無腸の譏を免かれ、独立男子の名に愧ることなからしむるの工風なり。

従来本塾出身の学士が善く人事に処して迂闊ならずとのことは、常に世に称せらるる所なれども、吾々はなおこれに安んずるを得ず。依りて本月初旬より内外の社員教員相ともに談じたることもあれば、自今都合次第に従い、教場また教則に少しく趣を変ずることもあるべし。学生諸氏は決して之を怪しむ勿れ。吾々は諸氏の自尊自重を助成する者なり。

本塾に入りて勤学数年、卒業すれば、銭なき者は即日より工商社会の書記、手代、番頭となるべく、あるいは政府が人を採るにようやく実用を重ずるの風をなしたらば、官途の営業もまた容易なるべく、幸いにして資本ある者は、新たに一事業を起こして独立活動を試むべく、あるいは地方の故郷に帰りて直に父兄を助けまたは家を相続して、慥に遺産を保護しまた増殖するの知見と胆力とを得せしめんと欲する者なり。

本来なき家産を新たに起こすは固より難しと雖も、すでにある家産を守るもまた甚だやすからずして、その難易は孰れとも明言し難きほどのものなれば、貧富ともに勉むべきは学問にして、ただその教場をして仙境ならしめざること吾々の常に注意して怠らざる所なれば、学生諸氏もおのおの自ら心してこの注意を空しうせしむる勿れ。

---

明治十九年一月、三田演説会で試みたと思われる演説。教育の目的は教師を養成するのではなく、「実業者」を作ることにあると福沢は述べ、これまでの学者は産業社会に貢献できておらず、教育の目的が齟齬を来していると言う。それは、教育を人間社会に用いる工夫を欠いているためであり、慶應義塾では「実学」を重視して、英学から物理学、数学、経済学などを教え、徳義品行も身につけさせているとする。今後「実学」をますます「実」たらしめて、「即身実業の人」を養成し、各界で活躍してほしいと期待を寄せている。

# 道徳は説くのではなく示せ
## ――徳行論

（明治十九年二月二十七日・三田演説会）

過般以来当館の演説に毎度経済に関する事を陳べたるに付き、今日は方向を転じて道徳の問題に移らんとす。これまた学生諸氏の退屈を防ぐの方便にして、またもってその自ら誡むるの一助ともなるべければなり。

窃に案ずるに、道徳は古来世の学者宗教家の最も重んずるところにして、その所説もまた一様ならず、諸説紛々、甚だしきは同じ徳教論者の中にても、少しく見る所を異にすれば相互に駁論攻撃やまざるほどの者にして、至極穎敏なる問題なれども、そもそも徳教の主義についてその根底より正邪を論ずるは実に難きことにして、また吾々も常にこれを論ずるを欲せざる所の者なれば、これは世の徳教専門の先達に任じて、おのおのその是とする所を説かしめ、後進の人もまたおのおのその信ずる所を信じて可ならん。吾々は断じてその間に喙を容るるを好まざるなり。

蓋し世人が吾々に向かい、汝は道徳の主義として何を遵奉するやと尋ぬる者あるも、吾々はこれに答うるを好まず、吾が答うるを好まざる所の者は、人に対してもまた問うことを慊（こころよ）しとせざればなり。唯吾々が今日人間社会に生存して、身の品行を慎み正直を重んじ不義理を行わざるは、これらの罪を犯せば本心に不愉快なるのみならず、天下公衆、誰れ人も正を好んで邪を悪むこの世の中に、強いて不正不義を行わんとするときは、その事甚だ煩わしくして心身を労すること大なるが故のみ。

正義の道を行くは甚だやすくして、不正不義不品行の行路は甚だ面倒なり。この面倒をも顧みずして罪を犯すが如きは、軽重の割合を失うものにして、自ずから愚なりと思うが故にこれを犯さざるのみ。即ち不正不義不品行より生ずる愉快と、これを犯すの煩労とを比較し、到底犯すに足らざるものとして犯さざるのみ。これだけは吾々が人に公言する所なれども、さて何故に汝はかかる心にてあるぞと問う者あるも、吾々はこれに答えざるものなり。

また吾々が世の徳教論者に向って不平なるは、論者の輩が口にも筆にも正義品行の事を切論して、傍らよりこれを耳にすれば感服の至りなれども、近くこれに接してその裏面の挙動を視れば、言行の齟齬するもの甚だ多くして、時としては徳教論に不案内なる吾々の目にも余るほどの者なきにあらざるの一事なり。これがために言行一致盛徳の人物も例の徳教論者なるやとて世に厭わるるの意味なきにあらず。この点より見ればまた気の毒なりというべし。

鄙見を以てするに、畢竟今世の道徳社会は、議論に進み過ぎて却って実際に迂闊なるものにはあらずやと疑わざるを得ず。その趣は兵法を談ずるには巧みにして戦争に敗北し、商業の講習に熟達して商売に利を失う者の如し。談論講習も随分緊要なる事とは申しながら、これに偏するときは、思想のみ高尚に上りて、手近く細事を忘るるの弊なきを期すべからず。

故に吾々が本塾の学生諸氏に勧告するところは、道徳の主義如何にあらず。何を遵奉すべし、何を遵奉すべからずというにあらず。その主義は勝手次第にして、傍らよりあえて聞くことを好まざる所なれども、唯願う所は今日の実際において品行を慎み正直を重んじ不義理を犯さざるの一事のみ。

またこの箇条とてこれを高尚に論ずれば際限もなきことなれども、前に云える如く、高尚論甚だ面白からざるが故に、手近く東京の公私諸学校にある学生の身についていわんに、数百里の地方より繁華なる東京に来りて就学するに、故郷の父母兄弟は如何なる思いをなすべきや、その勉強成学を祈る傍らに、また一方にはその健康如何、その行状如何を案じて昼夜忘るる能わず、その心配の極度に達しては学業の成否は第二の考えに附し、ただ愛児の身の健康と行状の一点に精神を籠めて、早く無事に帰郷すれば他に所望なしとまでに愚痴を鳴らすその最中に、児が心を悩殺するものは大都会の風景にして、花鳥風月一も愉快ならざるはなし、散歩腹空しうして食い、放食殺風景なりとて飲み、鯨飲興なしとて歌い、歌うて戯れ、戯れて楽しむ、即ちこれ放心の初学、遊冶に入るの門にして、これを名づけて不品行とは申すなり。

不品行は貴重なる時を費すのみならず、銭を費すこともまた多くして、家郷より給せらるる学資金のもって足るべきにあらざれば、ここにおいてか様々の口実を設けて人に金を借らざるを得ず。即ち己が身を挙げて方（まさ）に依頼する父母兄弟に隠して金策を運らす、これを不正とは申すなり。負債は返さざるべからず、買物の代金は払わざるべからず、借りて返さず、買うて払わず、これを不義理とは申すなり。

尚その上にも相済まざるは、本来学校は良駒を養うの牧場にして、他年千里の馬を出すべきはずなるに、その幾多の駒の中に癖ある者を交えては、悪癖他に伝染して牧馬の成長を妨ぐること甚だし。かくの如きは則ち不義理、不正、不品行の罪は、一身に禍するに止まらずして害を同窓に及ぼすものというべし。同胞に対して相済まざるにあらずや。

されば古来今に至るまで道徳の議論は極めて喧しきものなれども、その大議論よりも一身の小事実に注意し、大徳を燿かすその前に先ずもって小不徳を犯さざるよう、諸氏のために祈る所なり。且つまたこの小不徳を犯すや甚だ面倒なるものにして、実は犯すに足らざる事なり。今、物の数について之を証せんに、学生の身にてはたとえ富貴の子なりとて財源限りあるものなれば、思うがままに散財したりとて一年に何ほどの金を費すべきや、尋常七、八十円か百円を定額としたる者が、一倍して二百円を費すか、大奮発して三百円も失うことならん。

天下広しと雖も、学生就学中に一年万円金を浪費したる者あるを聞かず。憐むべし、僅に二、三百円の金を使用せんがために、他人が万円の才覚するに等しき苦労して、遂に不徳の名をこうむり、もって畢生の方向を誤るとは、実に事物軽重の割合を知らざる者というべし。我が慶應義塾は幸いにして学生不徳の聞少なく、いささか本塾の面目として世に称せらるる所なれども、塾務に任ずる吾々の身に於ては尚これに安んずるを得ず。呉々も学生諸氏に冀望する所は、西洋の文明学、何事も実を先にして議論を後にし、徳行の説を吐いて人の耳に聴かしむるよりも、徳行の身を人の目に示してその心に感ぜしむるの一事なり。

---

明治十九年二月、三田演説会での演説。世間で道徳論を説いている人は、その言行と齟齬を来した生活に堕していることが多い、と福沢は苦言を呈した。学生諸君には、どんな道徳を遵守するかより、実際の行動において、品行を慎み、正直を重んじ、不義理を犯さないこと、が重要であると言う。「徳行の身を人の目に示してその心に感ぜしむる」こと、道徳は説くのでなく示すことを、福沢は求めた。

## 「実知識」を交換すべし
### ——明治十九年四月二十四日交詢社第七回大会にて演ぶる所あり

交詢社創立以来足掛け八年、第七回の大会、あいかわらず会員諸君にこの席に逢うの機を得たるは諭吉の深く喜ぶ所、尚今後もあいかわらず本社の盛んにしてその利益の大ならんことは諸君とともに冀望に堪えざるなり。

幹事の報告によるに、明治十三年創立より昨十八年十二月まで満六年の間に入社員三千五百九十五名、退社員二千二百二十五名、差引現員千三百七十名、社員より質問の総数一万四千二百六十九件、本社より往信書翰四万二千二百四十七通、社員より来信一万九千四百三通とあり。随分交通の盛んなるものにして、社員の身においては有形無形多少の利益を得たるやまた疑いを容るべからず。

蓋し諭吉が毎々申し述べたる如く、交詢社の利益は社員の心掛け次第にて、これを度外に置くときは毫も利する所なけれども、巧みにこれを利用すればその便益挙げていうべからざるものあり。故にもし交詢社員にして曽て自ら利益を見たることなしという者あらば、それは社の罪にあらずして社員の怠慢なりといわざるを得ず。山に木ありと雖も採らざれば利なし。これを採ると採らざるはただ社員の心掛け如何にありて存するのみ。

まして近来は益々本社の要用を感ずると申すその次第は、日本国中運輸交通の道次第に便利にして、随って新事業の興るあり、また随って旧事業の廃するあり。その一興一廃は直に当局者の利害に関するのみならず、間接には広く社会の休慼（きゅうせき）〔喜びと悲しみ〕に差し響く所の者にして、いわば天下多事とも申すべき今日にあたり、如何なる卓識の士人と雖も居家処世の法を様々に思案せざる者はなかるべし。啻に思案するのみならず、時としては方向に迷う輩も多かるべし。心に迷うて思案に及ばざる者は、他人に諮詢して衆知を利用するの外手段なきや明らかなり。

あるいは学校に学びて智識を研くの法ありと雖も、これは少年の事にして、いやしくも一身を立て一家を成したる者は、学校の利益を利するの猶予あるべからず。交詢社の要用ますます明らかに見るべし。蓋し本社は衆智識を以て衆諮詢に答うるものにして、その知る所のものを相互に交換するの際には無限の所得あるべければなり。

また諭吉は国内漫遊を思い立ち、本年三月の初、東京を出発して、陸路東海道より京摂和歌山まで巡遊して本月初旬帰京したるが、途中随分面白き事も少なからざりしその中に、最も心に留まりたるは各地方にて教育流行の一事なり。小学校の談はしばらく擱き、これより少しく上りて地方俊英の子弟と称する者の志を問い、またその父兄先輩の見込みを聞くに、いずれも皆専門学の大切を語り、中学を終わりたる上は必ず出京するか、または外国へ留学して一科専門をというその口気〔くちぶり〕を察するに、専門の学を卒業すれば則ち天下の碩学大智識にして何事に任ずるも差し支えあることなし、法学を卒業すれば司法官たるべし、経済学を卒れば大蔵吏たるべし、商法学校より金満家を出し、兵学校より豊公ナポレオンを生ずべしと、窃に心に期して疑わざるものの如し。

これを要するに方今は教育流行のその中にも、専門熱心の季候とも名づくべき時節なり。さてこの一条についても諭吉に於て少しく心配と申すその次第は、専門の学業固より大切なり、深く専門に入らざれば大になすこと難しとは、飽くまでも同意を表する所なれども、今の風潮、かくまでも専門に重きを置き、そのこれを重んずるの甚だしきよりして遂に偏重の弊を生じ、ただに学生のみならず広く上流社会の人をして、学理に偏し技芸に耽ること古今の儒流の如くならしめ、遂に人事の実を忘るるの憂なきを期すべからず。

しかるに今我が交詢社の主旨たる、知識交換世務諮詢とあるからには、その根本は固より学問上にありと雖も、内に学理を城として外に世務に戦うものなれば、その交換する所の知識も実知識にして、諮詢する所の世務もまた人間実際の事務ならざるはなし。いやしくもこの主旨を誤らずしてますますこれを維持拡張するにおいては、またもって世間教育の流弊をそのいまだ流れざるに救うに足るべし。教育の一事についても既にかくの如し。

　その他すべて地方の民情を視るに、その居家処世の挙動決して定まりたるものにあらず。時としては事物の極端より極端に走りて、その際に不利を致したる者も少なからざるが如し。畢竟開明進歩の時に会して交通の利を利用するを知らず、動もすれば永遠の大事を容易に独断するか、または軽々道（みち）に聴（き）いて途（みち）に行（おこな）うたるの罪ならんのみ。

　東京にいてはさまでに思わざりしことなれども、こたび地方漫遊の道すがら様々の事状を聞見して帰来の後、交詢社の事については更に一層の熱心を増し、今の天下の人心を中庸適宜の点に収攬して誤ることなからしむる者はただ本社あるのみと、諭吉の深く信じて疑わざる所なれば、社員諸君も自らその身を重んじ、かねて本社の重きを忘れ給わずしてますます尽力あらんこと冀望に堪えざるなり。


---

明治十九年四月、交詢社第七回大会での演説。学校で知識を学べる少年はよいが、すでに社会に出た大人は、道に迷ったら他人に意見を聞いてその知識を利用するほかない、と福沢は言う。交詢社は「知識交換世務諮詢」を旨とし、交換するのは「実知識」であって、世務は「人間実際の事務」である。これを通して、天下の人心を「中庸適宜の点」に収攬させてほしい、と呼びかけている。

## 慶應義塾を維持するのは社中なり
### ――明治十九年七月十日慶應義塾維持社中の集会にて演説

本塾の教育ならびに会計の細目は浜野君(31)より報告せられし通りにて、来集諸君も御了解相なりし事ならん。諭吉は毎日塾の教場にも出席せず、また朝夕会計出納の事にも細やかに関係なけれども、全体の塾務については片時も忘れたることなく、常に記憶しまた注意する所なれば、今浜野君の報告に続いて大概をお話し申さんに、諸君も御承知の通り本塾の教育は専ら実学を主とし、高尚なる学理を説き下して人事の実際に適用するを勉め、その脳髄を高尚なる学者にしてその手足を活溌なる俗物にするの目的は、創立の初めより今日に至るまで二十余年一日の如く曽て変換することなくして、その成跡も往々社会の実際に現われたるもののあるが如し。諸君とともに窃に満足する所なり。

また本塾の教場は本と原書の意味を解することを勉め、外国の語を語り外国の文書を記すことは本色にあらざりしが、近年に至りては大いに趣を改め、外国教師数名を聘し、英の語学を奨励して学生の上達著しきものあり。今日来集諸君の中にもあるいは久しく教場を訪われざる人もあらん、他日好き折りをもって来訪、親しく御覧あらば、復た旧時の慶應義塾にあらざるを発明せらるることとならん。

但しかく語学の一事に進みたりとて、原書意義の講読を怠るにあらず、いかなる難文も読まざるはなく、いかなる玄深微妙の意味も解せざるはなく、読書推究の技倆において日本国中第一流の名はあえて他に譲らずして、天下の人もまたこれを許すことならん。これまた御安心を願う所なり。

本塾の講堂は諸君御承知の通り、本と大名屋敷の御殿なるものにて、明治四年より本年に至るまで仮にこれを用いたれども、当初既に古き御殿が十五年間の講堂に用いられたることなれば、その荒敗〔廃〕もまた推して知るべし。よって去年冬表門内道路の普請とともに、講堂新築の案を起こして塾員協議の折柄、社中中村道太(32)(なかむらみちた)君(前正金銀行頭取)が新築費として建築中金一万円の出金を保証せられたり。同君は明治十四年中にも諭吉と連名にて既に三千六百円の寄附者なるに、今またこの巨額の金は実に望外に出たることにして、塾員においては身を局外に置ても天下教育のためにこれを悦ばざるを得ず。

まして私塾維持の私においては唯諸君とともに深く謝するの外あるべからざるなり。既に一万円金あれば新築費の大本は最早これにて定まり、その余はいかようにも方法を設けて他日の報告に附すべし。工事はすべて社中藤本寿吉(ふじもとじゅきち)君(造家学士)に依托して、構造は煉瓦二階、坪数は百二、三十坪、その図面も整い、本月中着手の筈なれば、竣工は多分来春のことなるべし。講堂新築とともに教場の精神も更に一新して大になすことあらんとて、教員始め学生一同も自ずから勇気を生じて、今日早く既に趣を改めたるものあるが如し。

新講堂はなりたるものとして、さて塾の維持は如何というに、いつもながら甚だ困難なり。諭吉の思うに日本国の金を費して日本国人を教育するに、官の手をもってすると私の手を以てすると教育上に厘毫の差なくして、費用はおよそ三と一との如くなるべし。即ち政府にて三十万円を費す所を、私の手なれば十万円にて事足りあるいは余りあるべしと信ず。損益明白の数にして、この数については朝野ともに能く異議を入るる者なし。

故に諭吉は国の経済の点より見ても常に私塾の利を説く者なれども、説ある者は金を得ず、如何ともすべからず。今諭吉の説をもってこの慶應義塾の維持法を申せば、生徒の数を三百名として、毎年一万五千円の補助あれば、文学の学校として世に愧るなきの組織をなすべし。補助金一万五千円に加うるに、学生より授業料を収入すること毎一名毎年二十四円、三百名七千二百円を合して、二万二千二百円あり。この内一万七千円をもって内外人教師の給料並に文学の予備理科学の費用に供し、残り五千二百円を塾舎の営繕諸雑費となしたらば、本塾に卒業する生徒は数学士、法学士、哲学士、経済商売学士等にして完全の者なるべし。

ただし学校の程度は際限なきものにして、僅かに毎年二万余円を投じて非常の結果を買うべきにあらざれども、私費二万二千二百円をもって買う所の物は、公費六万六千六百円に直（あたい）するものよりも更に善美なるべきはあえて保証する所なり。維持社中諸君にして日本国人の教育と日本国の経済とに御着眼あらば、自己にも御勘考、尚広く天下有志の人々へお話し願いたき事なり。

右は諭吉の説なり。その行わるると行われざるとは時勢次第に任じて、今日唯今の維持は諸君の学問に対する御厚意に生じたる維持金額尚一万二千円あり。いかに塾員が勉強していかに倹約するも、今よりますます外国教師を入れてますます英語を奨励せんとするには、毎年三、四千円の所費なきを得ず。これだけの目的なればこのままに所有金を費して尚三年を維持するに足るべし。またその中には諸君より承わるべき御工風もあらん、諭吉より申し上ぐる説もあらん。未来の事は未来として、まず今晩の席は事務の報告にかねて慶應義塾の次第に盛なるを祝し、以て諸君とともに一盃を挙げんことを願うものなり。

明治十九年七月、慶應義塾維持社中の集会での演説。義塾の経営を支えている社中に対し、義塾の現状を報告して、その収支の見込みをあきらかにした上で、日本人の教育と日本の経済とに関心のある諸君は、ぜひ自ら考え、そして有志に話を広めてほしいと呼びかけている。特に、給与の高い外国人教師を雇うには、社中の協力が必須であった。

## 不偏不党で「大日本国中一点の明星」たれ
### ——〔交詢社の特色〕

（明治二十年四月十六日・交詢社大会）

文明の次第に進歩するに従って、人事は次第に繁多を致し、その人事の繁多なる世の中にいて身を処し家を理せんとするには、人の地位職業の異同を問わず、人々相互に博く諮詢するの方便によらざるべからず。その地位職業のいよいよ異なるに従い、諮詢し得る所の知見はいよいよ博くして、その品はいよいよ多し。官途民間、相互に情を通ずるのみならず、学者は俗世界の有様を察し、農工商人は学者の思想を窺い、都会にいて田舎の苦楽を聞き、地方に生まれて都府の文華を知るが如きその利益は、特に異種の人の会同に由りて得らるべきものにして、即ち今日に至るまで我輩が社員諸君とともに本社を維持保存したるも、単にこの利益を得んがためのみ。

そもそも世間に結社甚だ少なからず、各利する所あるべしと雖も、その目的とする所、大抵皆一事一業に限り、その事業に限りあればその人の種族にもまた自ずから限りを生ずるのみならず、事業の目的は第二の考えに置き、人の種族を標準にして相会する者さえあり。例えば官員は官員の種族をもって会し、人民は人民の種族をもって会し、その会の事柄は兎も角も、会の全面官臭なるが故に人民はこれに近づかず、民臭なるが故に官員はこれに入らずなどの事例なきにあらず。

誠にいわれもなきことなれども、今の世間の気風なれば如何ともすべからず。独り我が交詢社は創立の初めより何等の臭気もなく、官民混同は無論、学者も政治家も農も商も、雅俗を問わず職業を論ぜず、一切これを包羅して洩らすことなきその事実は、交詢社員姓名録を一見せられたらば明白なるべし。

即ち本社は人の種族をもって会するものにあらず、互いに知らざる所を諮詢して知る所を交易し、もって自ら利し他を利するの一主義に従い、創立の初めより今日に至るまで曽てこの主義を変じたることなく、爾来八年一日の如しというべし。ただし明治十四、五年の頃、政府に改革を行い、世間に政党など喧しき時にあたりて、世間の人が何か見誤まりて本社を怪しみたるにや、当時社員たりし役人の中に俄に退社したる者ありしは、八年間の小波瀾なれども、これはその人達が色目鏡を掛けて交詢社を見たるものより外ならず、目鏡の色次第にて見る所の物は何色にも変ずべけれども、社の本色は幾年を経るも曽て変ずることなく、無臭雑駁をもって主義とするものなり。

近来に至りて彼の目鏡かけたる人もようやくこれをはずしたるにや、その心配も大いに解けたるが如くなるは、その人のために賀する所にして、我輩はただこれを既往の児戯として今更一笑に附するのみ。さて本社中官員等の去就は一小部分の事にして、去るを留めず来るを拒まざれども、ここに今日大いに注目すべきは我が日本社会の進歩にあり。

維新以来二十年、万事皆新たなりとは申せども、初めの程は単に政治の改革に限り、いやしくも文明日新流の人とあればことごとく皆政府に入りて事をなしたることなれども、年月を経るに従って官途の地位も既に充ち満ちて、朝野ともに人物の多きに苦しむ丁度その折柄、民間に新たに業を起こさんとする者は、とても日本工商の旧筆法に依頼すべからざるを知りて、ようやく知見を学者社会に求るの情あるが如きは、日本社会近来の新脚色というも可ならん。

試みに国中の何社何組など称する工商会社を見るに、学者書生より身を起こして入社する者の多きは著しき事実にして、また諸学校を尋ぬれば旧工商の子弟にして入学する者、日にますます増加するは、これも近来の出来事にして、我が工商人が文明の新知識を要するの意を窺うに足るべし。すなわち維新の初め政治に限られたる西洋の文明がようやくその区域を拡め、広く民間に普及せんとするものにして、学問の理論と民業の実際とようやく相附着せんとするの時勢なれば、この時にあたりて僅かに壮年の後進学者が徐々に工商の社会に入るも、その影響するところ固より広からず、また彼の工商家の子弟が学校に学ぶもその成業の期甚だ待ち長し。

顧みて人事の勢いを見れば、一より十に至るまで西洋文明の知識なくしてはかなうべからず。文明流の人は日本固有の実際を知るにあらざれば迂闊の譏りを免れず。事は重要にしてこれに応ずるの方便に乏し。即ち交詢社のまさに任ずべき責にして、人の種族地位職業の如何を問わず、互いに知る所を告げて知らざる所を諮（と）う。諮うて得る所のものは西洋文明の知識なり、日本固有の実際なり。即ち今日の人事の急要にして、本社を除く外、日本国中他に依頼すべきもののなきは、諸君とともに信じて疑わざる所なり。

また交詢社は素より政談の社にあらず。その主義は我も知り世間も知る所なれども、社員は政治の思想なき者にあらず。たとえ自ら政治の局にあたらざるも、世の政変に際しては正当に身を処するの覚悟あるものなり。一身の覚悟かくの如くにして、さて日本の政治社会を見るに、現政府の外に政党は一も二もありて、意見の同じからざるは当然の事にして、我輩においてもその同じからざるを咎むるにあらず、各（おのおの）自家の説を主張するこそ政党の本色なれども、ここに心配と申すは、政党の事たる、我が国開闢来の手始めにして、官民ともにこれに慣れず、事に慣れざるものが事にあたれれば、人情の常としてこれに凝り固まり、時としては余り熱度の上進することはあるまじきやと、窃に掛念なきにあらず。

例えば現政府並に民間の政党員が政治を大切にするは当然のことなれども、政治の権柄を重んずること甚だしく、これを執ることあたかも連城の璧（たま）〔またとない貴重品〕を懐くが如くにして、政党の勝敗、政府の交代を視ること、相撲の勝負同様に淡泊ならず、傍らよりこれを観るものもまた相撲の見物の如く容易ならずして、これがために官民の運動、すべて念入りになることもあらんかと、識者の今より常に憂うる所なり。国会開設の期限も近し。(33)若し万一もかかる不幸に逢うこともあらば、我が人民は何を目当にして世に処すべきや。東せざれば西し、右せざれば左し、水より湯に変じ、氷より火に移り、極端の主義より極端に導かれて、暗夜に彷徨するが如き惨状なきを期すべからず。この憐むべき時に当り、政論の孰れにも偏せず、偏なく党なく、独り日本国中に独立してその方向を自国永遠の利益のために定め、啻に一身を処するのみならず、かねてその身を以て日本国民運動の標準に供し、斯民をして向う所を知らしむる者は、我が交詢社員にあらずして誰ぞや。実に交詢社は大日本国中一点の明星にして、我輩は社員諸君とともにその星光のますます明ならんことを約束するものなり。

明治二十年四月、交詢社大会での演説。同社は官民の区別なく、学者も政治家も農家も商人も、職業を問わず社員としてきたが、あくまで「無臭雑駁」が主義であって政党ではない、と福沢は強調する。政党が政権の奪取に奔走する中で、帝国議会開設も近づいているが、あくまで不偏不党、日本国中で「独立」して、国民に未来の方向性を示す「一点の明星」となるべきである、と説いている。

## 競争社会を我が身で生き抜け
### ──明治二十年四月二十三日慶應義塾演説館にて学生諸氏に告ぐ

昔の時代なれば社会の万事万物、皆一定の習慣成法の中にありて動くことなく、啻に世禄の士族がその名利を世々にするのみならず、農工商の家にても自ずからその家業に世襲の風を存し、後進の者は少年の時より家の仕来りに従って営業を見習い、長じて父の跡を相続するか、または他家に養子となりて養家の主人となるときは、ただ先代の遺法を守りて業を営むのみ。

さしたる才力なき者にても、家道に波瀾をさえ起こさざれば安楽に世を渡るべし。農の家は五代も十代も農にして、商の家もまた五代十代に伝え、寛永年中の酒屋は慶応の末に至るまでも酒を売り、何町何村の米屋は何百何十年来の米屋なりというが如きは、世に珍らしからぬ話なり。畢竟するに昔は士農工商ともに渡世に艱難少なく、唯その要訣は祖先伝来の家法を守るにあるのみにして、能く家法を守る者は必ずしも才力を要せざるなり。如何となれば当時世間の信用は家に存して人にあらず。何々家の主人といえば、その人の智愚を問わずして先ずその家名を信じ、何々氏は大臣の家なり、何々氏は旧家なり、豪農商家なりとて、これを信じこれに依頼して怪しまざるが故に、偶然にその主人たる者は自ら勉めて求めざるも名利を得ること甚だやすければなり。

しかるに開国以来封建世禄の制度を廃してより、士族の門閥を失うのみならず、農工商家の家法も自ずから一変して、また旧時の面目を維持すべからず。例えば彼の諸問屋酒造家等、すべての営業に株の制を廃したるもその一例にして、商人等が坐してその家名を恃み、不思議なる利を利して安楽に渡世するを許さず。即ち家の名は恃むに足らず、恃むべきは唯人の才力のみ。如何なる富豪の名家にても、その主人が無学愚鈍にして近時文明の事を知らざれば、遂にはその文明の波瀾のために家を亡ぼさるるや明白なる数にして、これを如何ともすべからざるの時勢に迫りたり。

しかり而して人の家の亡ぶるや、亡びて無に帰すべきにあらず。あたかも物質不滅の原則に基き、ここに亡ぶるものあれば同時に他に興るもののなきを得ず。何村の何某が何百町歩の田地を失い、何万円の金を損したりというも、天災にあらざる限りは、必ず他にこの田地の持主となり又この金を所有する者あるべきは相違もなき事実にして、唯その主人の新旧交代するまでのことなれば、さて旧主人がこれを失うて何人が新主人たるべきやと尋ぬるに、畢竟旧主人のこれを失うは文明の波瀾のためなれば、これに代らんとするには、能くこの波瀾に堪え自由自在にその間に出没して心身ともに屈強なる人物にあらざればかなわざることなり。即ち文明の学問に従事して、能くその学理を実際に適用し、時として清雅高尚の極を語り、時として俚俗鄙陋の底を潜り、言行活溌、心事綽々然として常に余裕ある者にして、始めて今の文明世界に富貴を致すべきなり。

されば今世の富貴名利は人の家に伝わらずして人の身に附くの時勢となり、正しく優勝劣敗の原則に違わざるものなれば、後進の輩が立身の道を求むるにも、身外に恃むべきものなしと覚悟せざるべからず。富貴浮雲の如しとは道徳の主義に従って富貴を軽んずるの意味ならんなれども、今の世の富貴はたとえこれを重んじてこれを維持せんとするも、文明の知見才力あるにあらざればたちまち浮雲の消えて痕なきに至るは、文明波瀾の勢力なりというの外なし。

諸氏の中には祖先伝来の家産に富むものも多かるべしと雖も、一身の心掛け次第にてたちまち浮雲たるべきものなれば、渡世の道決して易からず。文明の波瀾のために家産を蕩尽するも、あるいはその波瀾を利用して家を興すも、唯一身の智不智に存するのみ。これを要するに諸氏の令尊（テテゴ）が王父（ジイサマ）の家を相続したるときの筆法に従って、今の家を維持しまた更に大いに興さんとするも、とてもかなわざることと知るべし。

またあるいは諸氏の中に無産なるものもあるべし。無産より出でて産を作らんとするには、新たに天下の富源を開いてその沢に浴すべきこと当然の仕事にして、方今その事甚だ多し、実に愉快なる世の中なれば、身外のものすべて恃むに足らず、一身の勉強機転、もって身を立つること甚だ易き尚その上にも、今の日本に限りて一種特別の事情と申すは、天下無数の資産家の中に文明の何ものたるを知らざる者甚だ多し。

文明の世にいて文明を知らざるものは、水に舟を浮かべながらその水たるを知らざるに等し。一朝波瀾の起こるに逢えば舟の顚覆すべきやいうをまたず。しかるに文明の社会に波瀾のやむことなし。その舟の覆えるは取りも直さず後進の壮年学者に向って態（わざ）と富貴を授くるものに異ならず。古来未曽有の奇相なりというべし。かかる奇変の社会にいて、尚立身の道なきを訴うるも、我輩はこれに耳を傾るの閑なし。唯本人の工風に任してその自ら発明するの時を待つのみ。

---

明治二十年四月、三田演説館での演説。江戸時代までは、家業を世襲するのが常だったが、封建制度が廃された今日、頼るべきは「人の才力のみ」であり、それによって競争社会を勝ち抜いていかなければならない。そのために「文明の学問」を身につけ、それを社会に応用していくべきであり、諸君の実家は財産に恵まれているかもしれないが、それは浮雲のようなものである、と福沢は言う。家に頼らず、実力で成功を勝ち取ってほしいという期待の現れである。

# 第三章　立憲国家の国民へ向けて

立憲国家となり、帝国議会が開設されるのを控え、福沢は、どのような姿勢で国民が新時代に臨むべきか、演説で多方面から論じている。従来通り、実業界に軸足を置きつつ、慶應義塾の学生には議会にならって、独立した個人による自治を求め、交詢社には不偏不党の「知識の府」として、人々に未来の方向性を示していくよう期待した。いよいよ第一回帝国議会を迎えると、福沢は持論である「官民調和論」の観点から、政府と議会との調和、また、議会内の党派対立の緩和を企図する。最初の帝国議会には、義塾で学んだ三十名余りの議員が議席を占めた。福沢は彼らを集めた同窓会で、「同窓の好情」によって、超党派の団欒を生み出して、議会の波瀾を防いでほしいと呼びかけている。交詢社員からも五十名余りが当選したため、彼らにも、交詢社では談笑しながら政界の熱気を冷ましてほしいと求めた。そもそも、欧州における激しい反政府運動の続発を受けて、選挙による二大政党の政権交代という形で、暴力的な政権変動を抑止しようと考案したのが、英国流の議会運営であった。それが制度として挫折したなかで、議会の運用によっていかに平和裏に議事を運営していくのか。それは福沢にとって、喫緊の思想課題であった。そんな福沢も、すでに当時の平均寿命を超え、五十代に達している。健康には自信があったが、徐々に世代交代も意識していかなければならない。義塾も、「福沢諭吉の学校」から公共物へと移管し、その運営を弟子に任せていく必要があった。中上川とともに英国に留学し、大蔵官僚などを務めていた小泉信吉に白羽の矢を立て、慶應義塾総長という役職を背負わせたのも、そのためである。とはいえ、義塾の学生に対しては、独立・自立を軸としつつ、どのような姿勢で学問に取り組むべきか、学問以外に何を身につけるべきか、学生としてどうふるまうべきか、など、語るべき事はまだ多い。立憲国家の国民に向けて、まずは膝下の門下生を、たくましく育てていかなければならなかった。第三章では、大日本帝国憲法発布、帝国議会開会を挟んだ明治二十年十一月から二十四年四月までの演説を取り上げる。

## 塾経営を小泉信吉総長に託す
### ――慶應義塾の小改革学生諸氏に告ぐ

(明治二十年十一月二日)

慶應義塾学生の数は十数年来三百名と称し、その間様々の事情に従って増減はあれども、多くして四百以上に上らず、少なくして二百以下に下らず、平均したらばまず三百をもって定数と見るべし。しかるに近時両三年以来入学する者次第に増加して、三百は四百となり、四百より五百、六百、本年に至りてはおよそ九百余名の就学者あり。

右の次第にて従前の講堂は手狭にして人を容るるに足らず、またその建物も次第に破損して困却する折柄、本塾維持社員中村道太君が新講堂建築費として金一万余円を寄附せられてすなわち新築に着手し、去年春の頃工を始めて本年度に落成し、秋期以来はこの新講堂に教場を開いて便利少なからざる上に、外見の美とともに内部の事も自ら整頓して、秩序紊乱の憂いなきに至りしは、偏に中村君の賜として謝する所なり。

さて有形の講堂は右の如く誠に美にして遺憾なしと雖も、無形の学事もまたともに一層の美を致さんとするは、諭吉始め塾員一同の志願にして、これを如何せんというに、現今の有様を見れば、学生の数の増加とともに教師の数も増すべきは無論、近来は外国教師の数も少なからずして、随って庶務の繁多なるあり、また学問日新の風潮に従って次第に教授法を改良せんとするには、内国の事情、外国の新説をも視察せざるべからず。

また新講堂の建築はすでに落成したれども、他に様々の工事あるのみならず、邸内の取締、会計等の始末も甚だ大切にして、百般の事務、近来次第に多端なりというべし。この際浜野定四郎(さだしろう)君は校長にかねて建築の労に任じ、ほとんど一年半の経営辛苦を経て、ようやく第一講堂は成を告げたれども、更に第二講堂の建築、今方(まさ)に着手中なり。今後すべてこれらの事は同君に托するにあらざれば、社中更にかくの如き技倆を有して且つ実着質素親切の人を得べからず。故に君に取りては定めて迷惑の事ながら、今後の建築もまた君を煩わさざるを得ず。

然るに本塾の組織は諸氏の親しく目撃せらるる如く、教授以上の人員甚だ少なく、一方に教場の文事を司どりてこの時には文林の学者なれども、また一方には俗務を執りて純然たる俗吏に異ならず。これを要するに一人にて尋常二、三人の仕事を勤るの慣行にして辛うじて今日までを維持したれども、前にいえる如く塾生の数の増加とともに事務の多端に際し、同君に托するに校長、教師、会計の事をもってして尚今後建築幹当の任あり。そもそも人の力には限りあるものにて、暫時は事の繁に耐うべきも、永き年月に続くべきにあらず。托する人の無理と托せらるる人の迷惑とは事の最も明白なる所なり。

よって何とか工風して君の分担を軽くせんと思い、君にあらざれば他に適任の人を得難き事務を挙げてその担任に附したり。即ちその次第は浜野定四郎君を会計建築長に、門野（かどの）幾之進（いくのしん）[34]君を教場長に、益田英次[35]君を塾監に任じ、各その執る所を別にしてその任を専らにしたるものなり。ただしこの専任は専任なりと雖も、いやしくも余暇あれば教場に出席して他の教員とともに教授の事を執るは、従前に異なることなかるべし。如何となれば文事俗事を兼ね一身を以て二、三様に運動するは我が義塾固有の慣行なればなり。

かくの如くして塾の総長は如何せんというに、諭吉か小幡篤次郎君かこれに任ずれば相当ならんなれども、両人とも甚だ多事にして、殊に諭吉の如きは次第に年も老し、少しは老余の閑を偸んで身を養わんとするの欲もあり、何分にも日々の塾務に当ること能わず。ここにおいてか社友にも相談して小泉信吉君をこの総長の任に撰びたり。この事決して偶然にあらざるその次第を述べんに、小泉君は素より本塾出身の人にして、その塾に入りたるは今を去ること二十余年、慶応年間、君の年齢十八歳の時なり。その在塾中、俊英博識の名を顕わしたるのみならず、天賦温良にして能く人に交わると同時に、剛毅不撓の気義をもって常に朋友間にも憚られたるは、社中の知る所なり。

塾を去りて後は暫く文部省に奉職し、後英国に遊学すること四年、帰朝して横浜正金銀行の副頭取に撰ばれ、行用をもって復た英国に行き、帰来大蔵省に奉職してこの程まで在職なりしかども、慶應義塾の事も日本社会において随分軽からざることなればとて、その次第を内々本省に申し出して穏やかに辞職の旨を聞き届けられたることとなれば、今後は専ら塾務にあたることとなるべし。小泉君の温良剛毅をもって塾務を総べ、浜野君の精確深識をもって会計を理し、門野君の文才穎敏、益田君の友愛活溌、もって教場を視察し、もって学生の進退を指示し、その他内外の諸教員が今の如く同心協力して怠るなきに於ては、学生の数は幾百千人に至るもこれに処すること甚だ難からず。人の子弟を誤ることなきは窃に保証する所なり。

毎度申す如く、慶應義塾は創立以来大改革とては一度も施したることなけれども、その間に改革は自然に行われて常にやむことなし。今回も例の如く少しく改革を行うそのついでに、会計の事に及ぼさんとするその箇条は本塾地面の事なり。この邸地およそ一万四千坪は、元と諭吉が東京府より拝借し、その後払い下げを願い、諭吉の名をもって地券を得たれども、本人においては最初よりこの地面を利して子孫に伝うるの意なく、地面は塾の地面にして自分は借地人の心得なれども、何分にも地券面に福沢諭吉と記名あるは、あたかも公私紛らわしき次第なるが故に、今度地券面を改め福沢の名義より慶應義塾公共の所有に移し、それより塾中に邸内支配の一局を開き、邸地に関しまたその住宅住居人に関する一切の事務をこの局にて司どり、塾務の一部分としてその局長は浜野君のかねる所なるべし。

小幡篤次郎君は諭吉が骨肉の兄弟に異ならず。本塾創立以来ともに力を尽したるは内外人の普く知る所にして、その塾に関する関係もまた諭吉に異ならず。近来塾務の繁多なるにつけても、これを視るの責は固より両人の分担に帰し、君もまた一入尽力すべしとのことなれば、慶應義塾には一社二社頭(36)あるものと知るべし。これは今日改めて申すにも及ばざれども、新入不案内の学生もあらんと思い、ついでながら報道するものなり。

明治二十年十一月、慶應義塾の改革に関する演説。福沢、および盟友の小幡篤次郎が老齢・多忙により、義塾の総長に小泉信吉をあてて塾務を統括し、浜野定四郎（会計建築長）、門野幾之進（教場長）、益田英次（塾監）がこれを補佐、福沢と小幡は二人の「社頭」として、義塾を見ていくとの方針が示されている。義塾を「福沢諭吉の学校」から、名実ともに「公共の所有」へと移管していくための試みであった。

## 形ある「文明開化」は銭なり

——〔明治二十一年四月十五日交詢社会堂に於ける交詢社第九回大会演説〕

本社創立以来既に十年、今日は第九回の大会なり。この長き日月の間にあいかわることもなく、社員の結合して親睦なるは誠に目出度く、ただこの結合親睦の一事のみにても満足なるその上に、各員が相互に智識を交換し世務を諮詢して、もって居家処世の方法に利することあるにおいてをや。交詢社の功徳もまた大なりというべし。

毎度申す如く交詢社なるものは本来無一物にして、この建物が即ち本社にして、幹事常議員等役員あれども、その役員に限りて特に智識あるにあらず、また特に世務に明らかなるにもあらず、ただ甲社員より問うところのものを乙社員に質し、乙の答うるところを甲に報じ、甲乙丙丁相互の問答を取次ぎするか、またはその人の会合を自由自在にして、直接の問答談話を便にするに過ぎず。これを喩えば銀行にて金を貸借するに似たり。銀行は本来無一銭なれども、まず株主の金を集めてまた広く他人の遊金を預り、一方に向っては広くこれを世間に貸し、その貸借の間に一般の便利をなすものなり。

故に交詢社もその本社に特別の知識はなけれども、社員の知る所を取り次ぎして相互に融通するものなれば、社員は人に智恵を貸すこともあらん、またこれを借用することもあらん、我に損する所なくして他に益し、他人の迷惑ならずして自分に利するものは多し。これ即ち十年の久しきを持続して社員に倦む者なき由縁なるべし。およそ人間世界の事に実の利益なくして能く長久したるものあるを聞かず。本社の有益なるはその日月の長きを見てこれを証するに足るべし。

交詢社に諮問する事柄は固よりその何たるに論なく、およそ政談を除くの外は談ぜざる者なし。各社員の質問また報道を見るに、宗教の事なり、教育の事なり、また商売工業の事なり、その関係するところ甚だ広しと雖も、諭吉が特に満足に堪えざる者は、近来に至り社員の談ずる所、ようやく虚を去りて実に近づくの一事なり。例えばその質問書中に記す者にても、あるいは直接談話の席にても、その事時として文学又は教育等に関するもの少なからずと雖も、立言は常に経済の点より発して、人生の居家処世生活の外に逸するもの甚だ稀なるが如し。

殊に商工殖産の談は世上一般に勢力を占めてまた昔日の虚空を許さざるの時勢なれば、我が交詢社員にしてこの時勢に後るべき道理もなく、三、五の同社相会するも談論の帰する所は細大ともに経済の一点に外るるものを見ず。蓋し本社員には既に外国の士人もあり、また本邦人にして外国に往来し外国より通信する者甚だ少なからずして、いよいよ外情を探ればいよいよ経済の等閑にすべからざるを悟り、有形の文明開化は銭の外にあるべからず、人事の進歩は殖産の発達と遅速をともにし、銭のあるところ即ち開明の里なりとの一義を会心して、社員全般にその気風を写したるの力もまた少々ならざることならん。

されば吾々今後の方向は経済の要を目的として針路を定め、商工殖産の事を講究するはもちろん、たとえ文事を語り教育を論ずるにもこの要点の外に走るなからんこと冀望に堪えず。今日我が国全体の財政の勢は常態なるか変常態なるか、果して変常態ならばその変常は如何して何れの時に回復すべきや、啻に天下の財政のみならず、これを細分して一家の私に入り、吾々居家の財政は果して今の有様に任して永久の安心たるべきや、我が心身の働きは正に今の如くし今の生計を得てこれに満足すべきや、これに満足して果して能く永続すべきや、あるいは不満足なれば身の方向を如何すべきや、また社会一般教育の風は今のままにして遺憾なきや、教育の費用に失う所の財と教育によりて得る所の実益と相償うて差引利する所あるやなきや、私の家門における子女の教育は何を目的としてこれを導くべきや、他年一日その本人が学び得たる所のものを何事に適用して如何なる利益を取るべきや、およそこれらの問題にして、広く天下の利害に関し近く一身一家の幸不幸たるべき箇条は、実に枚挙に遑あらず。

　疑団〔疑念のかたまり〕日夜脳裡に往来してほとんど自問自答に窮する所のものなれば、物に触れ事に当り広く他人に諮詢して互に知る所を交換するの外あるべからず。諭吉の祈る所は今年も亦去年の如く、各社員が諮を怠らずしていよいよますます本社の組織を利用せられんことの一事のみ。

---

明治二十一年四月、交詢社会堂での交詢社第九回大会における演説。同社での話題の多くが経済に向けられているが、日本人も海外に渡航し、海外からの通信も多く、外国情勢を探ると、経済を重視せざるを得ないと悟る、と福沢は言う。「有形の文明開化は銭の外にあるべからず」として、今後は経済を主目的として研究、教育などに取り組むよう求めている。

# 礼儀・美術・文学の重要性
## ——六月二日府下三田慶應義塾演説、慶應義塾学生に告ぐ
（明治二十一年六月二日）

昔封建の時代にありては人事一定して変化少なく、士族がその禄を世々（よよ）にしその身分を世々にするのみならず、民間の農工商に至るまでも自ずから世禄世襲の風をなして、貧富の変動甚だ少なく、富豪は数代の富豪にして貧乏もまた数代の貧乏なるが故に、貧富はあたかもその家に属して人にあらず、不才無智の子と雖も富豪の家に生まるるときは、その家名を相続してその富を専らにすべし、天賦の智者才子にても貧者の子なれば生涯貧を守らざるべからず。

これを要するに富貴功名の約束は既に家に定まりて、才智の働には差したる要用あらざれば、当時の後進少年輩は必ずしも世に名を知られんことを求めず、またその時代の教えに最も重んずる所は身の分限を知るの一事にして、富貴は富貴にして謹んでその富貴に処し、貧賤は貧賤にして謹んでその貧賤に安んじ、いやしくも才を売り名を求むるが如きは世教を害するものなりとて、故老これを警め先生これを教訓して一世の風を成したるが故に、後進の子弟においてもその身の貧富幸不幸はあたかも先天の約束と観念して、ただ退きて自ら守るあるのみ。

そもそも社会の安寧を主としてひたすら無事を謀るには、かかる世教こそ最も適当ならんなれども、その弊は後進生をして生来の活気を失わしめ、進んで失敗するよりも退きて無事なるに若かずなどいう少壮の身にあるまじき根性を養成して、あたかも若年の身体に老人の魂を入れ、遂に大いにその勉強心を妨げたるの禍は、封建時代の事実に於て着々これを見るべし。

その一、二を挙ぐれば、世禄の武家の子に算筆を勉むる者少なく、商売の事情を知らんと欲する者少なく、美術文学に志す者少なく、尚甚だしきは書は姓名を記すに足るなど称して書字をさえ等閑にしたる者多し。これに反して農工商の子弟は護身の武芸を勉めざるのみならず、読書推理いやしくも精神以上の事はこれを武家の専有に帰して自ら勉むるを知らず。双方ともにあたかも一種の不具片輪者を生じて人生天賦の資力を空しうしたるは、本人の不幸のみならず天下の不利といわざるを得ず。

今や封建の時代は過ぎ去りて時勢を一変し、富貴功名は家に由らずして人に存し、日常の交際に人を見れば誰が家の子とその家筋をば吟味せずして、まずその智愚如何を問うの時節とはなりたり。ここにおいて迂老が諸君に向って特に注意を促すものは、君等が才を売り名を求むるの手段を等閑にするなきの一事なり。そもそも自身の才智を燿かし名声を求むるとはちょっと鄙劣なるが如くなれども、本来身になきものをあるが如くに装い虚飾して世を欺けばこそ鄙劣なれ、あるものをあるとして世に知らるるにおいて何の恥ずべきことあらんや。

工業者が物を製し商売人が店を開くに広告せざるものなし。学者が辛苦学び得たる所のものを世に公にしその平生の技倆を人に示さんとするは、即ち一身の広告にして、特に今の時勢に必要なることとなり。如何となれば昔の人には家名なるものありて世に知らるること容易なるのみならず、特に名を求むるの要用もなかりしことなれども、既に家名の勢力を失いし今日の後進生は、一身の才力を世に知られてもって立身の資となすものなればなり。

さてこの一身の広告を必要なりとしてその方法を如何すべきやというに、迂老の考えにはまず外面を示して後に内部を知らしめ、近浅の細事より始めて遠大の力量を現わさんと欲するものなり。例えば人と相接してまず見るものは顔色なり、顔色温和ならざるべからず。次いで発するものは言語なり、言語粗暴なるべからず。交際の礼儀、周旋、挙動、既に活溌優美なりとして、尚進んで手跡の醜美、書翰の文段の巧拙等は、人物の品評に最も手近き標準たるべければ、後進生の最も注意すべき所のものなり。

しかるにこの種の事は動もすれば学者に蔑視せられて軽々看過する所となるのみならず、却って武骨殺風景をもって得々自らおり、人事に大切なる礼儀を欠いて、あわせて美術文学の要を忘るる者なきにあらず。迂老は諸君のために謀りて常に遺憾に堪えず。窃に案ずるに今の後進生がかくまでに細事に無頓着なるは、唯身に得たる学問上の真価を以て重きをなし、以て人間世界に通達せんとの覚悟なるべしと雖も、如何せん滔々たる俗界にはその真価を知る者少なきのみか、人事繁劇の最中、徐々にこれを識別するの暇を得ず、一見その木石無芸なるを察すれば、まずこれを擯（しりぞ）けて不問に置くの常なるが故に、錐鋩（キリノサキ）鋭しと雖も嚢中に処（お）かるるを得ずして空しく独り不平に終るべきのみ。

君等は我が慶應義塾におりてその学ぶ所決して卑しからず。知見の高尚なる、毫も世に愧じるものなかるべし。迂老においてもその高きを厭わず、今後ますます上進して実学の大義を失わず、もって日本教育の中心たるべきはあえて期する所なれども、その高きに居然として人事を忘るるが如きは、あたかも学問教育に致されて不具片輪者に陥るものなれば、心事の高尚なるとともに鄙事に多能にして、外部の活溌優美ならんこと呉々も祈る所なり。

――明治二十一年六月、慶應義塾での学生を対象にした演説。封建時代と異なって、家柄ではなく個人に富貴名誉が依存する今の時代は、個人の知識の有無が問われている、と福沢は述べる。学生が才能を売り、名誉を求める手段として、礼儀、美術、文学に通じることを挙げ、「学問教育」に務めるとともに「活溌優美」となってほしいと期待を寄せている。

## 政治社外の「知識の府」たれ
### ――明治二十二年四月二十一日交詢社大会に於いて演説

人の未だ曽て目に見ず心に思わざる所の物をその人に示し、随ってその物の性質を明らかにして功用を説かんとするは甚だやすからざることなり。山国の人に船の利を説くべからず、水辺の人に猪狩（ししがり）の楽しみを語るべからず。またあるいは僻遠の田舎翁に東京の地図を示して大都会の繁栄を知らしめんとするも、その了解甚だ鈍くして容易に信ぜざることとならん。いずれも皆その人の生来目撃せずして心に思うたることなき所の事物なればなり。

我が交詢社の創立は今を去る十年、明治十二年のことにして、その趣意は知識を交換し世務を諮詢するの表題を掲げ、これを世に公にして当時入社する人も多数なりしかども、何分にもその表題の文字の漠然たるがために意味を解する者少なく、社員にてありながら社の性質功用を説明するに苦しむ者あれば、またあるいは世上にてはこれを怪しみ、唯にこの社を不用とするのみならず、あるいは隠然たる政社にはあらずやなどと疑う者さえなきにあらず。

これがために一度入社して直ちに退社する者あり、あるいは自分にはさほどに思わざるも世論の様子を窺うて特に本社を疎外する者もあり、随分異様なる姿を呈したることなれども、人間世界は甚だ広きものにして、去る者あれば来る者あり、疎んずる者あれば親しむ者あり、出入り相償うて社運は依然として旧に異ならず、即ち今日は第十回の大会にて、諸君と旧によりてここに相会するは誠に愉快に堪えざるところなり。

さて今年既に然り、来年もまた然らんとして、今後の社運如何を卜するに、更にまた愉快なる事あり。今その次第を申さんに、十年前に世人が交詢社を心頭に掛けざりしは、古来この種の組織は人の見ざる所にして、心に思うたることなきが故なり。蓋し我が国人の相会するや、藩士なれば藩をもってし、学者なれば学問をもってし、商売に、工芸に、宗教に、政治に、おのおの会同の法あれども、特に一種一類の区域に止らずして人生全般の事に関し、互いにその知る所を交換して我に損する所なく、もって他を益し、もって居家処世の安心便利を求むるが如き工風は、人の未だ思い得ざりし所のものにして、その趣きは猶彼の田舎翁が生来寒村に蟄居して東京の繁華多事を想像するに苦しむものの如し。其の想像さえ画くこと能わず。いわんやこれに処するの法においてをや。その工風なきもまた怪しむに足らざるなり。

しかるに世局の変遷は駸々として片時もやまず。人事の繁多なる、多々ますます際限なくして、その繁多なるに従い相互の関係もまた近密となり、例えば在昔なれば学者士族に商売上の知識は不用にして、商家に政治学問の事は禁句なりしと雖も、今日の学者にして商売の要を知らざる者は木偶人に異ならず、商人にして学問を知らず又政治の思想なき者は世間に歯(よわ)い〔並び立つ〕せらるるを得ず。

これを要するに百般の知識その一を以て独立すべからざるの時勢となりたるこの時にあたり、天下何れの処にこの知識を得べきや、師について学ぶべからず、人を求めて聞くべからず、ただ広く交通の道を開き、相互に聯絡を通じて相互に知る所を交換するの一法あるのみ。即ち知識を交換し世務を諮詢するの義にして、この点より観れば交詢社は百師の叢淵、千知識の本府というも可ならんか。

試みに今日の世間を見れば、学事に、政事に、宗教に、商売に、無限の事変に刺衝せられて方向に迷い、身に万巻の書を読でその所得を実際に施すを知らざる者あり、家に巨万の富を私有してその富有を利用するの道に迷う者あり、甚だしきは老成の名望家とも称すべき人が青年書生に犯されて進退に窮するものあれば、知らず識らず浮世の俗興に乗じて家道を乱るものあり、畢竟その方向に迷うは人の愚なるにあらず、ただ知識を求むるの方便を得ずしてよるところなきが故のみ。

されば自今以後は彼の国会開設の一挙にても、社会の風潮は一層の昂激を致して、人の行路はますます危険にしてますます多岐なるべければ、静かに政治社外にいて人事百般の知見を博くし、時に臨んでこれに応ずるの覚悟は実に欠くべからざるの要用なるべし。本社の殊色は一方に偏せざるにあり。社中、官吏あり、人民あり、学者あり、商人あり、農に、工に、宗教家に、政談者に、一切を包羅して洩らすことなく、散じては各基本色の事に当りて自家の業を勉め、集まれば則ち交詢社にして知識の府たり。吾々社員は実に天下の師にして人の方向を司る者なれば、本社の隆盛は社員自家の愉快のみにあらず、また日本国の幸いというべきものなり。

---

明治二十二年四月、交詢社大会での演説。今の世は、学問、政治、宗教、商売など、多方面で大きな変動を受けて方向が見失われていると見る福沢は、帝国議会開設を前に、社会の風潮は「昂激」と「危険」の色を見せているため、同社は不偏不党を貫き、「知識の府」として「天下の師」となり、「人の方向」を司ってほしいと呼びかけた。それは、立

一憲国家を迎える国民に模範を示す試みであった。

## 親子も「他人の如く」
### ――〔長男一太郎結婚披露の席上に於ける演説〕

（明治二十二年四月二十七日）

倅一太郎(37)結婚につき、今日はその御披露として御招待申し上げ候ところ、御繁忙の中御繰り合せ御賁臨（ひりん）を辱うし、誠にありがたき仕合せに存じ候。即ち嫁はおかつと申し、箕田長二郎の長女にこれあり、さる十八日婚儀首尾能く相整い候については、新夫新婦とも幾久しく老生夫婦同様に御心やすくお附き合願い奉り候。

新夫婦の御披露終り、ついでながら一太郎が誕生の時より今日結婚に至るまで老生夫婦と同人との関係を申し上げ、尚今後老夫婦の覚悟をお話し申して、誠に失敬至極ながら皆様方を証人として清聴を煩わしたく、殊に結婚の事については近来西洋流の流行より、世論あるいは東西の有様を比較してその幸不幸自由不自由を喋々するものなきにあらざれども、能く事の内情を窺えば西洋の流儀必ずしも独り幸福にあらず、日本の慣行必ずしも常に不幸ならず、今回弊家の結婚の如き、まずもって日本風に従いしものなれば、特にその辺りの事情お聴き置き下され、外国の人などとお話しのついでもあらば、日本結婚法の一斑としてお漏しあいなりたく、独り弊家の私事にあらず、また我が国の風采にも関係することと存じ候。

そもそも一太郎の誕生は文久三亥年十月十二日にして、本年二十七歳にあいなり、生来父母の手許にて養育致し、曽て他に出で他人に交際したることなく、近処に特に友達と申す者もなかりしその次第は、維新の前後、藩邸の士族等も藩地に赴き、またその外父母の平生懇意にせし所の人々も四方に散じて行く処を知らず、福沢の家はあたかも東京に残されて孤立するの様にて、自然幼少の子供にも朋友を得ざりし原因に候。

しかるに幸いなるは兄弟多くして家も淋しからざるその上に、慶應義塾はその節も入学の生徒少なからず、子供を愛するは学生の常にして、家僕の背におぶさり守りの女に手を引かれながらも、始終学生にそれこれと言葉を掛けられ、また塾舎に出入りして遊戯するなど、年齢こそ違えども屈強の良友に乏しからず、入りては兄弟どもと遊び、出でては塾生に接し、その耳目に触るる所のものすべて純正潔白なりしは、当人のために無上の仕合せにして、この点においては我が書生全般の品行風儀に対して深く謝する所なり。

されども前に申し上げ候通り、他に友達の附き合いもあらざれば、遠方の旅行はもちろん、市中の散歩、花見遊山とても、父母とともにせざるはなし。年ようやく長じて弱冠に至るまで、自分一人にては三日の旅行を企てたることなく、一夜の外宿を試みたることなく、一年三百六十日、ただ父母と起居動静をともにするのみ。右の次第にて二十一歳のとき米国へ留学と相談のその節も、甚だ不安心に思いしかども、やむべきにあらざれば、思い切って遣わしたるに、これが俗に申す案ずるよりも産むがやすしの例にて、この箱入息子が万里の海外に行きさまで淋しくもなくまた不自由もなかりしと見え、足かけ六年の在留中、人にも交わりまた何か学業をも研究して帰来したるは、父母の歓びのみならず、少々意外に思う所なり。

さて帰来して見れば最早や年頃にて結婚もしかるべしと思い、ここの所が少々今日の流儀違いにて洒落なる文明人の意にかなわぬかは知らざれども、まず老生夫婦が云々と耳語したる後に当人に結婚の可否を承わり、差し支えなき旨を慥に聞き取りて、しかる後に処々方々種々様々の探索に及び、その間の細事はこれを略して、最終に云々の縁談は如何と当人に尋ね、父母においては固より是ともいわず非ともいわず、啻に口にこれを云わざるのみならず顔色にも現わさず、真実虚心にして唯当人の決断に任せ、しかもその決答を急がず、悠々思慮の上にてこれを聞かんとて、父母はこれを忘れたるが如くする中に、当人が満足なりとの発言を承わり、さればそれも好からんとて、真に当人の意に従いて取り極めたることなり。

窃に案ずるに、この方にて右の如くなれば、嫁の方にて可否を決するもおよそ同様の次第なりしことならん。かく双方熟談に及び、いよいよ媒酌に依頼して婚礼の一段に至り、嫁の支度などはこの方の知る所にあらず、厚ければとて悦ぶに足らず、薄ければとて悲しむにあらず、ただ嫁の家の貧富とその父母が娘に対する愛情の如何によるべきのみ。即ち他の親子の間の事なれば、この方の関係にあらず、また関係すべき事柄にあらざればなり。

さてまた当日の儀式に至り、これも近来世上に様々新工風あるよしなれども、老夫婦の相談にてあいかわらず旧礼に従わんとて、旧同藩の故老某翁に依頼して、尋常一様日本風の婚式を堅く窮窟に用いて、もって事を終りたり。

以上の次第にて、第一、嫁の詮索に父母が最も力を用い、婚礼式に父母の意の如く旧式を行うたるが如き、あるいは世間これを評して圧制などいう者もあらんかなれども、老生夫婦は毫もこれを恐れず、新婦たるべきものの詮索は父母の手をもって無限の労を取りしことなれども、その可否決に至りては厘毫も父母の私意を交えず、傍らより無説無言はもちろん、意向のある所を顔色にも現わさざる次第なれば、結婚選択の自由は全く子に帰して父母は無力なり。

この点より見れば、老父母の老練をもって試みに択びたるだけは当人の利益、即ち後日夫婦の間の幸福にして西洋流の自選結婚の軽率なるものよりも更に美なるが如し。また婚礼の式の如きは素と外面のみの事にして、右にても左にても頓着すべきにあらず。吾々は元来礼式に熱心ならざるが故に、礼とあればまず旧礼に依るのみ。その趣を喩えて申せば、吾々が宗教に淡泊なるが故にあえて改宗の面倒を見ずしてまず旧宗旨の中に悠々するものの如し。あるいはこれを評して人生の横着というも可ならんのみ。

またその外に日の吉凶、方角の開塞等、様々のことあれども、これも古来俗世界にいう所なれば旧然としてこれを破壊するにも及ばず、人のいうがままに任せてその俗習に従い、所謂吉日に吉礼を執行せしことにして、これを要するに今世の結婚につき古風と新流と両様ありて互いにその長短を論争するが如くなれども、結局はただその極端の弊を挙げて相互に非難するに過ぎず。故に老生夫婦は差し向いの相談にて、世論に頓着せず外見名義の如何にかかわらずして、結婚の真面目を全からしめんとてかくは取り計いたる事のみ。

あるいは今回の結婚はその実西洋の文明流にかなうたりと世論に許さるることもあらんか、事の姿を日本にして精神を西洋にしたるものなり、否、西洋を学びたるにあらず、西洋の結婚法がたまたま日本風に符合したるものなり。如何となれば今度の始末はすべて日本においで新奇ならざればなり。

さて右の如く婚儀も相済み、自今以後の生活は如何と申すに、老生夫婦は積年の申し合せにて既婚の子と同居するを好まず、啻に同居を好まざるのみならず、飲食衣服住居より遊楽好嗜の細事に至るまでも親子全く各別のものとして、相互の関係を他人の如くにし、その好むところ偶然に相投ずればこれをともにすべし、否ざればおのおのその行く所に行くべしと心事を定めたり。蓋し若夫婦も同様なればなり。

この辺りより見れば幼年時代の慈育に反対するが如くなれども、父母の慈心は死に至るまでやむべきにあらず、事の要用に臨むときは忠告を怠ることなきのみか、その幸福の全からんことを祈り、就中夫婦の和熟して相互に敬愛を尽し相互に軽重することなきは、老夫婦畢生の祈願にして片時もその辺りを看過せざれば、新婚の両人も必ずこれを忘れざるべし。

御来会の皆様においても永くその行末に御注目なされ遣り候様特に願う所なり。終りに痴言ながら当家の延喜を申さんに、福沢の家ならびに老妻の里の家も旧同藩にて、おのおのその先祖以来の履歴を尋ぬれば、両家ともに四代の祖より私共夫婦に至るまで百余年、代々の夫婦、何れも初婚のままに偕老に及び、生前に離婚の風雨なく、死後に再婚の沙汰を聞かず、正統同父母の子孫相伝えたることにして、人間偶然の幸いともいうべきか、故に今回はこの延喜を第五世に伝えて同様ならんことを祈るも亦老夫婦の私情に候。愚痴の細言以て清聴を汚し幾重にも御海容を願い奉り候なり。

---

明治二十二年四月、長男・一太郎の結婚披露宴の際の演説。招待客への御礼や一太郎の生い立ち、結婚の経緯を述べた上で、福沢は今後、息子夫婦とは同居せず、生活も別々で、「他人の如く」すると述べる。父母は慈愛をもって子どもを育て、夫婦は互いに敬愛し尊重し合うべきとし、一太郎夫婦が初婚のまま老いることを祈るとしている。家庭の独立を説いた演説である。

---

## 私塾は公共の益たるべし

### ——一昨五日植半楼に開きし慶應義塾旧友会の席上に於ける福沢先生演説の筆記

（明治二十二年五月五日）

我が国洋学の起源を尋ぬれば、宝永年間新井白石(あらいはくせき)[38]が羅馬（ろーま）人に接して外国の地理風俗を質したるが如き、歴史上に著しきものにして、西洋紀元千七百九年のことなれども、直に横文の書を読みその義を講じて国語に飜訳せんとて業を起こしたる者は、前野良沢(まえのりょうたく)、杉(すぎ)

田（た）玄白（げんぱく）、桂川甫周（かつらがわほしゅう）、中川淳庵（なかがわじゅんあん）[39]等の諸士にして、明和八年（千七百七十一年）三月五日江戸鉄砲洲奥平藩邸内前野翁の宅において、ターフル・アナトミカと題する荷蘭（おらんだ）解剖書の会読をもって、日本国人洋学の第一紀元と称すべし。

すなわち明治二十二年の今を去ること百十九年、そのところは今の築地の米国公使館と堀割を隔てて相対する西の方の地面なれば、この地面は我が洋学誕生の地にして、誕日は三月五日、行年は百十九歳なり。しかるに偶然にも三十年前、吾々が洋学に従事して勉強したるところもまた、右鉄砲洲の奥平藩邸内にして、先人と地をともにし事を同うしたるこそ不思議なれ。

今日は鉄砲洲の塾より芝の新銭座に移りて更に新銭座を去るまで塾窓をともにしたる学士の懐旧会なれば、今を去ること三十年と二十年とを前後にして十年間の旧を語るべし。その間に諸君の知りて老生の知らざる事もあらん、老生が独り喜憂して諸君の解せざりしこともあらん。何事も今打ち明けて申さんに、鉄砲洲の藩邸内に学塾を開きたれども、実は当時外国嫌いの世の中にて、邸内の同藩士等は固よりこれを悦ばず、学問といえばまず普通の漢学なるに、この方は最初より漢書を知りながらも態とこれをいわずして、一も二も西洋流の長所のみを称揚することとなれば、その間柄の苦々しきは自然の勢いにして、ほとんど相近づくを得ず。

すでに邸内の女子供等が遊戯、群をなして謡う唄に、「蘭学所は怖い、蘭学所は怖い、大坊主小坊主化（ば）けて出る」と高声に節をつけて屋敷中を往来したるは常の事にして、諸君もあるいは記憶せらるるならん。もってその一斑を知るべし。これより数年の間、王政維新の前後に至るまでは、攘夷の議論国中に盛んにして、洋学者には常に襲撃暗殺の警も少なからず、今日にして申せば唯一場の奇談、却って座興にもなることなれども、当時の不愉快は実に喩えんに物なし。学者の身として頼む所はただ腰間の一刀あるのみ。老生も少年の時に学び得たる抜刀の術をば怠らず、夜分など独り窃に修練して、事に迫れば相手を択ばず立ち向う覚悟なりき。さてもさても殺風景なる世の中というべし。

塾の起源は固より荷蘭学なりしかども、横浜開港外国交際の次第に盛んならんとする時にあたり、蘭書を読むのみにてはとても物の用に足らざるを悟り、蘭書は一切廃棄して英学に変じ、且つ従前の学風は単に技術を西洋に取るの趣意にて、医術より入りて兵事に及ぼし、築城、鋳砲、造船、操練等は最も世人の注目する所なりしかども、吾々の一類は尚一歩を進め、西洋の学問を社会の人事に適用せんとて窃に志を起こしたるこそ、当時にありてはあたかも非望に似たれども、同志の信ずる所、皆その方向をともにし、すでに西洋学を単に技術とせざる時は、彼の国の歴史を読むはもちろん、政治、経世の学問もあらんとて頻りにその書を求めて、米国出版の万国史並びにポリチカル・エコノミー等を得たり。

万国史は先ず和漢の史類に似て大同小異なれども、ポリチカル・エコノミーは実に面白く、その議論の精密なること着々意表に出でて、あたかも吾々に固有する旧漢学主義の心事を顚覆したり。よってこの書名を何と訳すべきやと相談の上、何分にも穏やかなる文字なければども、仮に経済論としたるは、即ち日本に西洋経済論の始めなり。西洋既に経済論あり。

しからば則ち論語大学の如き倫理の書もなかるべからずとて語り合う折柄、小幡篤次郎（おばたとくじろう）君が市中にてモラル・サイアンスと題したる原書の古本一冊を購い来りて、これを読めば則ち道徳一偏の論なり。是れは妙なり、直に同様の書を買わんとて米国へ注文したるは、ウェーランド氏のモラル・サイアンスにて、これを修身論と訳したり。

塾中既に経済を講じ修身の書を読みまた法律の原理等を知る、あたかも我が平生より信ずる所の学問に根拠を得たる心地して、もはや天下に恐るる所のものなく、全日本国の古学者流を相手にするも、これを一手に引き受けて圧倒すべしなどいう意気込みにて、真一文字に進行するその最中に、世の攘夷論はいよいよますます熱して遂に維新の騒乱となり、国中に安閑として読書などする者はあるべからず。

旧幕府の開成校もたちまち廃して狐狸の巣窟となり、江戸の洋学者輩もいずれへか離散して行く所を知らず。前後およそ二年ばかりの間は洋学中絶の姿なりしその時に、本塾のみは毫もこれに動かず、官軍東下、都鄙遠近の戦争最中に塾舎を新築し、悠々書を読み理を講じて一日も休業したることなきは、時勢上より見ていささか奇を好むに似たれども、畢竟洋学熱信の致す所にして、即ち我が洋学の行年百十九歳なるものをして、一日もその命脈を中絶せしめざりしは本塾の名誉にして、その名誉は特に今日この席に会同したる吾々に属して、日本国中他に争う者あるべからず。

在昔欧洲にて第一世ナポレオンの乱に、荷蘭がその本国も海外の所領も失い尽したるとき、世界中に同国の国旗を翻して立国の命脈を中絶せしめざりしは、日本の長崎にある蘭人の居留地なる出島のみなりしとて、今に至るまで同国人の忘れざる所なるが、慶應義塾の日本の洋学におけるもその趣相似たるものというべし。

爾後両三年を経て世間の風波もようやく収まり、都下に私立の洋学校を開くあり、また政府にても教育の大切なるを悟りて、人学東校南校など称する諸科の学校を立て、遂に文部省を設けて今日に至りしことにて、文部省設立のときにもその事に関して本塾より出身したる者甚だ少なからず。即ち私塾の存在はもって自ずから公共に益するの実を見るべし。

また諸君が在塾の時代より本塾に特色の気風は品行方正挙動洒落の一事なり。蓋し当初はあたかも満天下の旧主義を敵にして洋学を主張したることなれば、この方は万事簡易軽便を主として古来の習俗に拘泥すべからず、衣食住居より交際法に至るまでもすべて無頓着にして、却って他の束縛を免がれんとするも勢いの命ずる所なり。

また品行の方正は人々の天賦また少小の教育によるとは申しながら、一方より考うれば自ら自衛の策に出でたるものというも不可なきが如し。世人に耳新らしき新説を唱えてすでにその歓心を失いながら、退いて我が一身に修らざるものありては人の嘲を招くの媒介たるべきが故に、この一点においては特に謹慎を加えて釁〔生贄を殺して血を器につけること〕を示さず、西洋学は君子の学なり、洋学者は方正清潔の君子なり、天下古風主義の人、儒者にても僧侶にてもまた西洋耶蘇教の人にても、主義の如何を論ずる勿れ、いやしくも我党の学者が実際において居家処世の品行道徳を破りたりと認るものあらば、遠慮なく来て攻撃せよ、我は答弁又反駁を用意する者なりと、あたかも堂々の陣を張て敵を待つものの如し。これまた時勢の然らしむる所ならんのみ。

右はすべて既往に属して、爾来物換り星移る二十年のその間には、日本の学事も次第に高尚に進み、今日、本塾の有様を見てもまた二十年前の慶應義塾にあらず。学問の進歩実に驚くべしと雖も、眼を転じて社会の形勢を望み見れば、時にあるいは学問とともに歩をともにせずして居家処世の人事に改良を要するもの甚だ少なからず。

而して満座の諸君も今は学生にあらずして社会の表面に地位を占る紳士なり。老生年老したりと雖も尚死せず。今後の人事改良についても三十年来の精神を忘るることなく、たとえ時として凡俗の歓心を失うことあるも、これに頓着せずして我が独行の道を行き、吾々が独りこれを身にするのみならず、社会の人と相率いてともに文明の実際に入りともに天与の幸福を全うせんこと、老生の深く祈望する所のものなり。

---

明治二十二年五月、慶應義塾旧友会での演説。日本の洋学の起源と歴史、慶應義塾の歩みを顧みた福沢は、『解体新書』の会読から数えて百十九年間、洋学の「命脈」を中断させなかったことが義塾の名誉であるとする。政府が教育の重要性を認識して文部省を設けた際も、義塾出身者が多数出仕した。その意味で、私塾の存在は「公共に益する」ものだと論じている。

# 学問に凝る勿れ

## ――〔学問に凝る勿れ〕

（明治二十三年一月二十七日・慶應義塾大学部始業式）

我が慶應義塾は、方今日本国にある官立私立諸学校の中、最も旧きものにして、創立以来三十余年、曽て一日も業を廃せず。維新兵乱の際にも幸いに動揺の災を免がれ、乱後の新日本に文明学の方針を示して次第に文運の隆盛を致したるは、偶然の時勢によりてしかりと雖も、またもって本塾の名誉とすれば、他に争う者あるべからず。

すでにその始めあればまたその終わりを善くして、ますます教育の進歩を謀り、世の後進生をして向う所を知らしめ、もって文明の利益幸福を空しうせざるは、蓋し吾々同学同志の義務なるべし。即ち今回大学部設置の要用を告ぐる所以にして、世間有志者の協力により、経済の計も次第に緒につき、又ミストル・ナップの周旋を煩わして新たに三名の良教師を米国に聘し、文学科にはプロフェッサ・リスカム(40)、理財科にはプロフェッサ・ドロッパ(41)、法学科にはプロフェッサ・ウィグモル(42)を教頭に仰ぎ、羅甸（らてん）語の教授は則ち多年本塾のために最も尽力せられて最も深切なるミストル・ロイドの司どる所となり、また塾務全体の監督は小幡篤次郎君の引き受けにて、これを助るに浜野定四郎、門野幾之進、益田英次の諸君を以てし、又日本法律の教授には元田肇(もとだはじめ)(43)、沢田俊三(44)、二君の好意を辱うする等、百事既に整頓して今日の始業式に遭うは、老生の深く喜ぶ所なり。

元来老生は学を好むこと甚だしく、畢生の快楽はただ学問にあるのみなれども、これを好むと同時に学問に対して重きを置かず、唯人生の一芸として視るのみ。学を学んで人事を知らざるは碁客詩人の流に異ならず、技芸の人に相違なしと雖も人生の完全なるものにあらずとて、物に触れ事にあたりて常に極言せざるはなし。

幸いに我が同学中には俗にいう変人奇物を生ずること少なくして、変通活溌の人物に富み、今の社会の表面に頭角を現わして学問上の所得を人事の実際に適用する者多きは、老生の特に満足する所なれども、また一方より見ればおよそ人間社会の不幸は不学無識より甚だしきものなし。上は政治上の長者、富豪、大家の主人より下は賤民、職工、または小吏の輩に至るまでも、学問の所得またその思想なきがために、一身の不利のみか天下不幸の媒介をなすもの挙げて計うべからず。

口に天下国家の事を談じ、商機の掛引き巨万の利害を論じながら、家人の病に医を択ぶを知らずして、時にあるいは売薬の妙を語り、またあるいは窃に神仏の利益を信じ、空しく父母妻子を喪うてただ悲しむ者あり。これは一身一家の私事とするも、その不学を拡めて公に及ぼし、法学を知らずして法を議し、経済学を学ばずして会計を司どり、身に教育なくして他人の教育を論じ、商法に暗くして商業を営むが如き、たとえその熟練によりて能く事をなすというも、その事のなるや僥倖の偶中に過ぎず、社会のために危険なるは、彼の生理病理の原則を知らずして、売薬神仏に生命を托するに等しく、不安心もまた甚だしというべし。

啻に上流の不学のみ危険なるにあらず、賤民等が無根の妄説を妄信して殖産の利益を空しうし、周易〔中国由来の占い〕、売卜、方位、呪（まじない）の命令に従いて家事を誤り、大工、左官、職工の輩が物理器械の思想なくして益なき事に労するのみならず、時としては構造の法を誤りて建物を倒し、熱力の働を知らずして家を焼くことさえなきにあらず。

例えば近くこの室にあるストーヴのこの煙管を取り附けるにも、これを監視せずして不案内なる職工の手に任せたらば、筒より木の柱に熱を伝えて遂に塾舎を焼くの禍も計るべからず。啻に塾の失火に止まらず、若しも南風劇しき夜半にてもあらんには、東京市中に延焼して如何なる惨状を呈すべきや計り難し。かくの如きは則ち無辜の一夫、能く大都会を灰燼に附するものというも可なり。

すべてこれ不学無術に坐する人間社会の大不幸にして、これを救うの手段はただ教育の一法あるのみ。されば老生が常にいう学問に重きを置くべからずとは、これを無益なりというにあらず、否、人生の必要、大切至極の事なれども、これを唯一無二の人事と思い、他を顧みずして一に凝り固る勿れとの微意のみ。今回大学部の入学生およそ六十名、孰れも身体屈強にして才に乏しからず、数年の後に卒業してその所得を実地に利用し、一身のためにして自ら天下公共の裨益を致し、諸氏就学の家郷たる本塾の名声を発揚するのみならず、その家郷の客たらずして終身主人をもって自らおらんこと老生の切望する所なり。

またこの六十名の中にも、才不才、固より等しかるべきにあらず、またあるいは就学中図らざる差し支えを生じて一時休学する者もあらんなれども、ただ身体の屈強なるあれば孜々

〔熱心に励むさま〕勉強して終に事をなすべきなれば、諸氏はその才の短なるを憂うるよりもむしろ体力の発達に注意し、常に学理に照して身の摂生を誤るなからんことこそ願わしけれ。

また学問に凝る勿れの一義は、この大学部においても老生の宿説を渝（か）えず。大学の学問も亦これ一芸なれば、これを修めて業を卒りたらば、深くこれを内に蔵めて、外は活溌に世務に当り、天下無数の俗物と雑居して俗事を行い、互いに相触れ相磨（ママ）擦するの際に、自然にその俗をして正に帰せしめ、もって我が学問の区域を拡むる事を謀るべし。

古の英雄と称する人は、兵力を用いて政治上の征服を事としたる者なれども、吾々同学の士人は文をもって人を導き、文域を広くしてともに文明の幸福をともにせんとする者なれば、今後の多事推して知るべし。老生は諸氏が心身の活潑強壮を以て能くこれに当り、百難屈するなきを冀望する者なり。

---

明治二十三年一月、慶應義塾大学部始業式での演説。大学部発足までの経緯や現在の体制を論じた上で、福沢は、人間社会における最大の不幸は「不学不識」だと述べる。経済学を学ばずに会計を司り、商法を学ばずに商業を営む、といった弊害から逃れるために学問に重きを置くべきだが、同時に、他のことを顧みず学問に凝り固まるべきではない、として、卒業後は学問を内に秘めて、俗事にまみれながら、自然と周囲を「正」しい方向に導いていくべきだとする。

## 経済学芸への注意を怠るな
### ——明治二十三年四月二十七日交詢社大会

文明の進歩するに従いて人事次第に繁多を致すとは人の常にいう所なれども、人事の外に文明あらざれば人事の繁多即ち文明の進歩というも可なり。我が交詢社はこの人事を詳らかにし、この人事を処するがために、互いにその知る所を交換せんとの目的をもって設立したるものにして、発起以来既に十二年、今月今日第十一回の大会に逢い、社運年々進むあるも退くなし。

畢竟会員諸君が自ら文明の利を利し、また随って他を利せんとするの志厚きが故なりとは雖も、また一方より見れば天下大勢の動く所、自然に本社をして隆盛に趣かしむるの事情あるが如し。

初め交詢社の設立を企てたるときには、世務忙（いそが）わしというも今日の如くならず。ことに明治政府の開基以来、僅かに十余年のことにして、文明の事はあたかも政府の専有する所となり、学校教育の事なり、蒸気船車交通の利なり、銀行理財の政より、商工の業に至るまでも、政府の直接または間接の勢力をもってこれを支配しこれに干渉するの風にして、この時に当りて知る所を交換し世務を諮詢せんとならば、これを人民相互にするよりも寧ろ窃に政府の辺りの内情を窺うにしかず。

官辺の一挙一動はたちまち天下の利害を変じ、貴顕の一言能く人民の喜憂を制する程の有様なりしが、爾来人事は次第に発達して教育に私学校あり、鉄道汽船に私設の会社あり、その他人民の発起にて商工業の進歩したるは著しき事実にして、政治上には、国会の開設さえ今年に迫り、世務の繁多なる、もはや政府の専有を許さず。

蓋し政府の衰えたるにあらざれども、世務人事の次第に進歩して広大繁多なるに従い、限りある一政府の働きをもってこれを包羅すべからざるのみ。いわんや逐一その物につきその事に接して細々手加減の小刀細工を施すが如きにおいてをや。万々望むべからざる所にして、到底これを民間の自働自理に任するの外なし。社会自然の時勢にして、すでに今日となりては政府も天下の利害とあれば、容易にこれを左右するを憚り、貴顕の一言もその影響却って新聞紙上の一句に及ばざるの実あるが如し。

すなわち過ぐる十二年来、我が文明進歩の実際なれば、この際にあたりて本社の要用はようやく明らかにしてようやくその重きをなすものなり。如何となれば交詢社は官に党せず民に偏せず、あたかも社会各色の原素をもって組織するものにして、社会の人事ようやく繁多にしておのおのその色を異にするときは、これを諮詢研究するの方便また各色なるを要すればなり。例えば社員中には政治家もあるべし、経済家もあるべし、また学術工芸の人もあるべし。政治の事は直接に本社の論議する限りにあらざれども、経済学芸の如きは常にその注意に怠らずして、目下においても正にこれに関する所の問題甚だ少なからず。

上野の博覧会は学芸より見て如何、商売より論じて如何、昨今米価の騰貴は経済上より観察して国のために利害如何、これを救うの法を如何して、その効を奏したる上の得失は如何、金融逼迫して公債証書の価は依然たり、これは経済自然の常態なるやまたは変態なるや、果して変態ならばこれを常に復するの策は如何して可なるや、この時にあたりて天下のためには如何して、一家の私のためには如何すべきや、およそこの種の事件は差し向き我が社員のまさに講究すべき所のものにして、今日以後もまた続々同様の問題に逢うてほとんど底止する所なかるべければ、社員諸君はこれを他に諮詢すると同時に、また他の諮詢に答えんがため、常に博識多聞、人事の微細をも等閑に附せず、もってますます本社の実用を日本国中に示さんこと、迂老の切に願う所なり。

明治二十三年四月、交詢社大会での演説。帝国議会開設を控え、「世務人事」も政府の専有物ではなくなりつつある今日、民間の「自働自理」が必要だと福沢は説く。そのために、経済学芸への注意を常に怠らず、その観点から、政府の政策や経済情勢などを批評し、日本国中に同社の「実用」性を発揮してほしいと述べている。

## 慶應義塾の気風は学生個人に帰す
### ──〔塾政の自治〕

（明治二十三年十月十一日・三田演説会カ）

近来政治上に自治ということあり。自治とは他人の厄介にならずして自ら自分を支配するの義にして、この一義は啻に政治上に行わるべきのみならず、我が慶應義塾においては特に必要を感ずるものなり。

人智の未だ進まざる間は国民の自治難しと雖も、文明漸進の今日に至れば、各地方にてもおのおの議会など設けて自ら公共の事を始末せんとするの時節に当り、徳義も智識も国中の最上を以て自ら任ずる学塾に、自治の要用にして且つその事の行われやすきは論をまたずして明らかなるべし。

例えば本塾の如きも一家塾の次第に発達したるものにして、今日となりては最早や一家の主人にて支配すべきにあらず、また実際において支配の行き届くべきにもあらざれば、近年ようやく組織を改め、塾員全体の議によりて支配することとなし、評議員会をもって重要の塾務を議定し、また一方には学資募集の事を始めて永年維持の法を謀る等、次第に私家の姿を変じて公共の体裁をなさんとするに至りしは、これを名づけて塾政の自治といわざるを得ず。

即ち本塾は一個人の私有にあらず、塾員維持員の意に任せて処分することとなれば、塾に関する公共の人々が塾と名づくる公共の事を自分に支配するものなりというも可なり。されば今満堂の学生諸君は、今日こそ塾門に入学して教場の教えを受け塾則の支配に属すと雖も、学成り塾を去るときは終身塾員となり又維持員となるべきは無論、生誕の故郷はいずれの国いずれの地にあるも、学育の故郷は東京三田の慶應義塾にあり、学問研究の辛苦も義塾にあり、親友談笑の快楽も義塾にあり、失策も義塾にあり、得意も義塾にあり、一苦一楽、一談一笑、終身の記念は塾にあるの日に多くして、終に忘るべからざるものなれば、この学育の故郷たる本塾の気風をして美ならしむると醜ならしむると、その利害の帰する所は、他にあらず、ただ諸君の自身にあるのみ。

慶應義塾の塾風腐敗して、懶惰(らんだ)なり、粗野なり、無智なり、不徳なりといわんには、諸君もかかる腐敗塾にいるを快とせざるや疑なしと雖も、そのこれをして腐敗せしむる者は誰ぞや、塾生を計え尽せば塾を見ず、腐敗の責の帰する所、明らかに知るべし。老生は唯諸君の身の利害に訴え、その自ら重んじて君子の風を存し、もって本塾を君子にせんことを祈るものなり。

あるいは大勢の学生中に二、三の粗暴者醜行者あるも、衆目を瞞着して通過すべしとの計算は、全く無益の沙汰にして、これを喩えば百円一束の紙幣中に二、三片の贋札を加えて通用を祈るに異ならず。世間の衆目穎敏にして一枚の贋札を許さざるのみならず、その一枚の不良なるがために他の九十九枚までも疑念を被るを常とす。

故に本塾の学生中不幸にしてその言行の鄙劣なる者あらば、その譏りは本人の一身にとどまらずして学生全体の栄誉に関し、取りも直さず学育の故郷を汚すものなれば、同学の義務として相互にこれを責めざるを得ず。そもそも老生が学生に向て求むる所は多にして酷なるが如くなれども、任ずること重ければ責もまた大ならざるを得ず。老生を始めとして教員役員の人々が学生を視ること死物の如くし、その心身を束縛して自由を許さず、これを鞭撻して進退左右せしめんとすれば、必ずしもその心事の如何を問わず、ただ表面の塾法に従って温順なればもって満足すべし。

学生もまたこの塾を視て仮の宿と認め却って安気なるべしと雖も、さりとは貴重なる日月を費して学塾にいながら卑屈の習慣を養うに異ならず、学者の本意に背くものというべし。故に老生は諸君に向いて在学中塾法に従うはもちろん、啻にこれに従うのみならず、更に一歩を進め塾の一部分は銘々の私有なり、これを集れば共有なりと覚悟して、いやしくも自治の旨を忘るるなからんことを勧告する者なり。諸君を責ること酷に似たるは畢竟これを重んずるが故なり。くれぐれも自ら軽んじて身を汚し、随って学育の故郷を辱しむる勿れ。

---

明治二十三年十月、慶應義塾の学生に向けた演説。議会開設を前に公共の事を議論する今日、慶應義塾にも自治が必要であると説く福沢は、義塾の気風が腐敗して、粗野な言行に奔ることがないよう諭している。一人がそうなれば、義塾全体が疑念を受ける。塾は「共有」物であるとの認識を持つよう求めている。学生は立憲国家の国民として、まずは身近な学校から、自覚ある行動を見せねばならなかった。

# 精神の健康を維持せよ
## ——十月二十五日慶應義塾演説筆記

（明治二十三年十月二十五日・三田演説会）

前会に学生自治の要を述べ、諸君が本塾に就学中も自らその身を支配して他の厄介とならざるのみか、身の言行を君子にし、随って学育の故郷たる塾の風儀を君子にして高尚の品格を保つべしとの次第は、能く了解せられたることならん。

さて慶應義塾は学塾なるが故に学問を勉強して次第に上進し、遂に大学の業をも卒るべきはもちろん、老生の望む所にして諸君の志もまたかくの如くなるべしと雖も、老生の特に願う所は諸君が終身健康の学者たらんことの一事なり。ただしここに申す健康とは、老生が毎度喋々する身体屈強の健康にはあらずして精神健康の事なれば、いささか諸君の聴に新奇なるべし。

そもそも人身の有病無病を区別するの法に、およそ身体の何れの部分にても自らその存在を知るところは即ち病の徴なりという。十全健康の身なれば、外に耳目鼻口四肢あり、内に筋骨臓腑諸機関あれども、坐作進退運動の間、曽てその物の存在するを覚えず、生力充満して神気快爽、いやしくも外物の襲い来たるあればたちまちこれに応じて働きを逞うし、秋毫(しゅうごう)〔ごくわずか〕の害もこれを防ぎこれを払うに怠らずと雖も、外物の刺衝なき限りは全身あたかも虚空にしてあれどもなきが如し。砂塵眼中に入りて眼あるを覚え、腫物指端に生じて指あるを知り、精神疲労して頭脳重く、飲食度を過ぎて胃部苦しむ、即ち人の自ら感じて、眼あり、指あり、脳あり、胃あるを覚ゆるは、その部分に痛所あるが故なり。満堂聴衆の中にても無病健康の人々は自ら身体あるを知らざることならん。もしもしからざるものは必ず病気痛所の徴として見るべし。

右は有形の身体について有病無病の事実を示したることなれども、有形を去りて無形の精神につき、その病の有無を診察するも趣きの異なるものなし。蓋し十全健康の精神なれば、百般の知識見聞を脳裏に包蔵して常にこれを活用しながら、曽てその知見の存在を覚えず。社会無限の人事にあたり、いやしくも自家の利害に関する事とあれば臨機応変、秋毫の末も等閑に附することなくして、運動極めて活溌なりと雖も、その働きの発するや、唯その事にあたりて自然に発するのみ。当局の事を終われば精神の静かなること山の動かざるが如く、無言無為無思にして、百般の知識見聞、あたかも皆無に異ならず、無より発して有に応ずるが故に、その働きの区域極めて広くして変化もまた窮りあることなし。

人生の能く労し、能く逸し、能く楽しみ、能く苦しみ、内外に応じ、雅俗に通じ、高尚至極の位に心事を安んじて極端の鄙近を語り、老大の身をもって小児の戯れをなし、虎を搏つの豪勇をもって微塵の害毒を恐怖するが如き、即ちこれにして、これを名けて精神の十全健康なるものという。

されば諸君が本塾にいて学業を修め、その修業中もまた卒業の後も、人事にあたりて学問上の知見を要するときにはこれを活用して怠ることなかるべしと雖も、世界は広し、人事は多し、ただ学塾数年の修業に得たる学問上の知見のみをもってこれにあたるべきにあらず。事にあたることいよいよ多きに従い、多々ますます知見の足らざるを感ずべきは、即ち人世の常なれば、この時に至り無限の人事を得て有限の我が知見中に包羅せんことを思い、これを思うて意の如くならざれば則ち不平を鳴らし、白眼世上の人を見るが如きは、これを名づけて学問の病に罹る者といわざるを得ず。諸君のために取らざる所なり。

方今世上に学者の数少なからずと雖も、法学者は身に法学の知見あるを知り、理学者は理学の妙味あるを覚え、文学者は文学を悦び、政学者は政治に熱し、日夜これに関心して忘ること能わず、社会万般の事相を解釈するに自家特有の知見をもってせんとして煩悶するその趣きは、眼病、指痛、脳病、胃患の人が、常にその痛所を忘れざるものに異ならず。

即ち学問知見のために精神のある部分を犯されたる者にして、ひとたびこの学問病に罹るときは人事の他の部分に心を用るを得ず、時としては全く他を忘却してこれを等閑に附すること、頭痛に心を奪われて腹部の保護を忘るるの奇談に等しきものあり。彼の学者が時にも場所にも用捨なく自家専門の学事を喋々して却って自身生活の計を忘れ、社会を目下に見下しながら却って社会に蔑視せらるる如き、その一例として見るべし。

故に老生は諸君の学業に勉強して高尚至極の点に達するを企望し、その企望の空しからざるは固より信じて疑わざる所なれども、平生学び得たる学識を深く心に蔵めてあたかも忘れたるが如くし、時にあたりて大にこれを活用するのみにとどまり、暫て一局部の学問病に罹るなきを祈る者なり。

明治二十三年十月、三田演説会での演説。福沢は学生に健康、特に「精神健康」るべきことを説いている。義塾では特定の学問だけを修める「学問病」に陥るこ知識を蓄え、将来、それを活用してさまざまな問題に対処できるよう、精神の健康にすべきだと言う。

## 借金・散財をするな
### ――十一月八日慶應義塾演説筆記

（明治二十三年十一月八日・三田演説会カ）

前会には学者の健康など申して少々理論がましき事を陳べたれども、今夕は論緒を転じて通俗の平易談に及ぶべし。さて学生諸君が本塾にあるは十五歳以上二十五歳以下にして、三十歳なる者は甚だ稀なり。在塾およそ三、四年乃至五、六年、百般の思想発生の時にして、後年の悪習慣に流るるも良習慣をなすも正にこの時にあることなれば、在塾の日月は生涯の中にも最も大切なる日月として常に注意する所なからざるべからず。

例えばここにその二、三を挙げていわんに、塾の規則に金銭の貸借を禁ずとあり。即ち学生は家の父兄より入用だけの学費を給与せられて勤学する者なれば、他人に金を借用するにも及ばず、又他人に金を貸すの義務もなし。いわんや学生相互の間においてをや。一切貸借の要用あらざれば、塾則にこれを禁じたることなり。蓋し目的もなく漫りに金を借用してその返済に困り、遂にはこれがために借主貸主の間に苦情を生じて事を破り、甚だしきは双方の友情をも害するが如きは人生に珍らしからぬことなれば、一時の便利のためにちょっと他人の金を借用するの悪風俗は、在塾の中よりこれを避けて生涯の習慣をなさざるよう注意ありたきことなり。

また長者を敬するは人生の徳義に欠くべからざる所なれども、その敬礼にも自ずから際限なかるべからず。いやしくも至当の礼儀を失わずして交際の法に背かざる限りはそれにて事足るべし。塾中にていえば、久しく塾にいる学生は長者にして、新来生は少者の如くなれども、その人の権利は厘毫の軽重あるべからず。学識の深浅はただ学問上の問題にして、人権の軽重に縁なし。在昔漢学の塾などにては、学生等が入学の前後を以てあたかもその身の地位を殊にし、新来生の難渋せしもの少なからず。長者を敬するの余弊というの外なし。

本塾にては多年の習慣にてかかる醜聞は聞かざる所なれども、毎月新来生も多きこと[illegible]ば、塾風不案内のためにあるいは不愉快を感ずる者もあらんかと老生の心配する所な[illegible]やしくも他人の権利自由を妨げずして交際上の敬礼を失わざる限りは、自家の権利[illegible]に仮すべからず。この一義も亦啻に在塾中の心得のみならず、諸君生涯の行路に[illegible]て貧富貴賤強弱大小の差異あるべきその社会に立ちて、守るべきは自家の権利[illegible]

に、在塾の時よりこれを重んずるの習慣を養い、身を慎み礼儀を貴ぶと同時に、独立不羈の気象に餧（うえ）る勿らんこと、老生の冀望する所なり。

また学生の学費はおよそ一ヵ月七、八円、一年にして百円内外なるべし。その出納とても簡単至極なれども、尚この際に経済の思想はなかるべからず。一帖の紙、一本の筆も、これを買うにはその価の高低を考えざるべからず。物を買うに漫りに価の外に銭を貪らるるは愚かなれども、買者の脳裡に物価の思想なくして漫りに低価を命じ、百といえば五十に値切り、五十といえば二十五に値切るが如き、これを評して田舎漢の愚といわざるを得ず。

世人は大抵皆商人となりて物を売るの難きをいえども、何ぞ料らん、これを買うの難きはこれを売るの難きに異ならざるものあり。されば学生諸君が些少の銭をもって些少の物を買うにも、至当の価を払うて愚を免かるるは、生涯の居家処世に容易ならざる利益を与うることなれば、一ヵ月に八円を出納するは政府が八千万円の歳計を理するに異ならずと思い、塾に居ながら経済実地の修業肝要なるべし。また本塾には稀なる場合なれども、学問修業の身にして銭を軽んじ、動もすれば修業金を浪費して身を誤る者なきにあらず。

今その然る所以を案ずるに、種々様々の原因ありと雖も、老生が少年学生たりし時より今日に至るまでの経験をもってするに、当人の志大ならざるが故なりと断定せざるを得ず。その理由如何というに、学生が修業中に金を浪費したりというも、その高何程なるべきや。今日にて申せば一年の学費百円なるべきものが、二百円を費し三百円を散じたりというまでにして、五百円の金はとても一書生の分にあらず。要するに余計の金を失うこと百円か二百円にして、家郷の心労は容易ならず、父母泣き、親戚相談し、態々人を東京に遣わして愛児の挙動を察し、またこれを譴責するなど、中々の混雑なり。

蓋し家郷にてはあえてその金を愛しむにはあらざれども、児の散財についてその心事の如何を心配するのみ。かくまでに父母親戚を悩ましたる散財にて、当人の身に如何なる快楽あるやと尋ぬれば、いわく、流行の衣服一揃を新調したり、いわく、蝙蝠傘の上等を携え、ゴム靴一足を注文し、表付の下駄一足を調えたり、いわく、西洋料理店にてビールの代を多く払うたり、銀側の時計を求めたり、二人引の人力車に乗りて芝居見物に行きたり云々に過ぎず。

ただ一ヵ月に十円か二十円の臨時費に、すでに学生たるの性質を破壊して終身を誤り、世間の信用を失うとは笑止千万ならずや。もしもこの書生にして平生の口吻にいうが如き志あらんには、一月七、八円の送金少なしと雖も、これを費して業を修むるその間にも、他年一日八千円を散財し、八万円を処分し、八十万円の貸借は如何すべきや云々と、無限の空想を画いて、又古今先人の事蹟を案じ、その空想を実ならしめんとして精神上無限の快楽を催し、彼の一ヵ月一、二十円の銭を費すが如きは、これを思うて自ら赤面すべきはずなるに、そのしからずして浮世の小散財に齷齪（あくせく）するは、畢竟その志の小なる者といわざるを得ず。

老生常にいえることあり、人生はすべからく一文おしみの百知らずなるべしと。一文の銭は謹んでこれを大切にしていやしくも棄つべからざれども、これを積んで家をなしたる上は時として大いに財を散ずるの覚悟なかるべからず。世上無数の風流才子、身辺僅に一、二百円のものを装い飾りてその美悪に心を労し、万円以上の金の談あれば取るにも失うにも相談の出来難きもの、比々〔しばしば〕皆これなり。一文に勇にして百に怯なる者というべし。学生諸君においても在学のその時よりこの辺に勇怯を区別して志の大ならんことを老生のくれぐれも祈る所なり。

明治二十三年十一月、慶應義塾での演説。義塾では金銭の貸借を禁じており、金を借りることも貸すこともすべきでない、と福沢は説く。交際上は、自らの権利や自由を守りつつ、礼儀を欠くことなく、学資の出納を政府の歳出入のように考え、これを浪費して郷里の父母を悲しませてはいけない。それは、塾にいながら、「経済実地の修業」をしているようなものである、と言う。

## 慶應義塾出身議員は超党派の団欒を

### ――〔同窓の旧情〕

（明治二十三年十一月十七日・慶應義塾出身両院議員同窓会）

今日は慶應義塾の旧学生中より貴衆両院の議員に撰出の諸君が同窓会の宴を開かれ、特に老生へも出席するよう御案内をこうむり、芳情謝する所を知らず、ただ御礼申すの外なし。

両院の議員凡そ五百五十名、即ち日本国民四千万人の中より萃を抜きたる〔抜きん出た〕名士にして、その名士の中に義塾出身の人が三十幾名とは実に異常の数といわざるを得ず。そもそも本塾の由来を申せば、三十余年来、一小家塾の次第次第に発達したるものにして、今日こそ塾の部内に大学を設くるなどやや面目を改めたるが如くなれども、諸君が昔年就学の時には教育の法とていわゆる学校風の体裁も備わらず、ただ塾中の先進がその知る所を後進に授くるまでのことにして、これを学ぶ者も随って人に学び随って自ら勉強工風するの風なれば、たとえ塾の教場の業を卒りたりとて、これを西洋諸国正写しの学校流より見ればいささか不規則の譏りなきを得ず。

しかるに今日の実際を見れば、この不規則なる学塾より出でたる人物が日本国民中の萃として撰抜せられたるは何ぞや。ただその人の公徳、能く世間の標準となり、その智識、能く政務の実用に適するが故のみ。されば教育法の規則不規則は、もってその受教者の智徳を軽重するに足らず、その器量を大小するに足らず。これを要するに、学校の教育は唯僅かに人生天賦の能力にいささか潤飾を加うること、彼の園丁の草木を培養するに等しく、その性質を作るにあらずしてその自然の発生を妨げざるのみ。

故に諸君が抜萃の人物として日本政治社会の表面に立つは、義塾の教育能く諸君を鋳冶したるにあらず、天賦の資に富む諸君が偶然にも慶應義塾に入学して、その天賦発達の機を空しうせざりしが故なりというの外なし。即ち祖先遺伝の文思を西洋の文明流に転じたることなり。封建世禄相より相助くるの風を変じて、自主独立の気象を養うたることとなり。およそこれらの思想はなきものを新たに造りたるにあらず、本来の遺伝に存するその天賦の形を変じたるまでのことなれば、慶應義塾の功能を計えんとならば僅かにこの辺りにありというて可ならんか。

老生は平生より教育を重んずること甚だしと雖も、その功能を説くの一段に至りては、全く世の所謂教育家に反して、これを誇大にするを好まず。天下無数の学校あるも、ただこれ人品潤飾の場所にして、智徳製造の妙器械にあらざれば、諸君が慶應義塾におけるもまたかくの如しと雖も、ここに智徳製造云々の談を離れて人情より論ずるときは、私塾の同窓懐旧の情は一種無限の味あるものにして、畢生これを忘れんとして忘るべからず。その智徳の発生は自発と否とに論なく、発生の時節は正に在塾の時にして、即ち人生の春とも名づくべき血気正に盛んなる齢なれば、苦楽ともにただ面白く、語るとして愉快ならざるはなく、聞くとして珍らしからざるはなし。

飲むものことごとく美にして、食うものは皆うまし。甚だしきは過誤、失策、無礼、乱暴も一時の話柄となり、自らこれを表白して不面目にもあらず。

さて塾を去りて家に帰り様々の人事を経営して忙しきその間にも、時に事物に触れて既往を回想すれば恍として夢の如くまた真の如く、心身あたかも在塾中の少年に変化して老のまさに至らんとするを忘れ、無限の愉快、独り自ら感ずるのみにして、人に語るべからざるもの多し。老生の如きは頭髪既に白く、子供も成長し孫もある身にてありながら、往事を想い起こせば生涯の快楽は少年修業の学塾にありて、これを思うの情は却って生誕の故郷を望むよりも切なり。

思うに今日諸君がここに宴会を開かれたるも必ずこの懐旧の情に出でたることならん。身に覚えある老生こそこの種の情を知ること最も濃なる者なれば、欣喜自ら禁ずる能わず、感極りてただ涙あるのみ。

さてまた政治の談に至れば固より情感の事にあらず。諸君は帝国議会の議士にして、政治上おのおの所見あるは無論、同窓は同窓、議会は議会、書窓を同じうするの故をもって議会の議をともにすべからざるはいうまでもなきことなれども、本来情感の事にあらざる政談にても、その熱度の昇騰するときは自ずからまた熱情を催すなきを期すべからず。殊に初会の議場には万事不整頓にして、自然に議事の行違も多かるべし。

例えば裏面より語れば滑らかに相済む事も、表向きの公論に圭角を生ずるが如き場合も多かるべきことなれば、かかる場合には同窓の好情も自ずから屈強の方便にして、議場党派の盤根錯節（ばんこんさくせつ）〔曲がりくねる木の根と入り組んだ木の節〕を故旧団欒の間に砕き、遂に一笑に附し去りて痕を留めざることもあるべし。老生は諸君の知らるる如く素より政治に関せず、この老年に至りて不案内なる政治のために友を求むるにも及ばず、また敵を作るも無益なるのみか、もしもこの老翁が実際に手を出したらんには、現在の諸君に対して誰を友とし彼を敵とするが如き奇談もあるべし。もっての外のことにして、素志に背くこと甚だし。

かかる有様なれば、政治に関して傍らより他人の意見を左右せんとするが如き念慮は万々なしと雖も、諸君が常に自尊自重の大義を重んじ、和して和すべき部分だけは政治上の熱情を離れて同窓の旧情に訴え、以て帝国議会の波瀾を静にするは、啻に国に忠なるのみならず、諸君の故郷たる慶應義塾をして間接に忠の名を得せしむるものというべし。老生畢生の懇願は唯この一事に在り。老余の痴言、諒察を乞うのみ。

――明治二十三年十一月、慶應義塾出身貴衆両院議員の同窓会での演説。この年開かれた第一回帝国議会では、三十名余りの慶應義塾出身議員が議席を占めた。福沢はこれを喜び、彼らに対して、「同窓は同窓、議会は議会」として、政治上の意見対立があっても、「同窓の好情」によって超党派の団欒の場を生み出し、議会の波瀾を静かにしてほしいと期待している。

## 手紙で父母の心を慰めよ
### ――十一月二十二日慶應義塾演説

（明治二十三年十一月二十二日・三田演説会）

老生はあえて学生諸君に向いて二十四孝流の孝行(45)を勧むるものにあらず。すべて古人の教えには、俗にいう掛直の多きものにして、後世の人がいよいよその教えの通りに身に行わんとするも、とても実際にかなわざるのみか、強いてこれを勉めんとすれば、生きたる甲斐もなき程の苦痛を感ずるに至るべし。

畢竟無理なる注文にして、彼の二十四孝の如きもその注文の一例として視ざるを得ず。老生は既に老人にして孝行すべき父母とてはなく、唯子供に向って孝行を促がすべきのみなれば、専ら孝行論を論ずるこそ利益なる割合なれども、求めて得ざることはいうも無益なりとしてこれを見合せ、今の人間世界の実際に行わるべき孝道を説くべし。

さて諸君が遠く故郷を離れて東京に遊学すれば、家にある両親又は両親同様の親戚兄弟朋友は如何の思いをなすべきや。学問修業とあればその成学を祈るはもちろん、ただ学業の勤怠のみならず、身体の安否も甚だ関心にして片時も忘るべからず。尚一歩を進むれば東京の繁華、日本国中に比類なく、文明開化盛なりと雖も、一方より見れば日本第一悪風俗の源泉にして、殊に少年の徳義を破壊するに最も適当の屠場なりとの報告も少なからず。

これを思い彼を懐えば、むしろ修業をやめて膝下に呼び返さんかと一度は決したれども、さりとては今の世界に最愛の子を無学にして生涯立身の道を断絶するもまた憐むべし。遠方に手放すは不安心なり、これを呼び返すは当人のために不利なり、一進一退、心緒乱れて麻の如くなるは、老生の推察して違わざる所ならん。

さればこの時にあたり遊学生たる者は如何して父母の心を安んずべきや。第一に身体の健康を維持して学業の辛苦に堪うるの法を案じ、日々の運動怠るべからず。身体既に屈強にして学事に勉強すれば、その勉強中自ずから無限の快楽ありて、東京の繁華また酔うに足らず、身は東京にいながら眼中東京なきに至るべし。これ即ち家郷の父母に対する孝行の捷道(ちかみち)

にして、且つその事の容易なる、彼の二十四孝と同日の論にあらず。

　尚その上にも老生が特に諸君に勧告するは、家郷へ文通を頻繁にするの一事なり。学生が在学中、身体健康なり、学業勉強なり、品行壊（やぶ）れず、運動怠らずというも、家郷の父母は昨日これを聞いてまた明日を掛念し、その心配は日々に生じてまた日々に生ずるものなれば、今の郵便法こそ幸いなれ、一ヵ月中に五度も八度も手紙を出し、如何なる細事情をも報知して父母の心を慰むべし。余り毎度の事にして書くべき要用もなきときは、要用なしと報じて可なり。

　この方より音信すれば家郷よりも返書の到来するはもちろんのことにして、かく互いに文通するその中に、父母はいよいよ子を思い、子はますます故郷を忘れず、異郷にいながら家にあるが如く、相互いの情を断絶することなく、他年学成り家に帰りたるときも依然たる吾が家にして、相変わるものとて更にあることなく、家族団欒、談笑旧の如し。即ち一家最上の幸福にして、父母の心安ければ自ずからまた最上の孝行というべし。

　老生の実験をもって申さんに、先年倅ども両人を米国に留学せしめたるとき、在留六年の間におよそ毎週日の文通、時としては両人を連名にし、時としては別々にし、老生が自ら筆を執り、老妻がこれを一読して誤文落字等を注意し（妻もまた文通の次第を知るため）、即ち郵便に投ずるの例にして、六ヵ年間およそ三百何十度の文通に、夫婦とも随分面倒なる次第なりしかども、両親より文通すれば倅どももよりも同様にして、双方の間に気脈の絶えたることなし。

さて彼等が帰来して見ればこれと中す奇相もなく、平々凡々たる尋常の親子にして他に異ならずと雖も、若しも相互の文通を忘れて情実不通のこともありしならんには、あるいは別に図らざる不幸も生じたることとなるべしと仮定して、老生夫婦ならびに倅どもも先年の文通を徒労とは思わざることなり。

また事柄は別なれども、本塾の学生が故郷へ文通をもって奇効を得たる一例あり。先年江州辺の一少年が入学中、家父より毎度書を贈りて帰郷を促し、困却の余りには拙宅へ来たりて毎度相談すれども、父の命とあれば傍らより彼これと喙を容るべきにもあらず、ただ当惑の折柄、ある日老生がその父の職業を尋ぬるに生糸商なりという。その人は新聞紙を読むやと問えば、相場付のところはきっと読むという。その他家道の様子などを聞くに、決して貧家にあらず、学費等に差し支えは万々なけれども、ただ商人の子に学問は無益なり、一子を学者にして家を亡ぼさんよりも、むしろ早く呼び返して家業に慣れしめんとの情なるが如し。

よりて老生は一策を案じ、君はいたずらに家郷に向いて留学を懇願するよりも、この塾にいながら身躬(みずか)らあたかも生糸商人たるの心得をもってその商況に注意し、外国の報告電信はもちろん、内国の新聞紙にも、およそ生糸に関する記事は一切洩らすことなくこれを読みまたこれを写し、またあるいはその向きの商人について様々の事情を聞き合せ、毎月幾度となく大人の許に文通せらるべし、大人はその手紙を見てあるいは商売上に利することもあらん、たとえ事実に利益なきも、倅の心掛けの迂闊ならざるを悟りて大いに安心せらるることるべしとて、すなわちその策に従い、生糸商況の文通怠らざりしに、果して予期に違わず、呼び戻しの沙汰も立ち消えとなり、右の学生は遂に卒業まで塾にいて首尾能く帰郷したることあり。

この事たるや、計略を以て父を弄びたるにあらず、また欺きたるにあらず。本来糸商人の子が自家の商売の事よりして父子の間の情実を通じたるまでのことにして、公明正大、毫も愧る所なくして、その成跡を見れば、子は学問修業の目的を達して、父は子の心掛けを嘉して安心したり。畢竟文書往復情実通達の効力に外ならず。今満堂の諸君は人の子なり、孫なり、また兄弟なり。身を終るまで家族団欒の情を破るなからんとするは最第一の志願にして、即ち孝行の易行道なれば、老生は敢えて二十四孝の難行苦行を促がすにあらず、先ずその易行中の最もやすき郷里への文通を勧告する者なり。

---

明治二十三年十一月、三田演説会での演説。福沢は、二十四孝の孝行を勧めるのは「無理なる注文」だとした上で、東京に遊学した者が心配する郷里の家族に対して、まずは健康を維持し、学業に努め、頻繁に手紙を書いて父母の心を慰めるよう求めている。福沢は義塾で学んでいた生糸商人の息子に、生糸関係の情報を親に書き送るよう勧め、親から就学の理解を得たという例を挙げているが、自らも実子のアメリカ留学中に頻繁な手紙の往復を実践して、良好な親子関係を維持した。

## 交詢社で政論の熱気を冷ませ
### ――〔明治二十四年四月二十六日両国中村楼に於ける交詢社第十二回大会演説〕

世間に同志の会合甚だ多く、その会合の趣意固より同じからずして、興廃もまた常ならざる中について、我が交詢社の結社は日既に久しく、諭吉などは社中にいて年のようやく老するを覚ゆる程の次第にして、社運の長久誠に目出度き事なり。

かく本社が永続して替わらざるは、畢竟社員諸君の篤志とは申しながら、自ずからまたそのしかる所以の事情なきを得ず。およそ世の中に熱する者は冷えやすく、酔う者は醒めやすく、濃厚なる者は厭きやすし。空気の如き、水の如き、また常食の飯の如きは、その人生に必要なるにもかかわらず、ほとんど無味淡泊にしてこれに厭く者なし。

されば交詢社の会合たるや、その社員は人の種族を問わずして士農工商官民の別なく、社務は唯各社員に固有する智識を交換し、知らざる所の世務を諮詢して知る所を答うるのみ。誠に淡泊にして無味無臭なり。これを彼の政党倶楽部などの熱心にして事情の濃厚なるものに比すれば同日の論にあらざれども、その無味無臭なるは即ち社運の永久、人に厭わるることなき由縁にして、然かもその間に知見交通の利益は挙げていうべからず。

交詢社の淡泊にして人事に益する効用は、人身の空気と水と常食とにおけるが如く、熱せざるが故に冷えず、酔わざるが故に醒めず、人生行路の極端を和して中庸に導くものというべきか。

例えば社員の中にて国会議員たるもの、貴族院に十五名、衆議院に三十六名あり。この人々の中にはあるいは政党に奔走するもあらん、一種の政論に熱するものあらんと雖も、交詢社員として人に交わり、その同社相接する時は、空論も熄み、政熱も解し、悠々談笑の間に意気相通じて、知らず識らず政治上の行路を緩和することあるは掩うべからざるの事実なり。

その趣は空気清水をもって万物の苛烈性を洗い去るに異ならず。効用緩にして却って偉大なりというべし。故に老生は今後とても社員諸君に向いて本社のために奇策を設け奇観を呈するを願わず、ただ尋常一様の人事を談論諮詢して、もって自らためにしてかねて天下の標準たらん事を祈るのみ。多事の社会、人皆方向に迷う。これを中庸に導いて大なる過なからしむるものは、日本国中唯我が交詢社あるのみと深く信じて疑わざるなり。

---

明治二十四年四月、両国の中村楼で開かれた交詢社第十二回大会での演説。同社は政治的には、空気や水のように「無味無臭」であり、熱しないために冷めず、酔わないことで醒めず、これによって「中庸」に導くことができる、と福沢は言う。社員から帝国議会の議員五十一名が出ているが、社員として談笑する際は「政熱」も冷め、政治的対立を緩和することができる、と期待している。

# 第四章　個人の独立、国家の独立

帝国議会開設を受けて、政治論に熱狂する世論を前に、福沢はいかにして冷静に政治を論じられる空間を作るべきか、模索していく。慶應義塾の学生には、政治論に狂奔するのは酒に酔った下戸であるといって、政治論の上戸となるよう求めている。交詢社員に対しても、政治の「熱病」に感染せず、悠然と言論を担うよう諭した。それが、福沢の描いた独立した個人の姿であった。学生の進路の軸足は、なお実業界に向けられている。学生には士族出身者が多く、金銭を扱うことを忌避する傾向があるとしてそれを戒め、経済・実業を担う意義を繰り返し語った。とりわけ、地方富豪の子弟が多かったため、地元に帰って郷里の発展に尽くす役割を託し、大いに期待を寄せている。老境を意識しはじめた福沢は、長年温めてきた持論として、学者に思う存分資金を与えて自由勝手に学問をさせ、成果は問わない研究所を作ってはどうか、とも提案している。そうした空間で、自身も学問に取り組んでみたかったのであろう。すでに義塾では福沢の銅像が造られ、本人も当惑していたが、偶像化される現実を受け止めつつ、理想の具現化を諦めない姿勢が、その老体を支えていた。そんな福沢を大いに奮起させたのが、国家の独立が懸かった日清戦争（明治二十七年〜二十八年）である。この戦争に際し、福沢は渋沢栄一や岩崎久弥などとともに、軍資金を「醵集（きょしゅう）」しようと呼びかけた。「献上」ではない。「献上」して政府に褒めてもらうのは江戸時代までの話、今は自発的に「国民」として軍資金を持ち寄り、それを提供する。自立・独立した個人としての行動でなければならなかった。この戦争に勝った日本は、独立を確保し、賠償金と領土を獲得して、帝国への一歩を踏み出した。以後、福沢は、その針路に様々な形で警鐘を鳴らしていく。帝国が膨張すれば知識も膨張しなければならないが、それは容易なことでない。交詢社員に、知識の交換を促進していかなければならない、と説いたのも、その一例である。第四章では、帝国議会開会後の明治二十四年七月から日清戦争後の明治二十八年四月までの演説を扱いたい。

## 銭は「人生独立の母」なり
### ――明治二十四年七月十一日慶應義塾演説大意

（三田演説会）

文明開化進歩すというと雖も、日本は尚旧時の士族国にして、経済をいう者少なし。稀にこれをいうもその経済は天下の経済論にして、一身一家の生計を講ずる者とてはほとんど絶無というも可なり。

これを要するに、今の文明流の人は、その政治の思想は兎も角も、経済の思想に至りては極めて粗漏にして、ともに一身一家の生計を語るに足らず。思想の粗なる者は大事にあたりても往々活溌敢断に失するの弊を免かれず。彼の士族輩にして商売の実業を営む者を見るに、第一その身の生計分外に高くして銭を軽んずること甚だしく、内の衣食住より外の交際に至るまで、その豪奢無法なるはあたかも銭に酩酊して前後を忘却したりと評して可なる者あり。

またその商売を営むにも、挙動は活溌なれども、用心は緻密ならず、その正直にして慈悲深く一向一心に衆生済度〔仏教によって迷いから救済し、悟りに至らせること〕に志すこと如来の如き場合もあれども、この如来が時として憤を発するときは断じて行うて左右を顧みざること天魔鬼神の如し。元来商売の性質は至極遅々たるものにして、殊に殖産の尚未だ進まざる日本などにおいては、ただ謹んで細々積むの一法あるのみなるに、士族の流が銭を賤しむの遺伝を忘れずして、今は変じて豪奢となり、その武家の正直仁義は商売上に如来の慈悲を施し、これを施して事実にハタト差し支えるときは、旧時の武勇冒険を理財上に演じ、大いに失敗して倒るる者あれば、大に奮発してこれを倒す者あり、倒るる者も倒す者もともに勇気の沙汰にして、商売の本色たる緻密の注意とては曽て実際に行わるるを見ず。

これらの弊事を枚挙して論結するは一席の演説に尽すべきにあらざればしばらく擱き、これを要するに我が日本国の経済社会に士族風の生存する限りは、その運動荒々しくして到底国運は覚束なしというの外なし。左れば慶應義塾の学生も、学成り塾を去れば家におり世に処するの務は免かるべからず。

その時にあたり今の世間の荒々しき風潮に浮沈してともに流行に従わんと欲するか、身のため家のために運命危うしと予言せざるを得ず。学問修業の人に向いて銭の事を語るは、所謂世間の風潮に戻りて穏ならずと雖も、義塾は義塾の内にして老生と諸君と相対して内話することとなれば、世論の如何にかかわらず真面目を申さんに、およそ人生に最も大切にして人の人たる所以は独立の一主義あるのみ。

而してこの独立の義を全うして世に処せんとするに要する所のもの少なからずと雖も、すでに社会の凡俗と雑居する限りは、何はさて置きまず第一番に生計の銭なかるべからず、一身の衣食住を安くするも銭なり、父母妻子を養うも銭なり、家内団欒の快楽も銭なくしてはかなわず、戸外朋友の交際も銭によりて始めて全うすべし、慈善を施すも銭なり、不義理を免かるるも銭なり、尚この上にも、学者たるものがいやしくも山に隠遁せずして俗世界にあり、一身を静かにして精神の自由を妨げず、自由に思い自由にいいまた自由に行い、人をも咎めず天をも怨まず、眼中人を見ずして独り我が心の高尚優美を養い、物外に悠々として自然の楽みを楽まんとするには、銭の外にその方便あるべからず。

取りも直さず銭はこれ人生独立の母にして、その貴きことかくの如くなれば、いやしくも諸君にして独立の重んずべきを許すにおいては、銭の貴重なる所以を知らざるべからず。すでにこれを知るときは、ある銭を大切にしてまた随ってなき銭を作るの工風なかるべからず。諸君は今本塾に就学し、未だ銭を作るの境遇にあらずして、却って銭を費すの時節なれども、これを費すにあたりても常にその貴重なるを忘れずして、一銭金の得失にも心を用うることそ学者の本分なれ。

至当の理由なき限りは一銭たりとも人に貸しまた与うべからず。いわんや人に借り人に貰うにおいてをや。独立の男子において上もなき恥辱なりと知るべし。しかるに滔々たる天下の流風は書生の社会にまで侵入して、その衣食住の程度を上進せしめ、この衣服は見苦し、その飲食はうまからずといい、余儀なき交際のためといい、差し向きの要用と称して、三、五円の金をば奇麗に消費して、時としては朋友相互に恵与することもありながら、却って三、五十円の金は他人に借りてこれを返さず。

すなわち人に不義理を犯して、自家の奢侈に供し、また朋友のためにするものなり。粗衣粗食は身に不愉快にして外見も宜しからず、交際を殺風景にして銭を愛しむは鄙劣なるに似たれども、人に金を借用して返さざるの鄙劣破廉恥に比して孰れか大小軽重なるや。およそ社会に独立の義を傷（やぶ）るもの多しと雖も、借用金を返済せざるの不義理より甚だしきはなかるべし。

如何となれば金はあたかも人の労力の塊なるが故に、いわれなく他人の金を取りて身に奉ずるは、人を労して自ら逸し、我が一身を挙げて他に托する者なればなり。元来他人に金を借用するは他日これを返すの目的あるが故なり。既にその目的あれば必ずしも今日借用するに及ばず、目的の達する日を待ちて自分の金を用いるにしかず。あるいはその間に多少の不自由あるべしと雖も、これを忍ばざるを得ず。自身の不自由のために他人を煩わすの理由あるべからざればなり。

この事難きに似て決して難からず、近く老生の身に実験せし所なり。老生が少小遊学の時は、同学中ほとんど比類少なき貧書生なりしかども、曽て人に金を借用したることなし。ただ僅かばかりの学資を大事にして饑寒を免かれ、謹んで身の分限を守るのみなりき。少小の習慣あたかも性をなし、爾来家にいて妻子もあれども、活溌なる商売などしたることなければ、金融の必要もなく、また随って借金するにも及ばず、一家の生計至極簡単にして、数十年の久しき、一日の如くなれば、交際の新旧遠近に論なく、およそ日本国中如何なる種族の人にても、曽て諭吉に金を貸し、または諭吉記名の借用証書などを目撃したる者とては、一人もなきはずなりと、あえて明言して憚からざる所なり。

銭あれば分に応じて費し、なければ費さずと覚悟するまでにして、家の貧富にかかわらず、少しく勇気さえあれば学者の身に取りてさまで苦しき事にあらず。故に老生はあえて諸君に向いて難きを責むるにあらず。ただ老生が遊学中の故事に倣わんことを勧告するのみ。固より個様なる経済法は学者書生の境遇には適するも、余り無造作にしてこの錯雑なる人間社会一般の実際に行わるべきにあらず。

ただ今日諸君の身のために今日の警（いましめ）として内話したるまでのことなれども、それはさて置き、学塾を去りて広く金銭世界の事相を通覧すれば、人をして不徳不義を犯さしめ、家族の不和を醸し朋友の交際を破り、君子をして小人ならしめ勇者をして怯ならしめ、甚だしきは健康の人をして病を得せしめて遂に生命を失うに至るも、銭の有無に由来するもの多し。

畢竟そのしかる所以は、我が士族流の人々が銭を賤しむの性質を遺伝して、その用法を慎まず、借りるにも貸すにも、与うるにも取るにも、曽て緻密なる思想なくして常にこれを濫用し、少年の時より早くすでにその性をなして老大に至るもこれを悟らず、遂に挽回すべからざるの不幸に沈むものなり。諸君は今日正に少壮の盛時なり、その未だ性をなさざるに及び、銭の貴きを了解してその用法を慎まんこと、老生の飽くまでも忠告する所なり。かくいえばとて老生は彼の守銭奴の残忍冷血にして無情なるものを学べと勧るにあらず。この事については別に大いに論ずべきものあり。言長ければこれを他日に譲る。

---

明治二十四年七月、三田演説会での演説。日本は現在も「士族国」で、経済思想が足りないと福沢は嘆く。慶應義塾の学生が「独立の一主義」を全うするには、まず自立して生計を立てなければならない。衣食住の維持も、家族の団欒も、友人との交際も、慈善事業も、銭がなくては成り立たず、その意味で銭は「人生独立の母」であり、銭勘定は学者の本分であると説く。士族は銭を軽んずる傾向があることに対して、あえて極論を投げかけ、矯正を試みようとした演説である。

# 元禄武士の心で町人の働きを

## ——明治二十四年七月二十三日慶應義塾の卒業生に告ぐ

（慶應義塾卒業式）

今朝諸君の卒業は誠にめでたき次第にして、自今学塾を去れば自ずから人事にあたりて居家処世の務めに忙しきことならん。依って送別として一言を餞（はなむけ）せんに、老生は塾生に向いて毎度経済の要を説きたることあれども、経済論の言は動もすれば銭の事に亙りて学者の耳に面白からざるのみか、不幸にしてその意味を誤解するときは却って大に方向を誤ることもあるべければ、今日は経済を後にし心術の議論よりはじめて遂に経済の談に入るべし。

およそ人生に大切なるは独立の一義にして、人の人たる所以はただこの一義にあるのみ。栄辱の分るる所も、君子小人の異なる所も、畢竟その人の独立如何に存することにして、一人一家より一国に至るまで、いやしくも独立せざるものは、人にして人にあらず、家にして家にあらずというも可なり。

この道理は諸君においても既に承知のことなれば今更喋々するにも及ばずとして、さて独立の一義の至大至重なることかくの如くなれば、これを身に行うは人生至難の業なりと思うべけれども、実際においては決して然らず。手近く今日の人事についてその要を説かんに、第一、知見を広くする事要用なり。限りある人智なれば、他人に諮詢して利益を求むるは当然の事なり、また人間相互の務めなれども、人生の行路万般の事にあたり、常に思案に窮して人に依頼し、自身はあれどもなきに等しく、ただ他人の言うがままに任せて身を進退するは無学者流の事にして、その趣は家に一銭の貯えなくして他の恵与に食う者に異ならず。

故に独立の義を全うせんとするには、人間普通の知識見聞を要することにして、今諸君は多年本塾におり、今後戸外の人事にあたりても、不慣れなる事柄について人に諮詢するは固より当然なれども、徹頭徹尾思案にあぐんで、他人の智恵のみを借用するの要用なきは、老生の信じて疑わざる所なれば、独立の要素、すでに備わる者というべし。

第二は有形の物について他人の助力を仰がざることなり。人間に貧富の幸不幸あり。隣家の富有に引き替えて我が家の貧なるあり。誠に堪え難き次第なれども、これは文明社会組織の不完全なるがために運不運の分かれたることにして、俄に人力を以て医すべきにあらず。いわんやその隣人を羨むにおいてをや。全く無益の沙汰なれば、我は我が道を行き、額に汗して自力に食み、貧なれば貧におり、幸いにして富を致せばまたその富に処し、道理外の財物は一毫も与えず一毫も取らずして身を終るべきのみ。

錯雑極まる社会の中には、節を屈して利を取るの道もなきにあらずと雖も、その節を屈するとは自身をなきものにして他人に依頼するの意味なれば、我が一身を人非人の地に下して利を求むる者なり。これを形容すれば一塊の黄金と我が身体とを両々相並べ、身を殺して黄金を取るものの如し。如何となれば精神の独立を失うて人非人の位に堕落したる者は、生きて動物的の活動を演ずるも、人生の霊はすでに断絶したる者なればなり。

されば諸君は久しく本塾の気風に養われて独立の義を知る者なれば、如何なる急に迫るも節を屈して自ら利するの事をなさざるは無論、いやしくも他人の熱によることはなかるべし。平易にいえば返済の目的なき金を借用せず、いわれなく人に助力を求めず、窮して哀を乞わず、迷うて私に陥らず、いわんや一身の快楽を貪らんがために他人を煩わすが如きにおいてをや。老生はあくまでもその絶無を保証して自ら安心するものなり。

独立の義は至大至重なれども、これを平易に解釈すればその事は甚だ難からずして、諸君の身にはすでに所得の要素あり。されば今後実業社会に入るとして、近来は学者の数も次第に増殖して世に珍らしからざれば、地位を得るは極めて難きことと予期せざるべからず。後進生の行路艱難なりと雖も、また一方より見れば世になすべき事業は甚だ少なからずして、実業家は常に無人に苦しみ、眼前に利益の見込みある事にても、その事にあたらしむべき人物なきがために、みすみす利を空しうするの談は毎度吾々の聞く所にして、実業社会の一難事ともいうべき程の次第なれば、いやしくも諸君にして人生の艱難を知るとともに、平生所得の知見を実地に施して活溌に働き、他人の耳目の達せざる処に深切を尽すときは、立身の道、綽々として余地あり。

古人の言に、陰徳必ず陽報ありという。人の知らざる処に労して深切なるは即ち陰の働きなれば、必ずまた陽報なきを得ず。職業の種類を問う勿れ、報酬の厚薄を論ずる勿れ、いやしくも我が身にかなう仕事なれば進取一方と決断して、左右を顧みざるその中にただ一点の要は、如何なる賤業を執るも独立の大義を忘れずして君子の風を存し、大切なる場合に臨んで節を屈せざるにあるのみ。すなわち学者士人の凡俗に異にして、随って人に恃まれて立身の容易なる所以なり。

老生が常にいう、今の後進生にして立身の意あらば、その心術を元禄武士にして、その働きを小役人素町人にすべしとは、すなわちこの辺りの意味なり。満堂の諸君、世の中に好地位なきを憂うる勿れ。

（三田演説会）

---

明治二十四年七月、慶應義塾卒業式での演説。卒業生を前に、惜別のメッセージを贈る福沢は、今後どんな職業に就いても、報酬の高低にこだわらず、自分の仕事を「進取」の方向に向けることに専念し、「独立の大義」を忘れずに「君子の風」を身にまとってほしいと語る。立身の志があれば、「元禄武士」の心で、「小役人素町人」の働きをすべきである、と福沢は強調している。「士流学者」が経済を担うべきであるという、福沢の持論が示されている。

## 学生時代から実業の実践を
### ――明治二十四年十月十日慶應義塾演説筆記

今の後進生が口を開けばすなわち実業云々を唱えざるはなし。今度学校を卒業したれば向後は実業の一方に勉むべしといい、久しく政府に奉職したれどもこれを辞して更に実業に志すといい、政党を脱して実業を求め、新聞記者をやめて実業につくというが如き、誠に珍しからぬ談にして、老生の常に賛成する所なり。

蓋し実とは虚に対したる文字にして、彼の学問の修業なり、政府の勤務なり、または政党の奔走、新聞の記事論説の如き、いずれも直に実物を生ずるものにあらざれば、これに対して実業といえば商売工業等、有形の事業を指して虚実を区別したることとなるべし。実業の心掛け甚だ妙なりと雖も、今老生が諸君に向いて言わんとする所は、学生の実業、必ずしも卒業の後を待たず、就学中その業を実にすべきもの甚だ多きの一事なり。

諸君は慶應義塾にいてすでに何事を学んで今まさに何事を学ぶや。思うにその学ぶ所のものの一として身を処するの法に適切ならざるものなかるべし。数学を学べば物の数を知る。物の数を知れば他を損して自ら益するの非を知るべし。すでにその非を知れば学友相互に金を貸借するは非なり。いわんやこれを借りて返さざるにおいてをや。いわんや品物を買うて代価を払わざるにおいてをや。その非なるは人に聞かずして自ら発明せざるを得ず。

生理学を学べば人身の構造、その諸機関の働きを知るべし。これを知れば飲食の用法、身体の運動法にも心付き、自ら注意して自らためにするの実益なきを得ず。およそこれらを計うれば枚挙に遑あらず。すなわち就学中の実業というべきものなり。就中独立自由の一義は、君等が読書中にもその義を解し、先輩の言を聞きてもこれを悟り、すべて塾中の空気に呼吸して自然に心に得たる所のものあるべし。これまた学生の勤学中にも日夜実行すべき事にして、必ずしも後年を待つを要せず。

そもそも独立自由とは、他人の厄介にならずまた他人に依頼せずして一身を処し、我思うままにこの世を渡るの意なれば、学塾にいて修業するその間にも、言行ともに自ら事のよろしきを考えて人に交わり、我が心に思わぬことならば如何に他人に誘導勧告せらるるも枉げてこれに雷同することなく、その要は自分の本心に背かざるにあるのみ。

例えば学生の常にいう彼の附合い云々の如き、朋友相ともに何か遊戯快楽をともにすることならば附合いもしかるべし、その附合いの間に自ら友情を和し智見を交換して利する所あるべしと雖も、学生の身分にあるまじき事を企てて同盟などを謀る者あれば、心にその事の非を知りながらこれも同学の交際なればとて強いてこれに従うの場合なきにあらず。なお甚だしきは都下悪書生の風を学んで、惰弱鄙劣の戯れを戯れながら附合いのためやむを得ずと称して罪を遁れんとするが如き、無気力もまた甚だしきものにして、独立自由なる我が慶應義塾中に、かかる賤丈夫は一人もなかるべしと、老生のあえて自ら信ずる所なり。

されば独立自由の主義は諸君が就学中に実行の機会あるのみならず、日々夜々その機会ならざるはなし。故に老生はまずこれを賛成奨励して、なお塾を去りたる後の心掛けをいわんに、今の世間の普通に独立自由の文字を解釈すれば、他を妨げずして独り身を立て、他を妨げずして自ら思う所を行うの義にして、畢竟するに、人は人たり、我は我たり、いやしくも他の妨害をなさざれば我が事足るというものの如し。

一通りはこれにても差し支えなきが如くなれども、老生の見る所をもってすればなおこれに満足するを得ず。およそこの社会に生々する人民を三等に分ち、智恵もなく財産もなくして自力に生活すること能わず、常に人に依頼して人の厄介となる者を第一として、第二等には人物さまで愚なるにあらず、家もまた赤貧にあらず、能く自ら自身を支えて一家を保つと雖も、ただ自力自立にとどまりて人のために益することなき者あり。

第三はすでに自立の境界を超えて、その人の智恵も財産も居家の要用に余るが故に、その余力をもって人のためにし、愚者には智恵を貸し、貧者には財を貸し、また時としては身を労して人のために働き、財を散じて人を恵み、もって人間社会の禍根たる貧富賢愚の不平均を、力の及ぶだけに和らげて、次第に幸福の区域を広くする者、これを最上等の種族とす。すなわち我が身独りの独立自由をもって足れりとせず、他人を助けて独立自由の領分に入らしめんことを勉むる者なり。

例えばおのれに知ることあれば懇ろに人に教えてその精神の発達を導き、家に余財ありて事業を起こしまたは直に金を貸せばとて、自利利他の主義に基づき、他人を利して自分もともに利するの方針を取るが如き、すべて上流種族の義務というも可なり。如何となれば世界は単に智者富者の専有にあらずして、智愚貧富雑居共同の世界なればなり。

以上の立言果して道理に違わずとして、満堂の学生諸君は日本国中に於て如何なる種族に属する者と自ら品評するや。全国の人口四千万中の下等なるか中等なるかまた上等なるか、老生の鑑定にてはその上等中の最上等なりと断じて、諸君も必ず自ら許すことならん。すでに最上等の種族とあれば、自ずからこれに伴う所の義務あるもまた言わずして明らかなるべし。老生が独立自由の字義を解することおおよそかくの如し。なおこの義については追々諸君とともに語ることあるべし。

明治二十四年十月、三田演説会での演説。今の学生は実業志向が強く、卒業したら実業方面に進むと言っており、福沢はそれに賛同すると言う。その上で、学生は就学している間に、「その業を実に」するべきであり、数学を学んで損得を理解すれば、学生間での金銭の賃借は避けるだろう、などと例を挙げる。他人を妨げず身を立て、自ら思うところを行う「独立自由の主義」は、就学中に実行の機会があり、むしろ日夜、その機会に満ちていると言ってよい。学生にはその機会を逸してほしくない、という福沢の期待があらわれている。

## 和田義郎亡き後の幼稚舎生の心得

### ――明治二十五年一月二十五日慶應義塾幼稚舎にて

和田君の不幸は実に言語に絶えたる次第、満舎諸子の愁傷は申すまでもなく、老生などは三十年来、諸子の未だ生まれざる前よりの親友にして、交情相変らざること一日の如くなりしに、存じも寄らずこの不幸に逢い、愁傷も通り過ぎてただ夢の如きのみ。次第に日を経るに従いてますます淋しくなることならん。老余の落胆御察しありたし。

さて逝く者は追うべからずとして、当幼稚舎の事は逝者の志を継いで永く維持せざるべからず。その法は難きに似て決して難からず。監事早川氏〔政太郎〕は従前の通りに舎務一切を引き受け、教場の事も旧の如く佐武〔保太郎〕高力〔久也〕二氏の専任にして諸教員とともに力を合せ、会計は酒井氏(46)の司どる所にして、奥さん（和田未亡人の事なり子供の称呼のままに奥さんと云う）もまた相替らずこの家に住居して、仏事家事の余暇にはかねて手慣れたる幼稚生の養育に差図することなれば、舎中の百事すべて旧の如くにして遺憾なしと雖も、なお事を鄭重にするため、前年幼稚舎より出身したる賤息一太郎、捨次郎ならびに今泉秀太郎氏を相談役となし、追ってその他にも相当の人を撰定する積りなれば、今後要用の事あるときは舎員と相談役と協議を尽して本塾員に謀り、老生も小幡氏〔篤次郎〕もともにその議にあずかるべし。

右の次第にして慶應義塾の幼稚舎は依然たる旧のままの幼稚舎なるが故に、学生諸氏もまた依然として旧の如く勉強ありたし。また諸子の父兄より舎に預り置きし学資金は、今度取り纏めて三菱銀行に預け置くことにしたるよしなれば、これもついでの時に故郷へ文通ありたし。

さてこれより少々いやな小言を申さんに、今度の不幸につき暫く休業して今日より更に開舎したるところで、諸氏の中にいささか横着心を催し、和田先生がなくなられたから少しはなまけてもよろしかろう、時としてはあばれて喧嘩をしてもよろしかろうなど思う者もあらば大間違いの沙汰にして、決してあいならぬ事なり。

教場の取締りは以前の通りにて欠席を許さず、運動のためには体操もあり柔術もあり、課業の暇には運動場に遊戯して、玉投もよし相撲も苦しからず、身体を強くする方便とあればこれを留めざるのみかただ大いに勧めるのみにして、老生の心には諸子が半死半生の色青ざめたる大学者となるよりも、体格屈強なる壮年たらんことをこそ願うほどの次第なれども、すべて悪戯はやめにいたしたく、石を投げ、木の枝を折り、壁に疵付けたり、落書をしたり、朋輩同士互いに喧嘩して年少の者を泣かせるのみか、邸内往来の子女に悪口するなどは、学生の身分にあるまじき卑劣なる振舞いなり。

およそこれらの事実は見付け次第に監事並にその他の舎員が処分するはずなれども、老生もともにこれを叱ることあるべし。故に今後幼稚舎の取締りは以前に異ならざるのみか、一層やかましくなることとなれば、学生諸子も決して油断すべからず。ただし老生は悪戯を叱る代わりに、折節は舎に参りて面白きお話しなどする積りなれば、諸子においても損得はなきはずなり。

――明治二十五年一月、慶應義塾幼稚舎の責任者であった和田義郎の逝去を経て、授業を再開した際に教員生徒一同を前に語った演説。福沢は長年の親友である和田の逝去を悲しみ、今後の幼稚舎の体制を示した上で、児童にはこれまで通り勉強させ、欠席を許さず、体操や柔術といった運動を重んじ、身体を使った遊びも推奨すべきだとして、児童が「半死半生の色青ざめたる大学者」となるより、「体格屈強なる壮年」になることを望む、と述べる。まず「獣身」を、次に「人心」を、という福沢の教育精神があらわれている。

## 政論の下戸となるな
### ――明治二十五年三月十二日慶應義塾演説筆記

（三田演説会）

人間に下戸と上戸と性質を異にするは、如何なる生理にや、未だ一定の説あるを聞かず。一盃の酒に酩酊して苦しむ者あれば、飲めば飲むほどますます酒味を愛して容易に酔わざる者あり。畢竟先天の遺伝に存することにてもあらんか、一見不思議なるが如くなれども、ここにまた不思議なるは、下戸にても酒席に屢々して、俗にいう酒の修業するときは、次第に酒量を進めて、遂には数盃の太白を傾けてなおこれに堪うるに至るものあり。

この趣を見れば下戸も必ず先天とのみいうべからざるが如し。今この酒量の一例を適用して政治社会の事情を語らんに、政論も亦これ一種の酒にして、人々に下戸上戸の別あるを見るべし。政治に関する書籍新聞紙を読み、または一場の演説を聞き、些々たる利害是非のためにたちまち熱心して狂奔煩悶するは政論の下戸にして、その論説の刺衝に堪えざるものなり。

これに反して独立卓識の君子は政論を知らざるにあらず、これを知りこれを詳らかにしてまたこれを楽しみ、ようやく佳境に入りて玩味頻りなりと雖も曽てこれに狂することなきは、政論の上戸にして酩酊し難きものというべし。蓋し政論の刺衝もなお酒の如くにして、これに堪うると堪えざるは人々の先天に由来することもあるべしと雖も、普通の場合には空腹のために酔う者多きを見るべし。

生来高尚の教育なくして、殊に西洋文明の精神を知らず、僅かに家庭に訓えられて儒流の経史を見るか、または昔年小学校の卒業以来少しく飜訳の書を読むのみにして、脳中の知見甚だ淋しき者が、頓に流行の政治談を聴聞してこれに驚き、自ら自身のある所を忘れて狂態を呈するその有様は、空腹酩酊の容体に異ならず。さればこの政論の酔狂を防ぐの手段は、ただその人の脳を充たすに文明の知識聞見を以てして、兎にも角にも流行政論の刺衝に堪うるの用意専一なるのみ。

政論の下戸は必ずしも先天にあらず、脳中の空しきがためなり。脳中いよいよ空しければ、政治上の軽躁もまたいよいよ甚だし。その証拠は今日の実際について見るべきもの多かるべし。

我が慶應義塾は多年来、特に政論に静かなるをもって名あり。その静かなるや言論を禁じて静かなるにあらず。塾中の学生にして課業の余暇には如何なる政書を読み如何なる政論を論ずるも、一にその自由に任して他よりこれを是非する者なしと雖も、実際において義塾の学生が政治に酔狂して云々との沙汰少なきは何ぞや。学生が政論を知らずして黙するにあらず。唯その脳中の空虚ならざるがために酔わざるのみ。
　而してその脳を充たすものは文明独立の大義にして、老生の最も満足する所にして、日々の課業に得る所、業余に読む所、一として独立の材料たらざるものなし。老生の最も満足する所にして、今後も永くこの方針を改むることなく、いよいよますます知見を集めて深くこれを蔵め、天下の政狂を傍観して独り自ら政論の上戸となり、他年業なり塾を去りて、あるいは政治上になすことあらんとする者は大いになすべし。老生は決してこれを留むる者にあらざれども、半解半知の少壮輩が未だその一身を処するの道をも得ず、産なく家なく智なく能なくして世間に奔走し、政治社会の塵埃となりて終身を誤る者は、我が慶應義塾の朋友にあらざるなり。

---

明治二十五年三月、三田演説会での演説。「政論」は一種の酒であるとする福沢は、それには上戸と下戸があり、演説を聴いて熱狂して狂奔するような者は下戸である、とする。「独立卓識の君子」は、政論を知りつつも楽しみ、狂することのない、いわば上戸であり、慶應義塾の学生は政論を語るのは自由だが、あくまで上戸となるべきである、と勧告する。衆議院解散を経て実施された第二回衆議院議員選挙直後の、政治熱が高まっていた当時の学生に対する戒めであった。

# 身体運動のすすめ
## ——明治二十五年三月二十六日慶應義塾演説筆記

（三田演説会）

諸君は自ら飯を炊きたることとあるや、自ら炊かざるも下女の炊くを見たることはあらん、また百姓が麦畑に肥しするを見たることとあらん。そもそも飯の炊きようは、釜の下に薪をたき、その薪の尽（ことごと）く燃えてなるだけ煙の出ぬようにすること肝要なり。即ち竈の中に空気の流通を自由にして、薪の内に含む所の燃質を尽く火にして熱を取らんがためなり。

若しも空気の流通よろしからずして煙ばかり出るようにては、薪は何本くべても薪の用をなさず、唯竈を塞ぐのみにして、釜の飯は必ず不出来ならざるを得ず。故に下女の注意は無暗に薪の数を多くするよりも、竈の大（ふと）さと空気流通の模様とを見計らい、釜の下に差し入れたる薪をば灰になるまで燃し尽すにあることと知るべし。

また百姓が畑の麦に肥料を施して養わんとならば、先ずその土に鍬を入れて土中に空気の流通を好くし、肥料の染み込むようにして、しかる後に糞汁を灌ぐこと肝要なり。麦の間を踏み付けなどして固まりたる処に何ほど肥しても、麦の根はこれを吸収するに由なく、あたら大切なる肥料は無益の物となるべし。

諸君にして以上の事実を考えて果して道理に相違なしと合点したらば、君等の身体をたきたててこれを温めまたこれを養うて活動せしむるところの薪たり肥料たる食物を食うに、その法を如何すべきや。多弁を費さずして自ら発明するところなきを得ず。他なし、その要はただ食うて体内に入りしものを悉皆消化して滋養分を取り尽すにあるのみ。

近来食物の議論頻りに喧しく、粗食は身体のためによろしからずという。この論甚だ妙なり。量多くして滋養分少なき品を食えば、いたずらに消化機を労してその割合に実益なきが故に、菜穀よりも肉類こそ栄養のために利益なれども、如何に肉類なりとてこれを食うて消化せざるときは、彼の竈の薪の燃えざるが如く、麦の肥しの吸収せざるが如く、ただ異様の物を体内に取り込むのみにして何等の用をなさず。啻に用を為さざるのみか、その消化せざる部分だけは却って大害を醸すに足るべし。

されば人身の栄養に最第一の要は消化の如何にあることにして、食物の精粗は第二の要といわざるを得ず。たとい菜穀の粗なるものにても、これを食うて能く消化するときは、肉食半（なか）ば消化するものに優ること万々疑いあるべからず。而してその消化機の働きを進めんとするには、栄養の新陳交代を盛んならしむるより外に道なきが故に、適宜に身体を労して体内の機関を消耗し、随ってその吸収力を進めて、旧きを失うと同時に新しきを入れざるべからず。すなわちこれ身体運動の要用なる所以なり。

今身体をば動さずして滋養品のみを食うは、竈に空気の流通を謀らずして漫りに薪を詰め込み、畑に鍬を入れずして肥料を灌ぐに異ならず。その有害無益、論をまたずして明らかなり。現に今日医師の言を聞くに、労働社会の者どもはその平生栄養の不十分なるにもかかわらず、病に堪うること強くして、金創〔刃物でできた切り傷〕などの癒ることも速やかなり。これを金衣玉食の貴公子又は学者書生等の薄弱なるものに比すれば、同日の論にあらずという。労働者の食物、粗なるも、これを食うて能く消化するの実証にして、更に争うべからず。

故に君等が本塾に寄宿するか、または下宿屋に寄留するには、食物は必ず最上品にあらざるべしと雖も、食物の事は第二要として深く論ずるに足らず。もしも身体弱くして時々腹合を損じ、またあるいは例の頭痛意気切れ等、様々の病を現わすは、食物不良のためにあらずして、日夜机の前に坐するの罪なり。君等が大切なる身体を取り扱うの法は、下女が飯を炊くの工風よりも拙なりというべし。世間に流行する滋養論を聞き、その消化の如何を忘れて、無暗に濃厚なる肉類を取り込み、却って食物のために身を弱くするが如きは、下女に対して面目なき次第ならずや。

一人の例を挙ぐれば、老生の如き、元と封建の貧寒士族にして、その少小のとき何を飲食せしやというに、常食は先ず麦飯と南瓜の味噌汁か、魚類は稀に雑魚（ざこ）を食うに過ぎず、ほとんど下等の養いなりしかども、貧寒は身を労するの媒介にして、一年三百六十日、武芸と内職とをかねて労役に服せざるはなく、やや長じて書を好むも、読書はただ家事労働の余暇を偸んでする位の有様なりしかば、身体の屈強なること限りなく、如何なる劇しき仕事にてもほとんど草臥れたることとなし。

今は既に老し、あるいは諸君と力を角して負くることもあらんなれども、三、四十年前の諭吉なれば、満堂の諸君中一人として恐るるに足る者なし。またもって労働の大切なるを知るに足るべし。殊に君等の家郷にある父母の心中を推察すれば、半死半生の大学者となりて帰郷するより、むしろ学業は少々未熟にても身体強壮精神活溌なる愛子を見るこそ愉快なるべし。老生は失礼ながら君等の父母になり替りて身体の運動を勧告する者なり。

終りに臨んでなお一言するは、右の如く身体の運動に重きを置きて立論したりと雖も、老生は本来滋養食の敵にあらず、否、滋養品の大食を主張するものなれども、ただその食物と身労との釣合如何に注意するのみ。老生も昔年その粗食の代わりに今の西洋料理などを常食にしたらんには、体力は必ず倍したることならん。食物の事、決して軽々に看過すべからず。要は唯滋養の一方に偏して労働を忘るるなきの一事なりと知るべし。

---

明治二十五年三月、三田演説会での演説。学生に健康法を説く福沢は、身体を動かさずに滋養品だけ食べているのは、畑に鍬を入れずに肥料を混ぜるようなものだとして、学業は少々未熟でも「身体強壮精神活溌」になることを期待し、そのために身体の運動を勧める。福沢自身、米搗きや散歩、居合抜きなどの健康法を怠らなかったが、ここでも、若ければ「満堂の諸君中一人として恐るるに足る者なし」と喝破している。

# 議会開設の「熱病」に感染するな
## ――明治二十五年四月二十四日交詢社第十三回大会に於て演説

人生の教育大切ならざるにあらず、明治の初年より特にその声を高くして、今日に至るまで曽て退歩の状を見ず。甚だ盛んなりと雖も、その教育とは少年子弟を学校に入れて数年の間教場の教えを受けしむるの意味にして、その前後における学校外の関係には重きを置くもの少なきが如し。

そもそも学校の教育は三、四年より七、八年間を限り、人間生涯の一小部分にして、その間に学ぶ所は読書推理の外ならず、この短日月に学び得たる智識見聞をもって居家処世終身の資に供せんとするが如き、固より望むべき事にあらず。幼にして家にあれば父母の訓（おしえ）あり、やや長じて学校に入れば教師の教えを受け、学校を去りて社会に出れば社会の教育あり。古人の言に学問は生涯せよとはこれらの意味なるべし。

さてここに満場の諸君と御相談と申すは、この生涯の学問の事にして、御同前に家庭の教訓は一夢の昔に属し、学校の教育もまたすでに過ぎ去り、今は正に社会学校に入学の身分にして、その学科を見れば、家にいるの法、人に交わるの法、子孫を教うるの法、生計を理するの法より、商売工業、なお進んで政治の事に至るまで、千差万別、限りなき繁雑なれども、これを教うるに定まりたる教師とてはなく、ただ自ら工風して社会の事情を視察し、物に触れ事にあたりて一聞一見の智識を利するの外あるべからず。

浮世の事相を軽々看過すれば誠に意味もなく、風声水色、我が利害に関せざるが如くなれども、子才（しさい）にこれに注意するときは、その風声水色の中に無限の意味あるを発明すべし。百姓の一言、もって年の豊凶を卜すべし。車夫の嘆息、もって商界の景況を察すべし。すべてこれ社会学校の教師にして、そのこれを口に発する者は無意なるも、これを耳に聞く人の心に明あれば不亀手（ふきんしゅ）の薬〔あかぎれを治す薬〕として利用すべきものなり。

されば我が交詢社は当初より社員相互に智識を交換し世務を諮詢するの目的をもって創立したるものにして、社中にこれと定まりたる教師はなしと雖も、その相互に諮詢して答うる所のものは、啻に百姓の一言にあらず、また車夫の嘆息にあらず、社員が身躬から目撃し実験したる事実の報告なれば、これぞいわゆる活社会の活教師にして、尋常一様の学校教場に求むべからざるものなり。

例えば社員の某は何々会社の創立に会し、それとなく本社に諮詢して株主たるを辞し、後にして奇禍を免かれ、また某は何々の醸造に付き同社員の指示に従いて大に利したることあり。誰は何地方の巡遊に本社の添書を以て大いに便利を得たることあり。彼は何の国に何品を買わんとしてその地方の社員に依頼して容易に弁じたることあり。

およそこれらの細件を計うれば枚挙に遑あらず。交換諮詢の利益大なるを見るべし。前節にいえる如く、人間社会をもって一場の学校と認むべきは事実の示すところなれども、交詢社はあたかもこの学校に規律を設けて教授法を便利にしたるものなれば、その働きの活溌なるもまたいわれなきにあらざるなり。人事の繁忙は日一日に甚だしくして底止する所を知らず。去年の智識は茲年（ことし）に適せず、前月聞き得たるものは今月の用をなさず。諭吉の如き老余の身には煩わしきに堪えざる次第なれども、これも文明の進歩とあれば遁るる訳にも参らず、まず本社の機関を頼みにして死に至るまで時勢に後るることなきを期するのみ。満場の諸君は年なお若し。あくまでもこの機関を利用して、啻に時勢に後れざるのみならず、時勢に率先して交詢社の利益を利し尽されんこと冀望に堪えざるなり。

以上はただ交詢社の性質とその有形の功能とを述べたるまでのことなれども、なおこの外に無形の利益をいえば更に大いなるもののあるを発見すべし。近年は立憲政体創立の時節にして、政論の喧しきことほとんどその頂上に達し、政党の競争といい、撰挙の騒動といい、天下の人心あたかも酔えるが如くにして、その競争騒動の余波は広く他の人事にまで差し響き、商売上の取引、商人の組合等にも、自ずから政党の意味を含み、親戚朋友の附合いまでもこれがために動揺するの奇談なきにあらず。

なお甚だしきは宗教の坊主が窃に政事のために奔走したりなど伝うるものさえあり。実に今日は政熱病の流行伝染の最中なるに、この最中にいて独り感染せざるのみか、悠然として世務人事の間に言論を逞しうするものは、天下唯一の交詢社あるのみと公言して、争う者はなかるべし。かく申せば本社社員は感触力に鈍くして病を免かるるかというに、決して然らず。吾々は夙にその病性を詳にして、有毒の部分を避るのみ。即ち政治の要を知ること穎敏なるが故に、毒を防ぐにもまた穎敏なるのみ。

されば吾々社員は既にこの伝染毒を防ぎ得て言行を自由自在にするの利益を博したる者なれども、未だもって足れりとせず、なお進んで社会無数の患者を軽躁無分別の煩悶中に救うて、至当なる摂生法を授け、たとい政治に奔走するも、その奔走に堪うるだけの生力を得せしめんと欲する者なり。

（三田演説会カ）

---

明治二十五年四月、交詢社第十三回大会での演説。立憲政体が樹立され、「政論」が喧しくなっており、政党の競争や選挙運動などに人心が酔っているが、こうした「政熱病」に感染せず、悠然として言論を逞しくするのが、同社の使命である、と福沢は強調する。「政治の要」を知って、その「毒」を避け、さらに「政熱病」の患者を救済する。福沢はそうした政治的立ち位置を理想としていた。

## 「実業社会の大人」たるべし

——明治二十五年十月二十三日慶應義塾演説筆記

今の壮年後進生が実業社会に身を立てんとして兎角その場所なしとは毎度聞く所なれども、老生の所見を以てすればその場所なきにあらずして、実業の方にては却ってその人なきに苦しむものの如し。この一方は仕事を求め、他の一方は人を求め、遂に相互に近づくを得ざるその事情は、貧乏人が金を借用せんとして貸す者なきを怨むと同時に、金満家はその遊金の用法なきを憂うるの情に異ならず。

人事意の如くならず、誠に困り入りたる次第とは申しながら、実業者の方にて人を得ざればただ事を興さずして時を待つべきなれども、後進生の仕事を求むるは急にして、時節到来を待つの猶予あらざれば、何とかその心事を一転して身構えを改め、自ら自身をして仕事に適せしむるの工風なかるべからず。これすなわち老生が諸君に語らんと欲する所のものなり。

およそ人間世界万般の事に学問の必要あらざるはなし。学問の考えなくしては農業も工業も商売も一切かなうべからず。学問の考えなくしては人物卑くして世に厭わるるのみならず、新案新工風を運らして時勢とともに進歩することを得ず。すなわち教育の大切なる所以にして、諸君が本塾に入学して勉強するも唯この学問上の知見を得んがためにして、その勉強の効空しからずようやく知見の区域を広くして内外の事情に通達したるは誠に嘉すべし。

実業の根本既に定まりたる姿にして、老生も窃に喜ぶところなれども、その根本定まりたる上にてこれを潤飾するの心掛けなくしては、あるいは実業に入ることやすからざるべしと、これまた老生の窃に憂うる所なり。さて潤飾とは如何なる意味ぞと尋ぬれば、他なし、ただ通俗世界の人情を解剖してその微妙の辺りに通達し、我が心身の働きをして正しくこれに適せしめんとするの工風、すなわちこれなり。通俗誠に俗なりというも、俗中必ず真理の存するものあり。識者の常に重んずる所にして、後進生の特に注意すべき所のものなり。

　手近くここに一例を設け、某家に甲乙二名の寄留生ありとせん。家人が家を挙げて外出する時にあたり、甲某に留守を托するときは火の元（もと）万端安心なりと思うその反対に、乙某を留主に残してはランプ火鉢等の注意如何あるべきや、何分にも安心出来難し、むしろこれを連れてともに外出するにしかずという。

　さればこの甲乙二名の人物を評すれば、一はこれに依頼して火の元の用心せんとし、一は失火危険の元にもならんかと疑わるるものにして、その人物の軽重年を同うして語るべからず。僅かに火の元用心の一小事にてもかくの如し。いわんや日常無限の人事にあたるにおいてをや。事柄の軽重に論なく細々注意して怠らざる者と、漠然光陰を消して能く物を忘れ時として大切なる機会を誤るが如き者と、これを比較するときは、主人は二生の学力など問うに遑あらず、まずこれを信じて彼を棄つるや人情の常なるべし。

　実業社会に入るの難易も、およそこの辺りの事情に思い付きたらば、諸君の心に自ら発明する所なきを得ず。人物の軽重は大事によりて現わるるよりも、その試験却って細事情にあるを見るべし。またこの細々注意の事に付き、何程勉強しても人のこれを知る者なし、辛苦みな徒労に属すとは後進生の不平、老生もその情を知らざるにあらず、過ぎし昔を思えば親しく身に覚えあることにして、その時の不愉快は今なお忘れざる程の次第なれども、猜疑は人生に免かれざる性質のみか、人事多年の経験において軽信のために誤るの事例も少なからざるが故に、人を見るにも僅かに一朝夕の挙動を抵当にしてこれを信ずる者はあるべからず。

例えばここに早起きと評判を得たる人あらんに、その人が毎度朝早く起きてたまたま近隣の人に見られたりとて容易に名をなすに足らず。ただ本人の習慣にて一年三百六十日、寒暑風雨にかかわらず、他人の見ると見ざるとを問わず、いつもいつも例の如く早起きしてこそようやくその評判も現わるることとなれ。

されば後進生が細々能く物事に注意して人にたのもしく思わるるは、この早起きの人の如く、他人の見ると見ざるとに論なく、あたかも自らためにするの習慣をなして、はじめてようやく人に知らるることと覚悟せざるべからず。故にその勉強するや十中に七、八は他人の眼に漏れて、俗にいう椽の下の力持ちに属し、自ら徒労なりと思うこと多しと雖も、その徒労こそ無限の効力を含むものにして、およそ世間の評論に人物を軽重するの標準は、微妙の辺りに現わるる所の徒労如何にあるのみ。

学者なり、政事家なり、または単に一芸一能の人にても、いやしくも天下に名をなして人に重んぜらるる所以は、単にその表面に現われたる学識才能の働きによるのみにあらずして、本人の平生、人の知らざるところに独り嘗めたる艱難辛苦の事情をもって人を感ぜしむるもの多きが如し。陰徳必ず陽報あり、隠れたるより顕わるるはなしとは、いずれも徳教の語なれども、必ずしも深遠なる道徳の事に限らず、壮年の後進生にして陰に人の知らざるところに勉むる者は、必ず陽に立身出世の道あるべし。悪を隠して顕わるるといえば、善もまた顕わるるべし。陰処の勉強、顕われざらんと欲するも得べからず。すなわち椽の下の力持ちとはこの意味にして、老生は実業社会に諸君の出身を祈りて、ひたすら椽の下の力持ちを勧告する者なり。

以上記したる如く、諸君は所謂椽の下の力持ちを勉め、ようやく人に知られて実業社会の門に入りたりとせんに、ここにまた無限の困難あれば、あらかじめその覚悟なかるべからず。

第一、実業の門内においてはその軽重する所、学者書生の平生に異なるもの多し。今の後進書生はその身士族の家に生まれざれば士風に化したる者にして、日本士族の特色は利を言わずして銭を軽んじ、世々の習慣、その性となりて、甚だしきは商売を賤業なりとしてこれを恥じる者さえある程の次第なるに、実業の目的はただ自ら利するの一方にして、およそ利益のある処は一毫の微もこれを看過するを許さず、その間にはいうべからざる機密もあり、掛引もあり、一挙一動、一顰一笑、すべて利のためにして他事あらざれば、粗大なる書生の眼をもってその皮肉の裏面を窺うときは、まずこれを鄙劣として驚くのみ。如何に商売とは申しながら、能くもこの極度にまで至るものやとて、自然に不愉快の念を生じて落胆することあるべし。

第二に、書生の志は常に巨大にして、殊に得意の学識もあることなれば、これを満足せしむるにやすからず。しかるに実業社会に入りて、一個の商業家又は会社等の内情を見れば、家の主人番頭に新智識ある者少なきはもちろん、当世風に組織したる会社と称するものにても、重役の面々、必ずしも最上の人物にあらず、小給の下役、割合に愚なるにあらず、いわゆる情実の行わるるは大政府のみにあらずして、小会社中にも相応に小情実の存するものあり。

ここにおいてか新入りの書生は独り心に会社中の役員を数えて品評を下し、第一、社長は名望のためにその職にあるよしなれども、無形の名望を除けば他に実際の技倆あるにあらず、身に覚えたる技倆なくして事を埋せんとするは間違いの沙汰なり、いわんや副社長の如き、何々の縁故をもって今の椅子を占めたれども、畢竟無用の剰員にしてただ給料を貪るのみ、以下の何某こそ実際の事を執りて必要の人物なるに、その地位甚だ卑くして却って誰の下流にあるとは、社長が依怙〔えこひいき〕の実を明らかにする者なり、顧みて我が一身を見れば入社以来唯訳もなき雑用に使役せらるるのみにして、取り留めたる事務とてはなく、甚だしきは出来上りたる帳簿の清書をもって日を消するが如き、鶏を割くに牛刀を用るの喩に洩れず、社員多しと雖も我を知る者なしとて、役不足の一念、禁じて禁ずべからず、満腔の不平は自然に発して懶怠となり、何分にも進んで勉強するの意なけれども、すでに入社したる上は漫りに欠勤することもかなわず、ただ人の見るところにのみ勉強の体を装い、進むが如く退くが如くする中に、勤向に蔭日向（かげひなた）あるの事実〔人の見ているところと見ていないところで、働きぶりが変わること〕はいつしかその筋の人に見顕わされて、体よく放逐せらるるか、しからざるもその会社において到底立身の道はあるべからず。

右の事情は老生が毎度見聞する所にして、あながち後進生のみを咎むべきにあらず。時としてはその不平にもっとも至極なる理由の存するものありと雖も、如何せん、滔々たる俗世界は単に一片の理窟をもって貫くべからず、殊に今日は新教育と旧習慣と正に変遷の時節なれば、新旧双方の間に多少の衝突は免かるべからざることと覚悟して、千辛万苦に堪うるこそ後進男子の事なれと老生の信ずる所なり。

さてその覚悟とは如何なる意味ぞというに、大志大胆、内に深く蔵めて人に窺わるることなく、小心翼々、苦労を厭わずして活溌に立ち働き、変通自在、もって世間に交わりて遂に立身の目的に達することなり。

古めかしき事例なれども、豊太閤が木下藤吉たりしとき、織田信長に奉公を求めて足軽に召し抱えられ、毎朝の責馬（せめうま）に主人の供を勤め、ある日主人が時を誤りて早く玄関に出でたりしに、藤吉一人は平生の心掛けにていつも主人の外出前より疾く支度してこれを待つの例なりしゆえ、この朝も用便を欠かずして大いに信長の歓心を得たりという。されば藤吉が労を厭わずして人の知らざるところに毎朝早く供の用意したるは数ヵ月のことにして、これぞいわゆる椽の下の力持ちなれども、一朝信長の知る所となりては立身の資として屈強の働きなりというべし。

またその後織田家の台所にて炭薪の賄役となりてもありがたくその職を奉じ、注意に注意して費用を省きたるが如き、如何にもまめまめしき一小俗吏にして、俗吏の外に藤吉なきが如くなれども、退きてその私につき俗吏の志如何を尋ぬれば、眼中天下に人なく、無限の功名心を抱きたる大胆不敵の男子たるや疑あるべからず。ただその志の大なるがため人をして窺い得せしめざるのみ。

されば老生は後進生の志を笑うにあらず、とがむるにあらず。志大ならざれば人品卑くして君子に歯すべからず、そのますます大にして高からんことを願うと雖も、深くこれを内に蔵めていやしくも大志の鋒鋩を外に露わすことなく、ただ時に随いて担当の事を勉め、その事にばかり抜群絶倫ならんことを祈るのみ。

仮に木下藤吉が小俗吏にてありながら、心中に織田家の諸将英雄を軽んじ、かの新入社の書生が会社の重役以下を品評するが如くにして、窃にこれを口に発し色に顕わしたらんには、たちまち俗吏のままに擯(しりぞ)けられて、遂に他年豊太閤たるの機会はあるべからず。男子の志は内に蔵めて立身の基礎となるべく、容易に発して人に厭わるるの媒介たるべし。

老生が常にいう、思想の深遠なるは哲学者の如く、心術の正直高尚なるは元禄武士の如くにして、これに加うるに小俗吏の才能をもってして、はじめて実業社会の大人たるべしとは、またこの辺の意味なり。諸君春秋に富む。立身の道、難きにあらざるなり。

---

明治二十五年十月、慶應義塾での演説。実業界では今、人材不足に悩んでいる、と福沢は見ていた。それに応える人材になるには、学問を身につけ、さらにそれを「潤飾」しなければならない。現実社会の人情を埋解し、心身の働きも実地に適用させる工夫が必要だ、という意味である。実業界に入ったならば、高尚で深遠な思想・精神は胸の内にしまい、「小俗吏」の才能を駆使して「実業社会の大人」となってほしい、それが立身の道である。福沢は豊臣秀吉を例に挙げながら、学生にそう期待を寄せた。

# 帰郷後は地元に根ざした実業を

## ——明治二十五年十一月五日慶應義塾商業倶楽部の演説筆記

（慶應義塾商業倶楽部）

この商業倶楽部は世間に知る者なけれども、本塾学生の中にて各地方農商の子弟が、在塾中互に相識るを好機会とし、学余の時を偸んで実業の要を取り調べ、互いにその知る所を語り、または書についてこれを求め、切磋琢磨の間に相識の情を厚くし、業成り家に帰る後は長く旧友の好を存し、互いに気脈を通じて利益を得んとするの目的にして、老生の最も賛成する所なり。

承われば倶楽部員は既に百余名に達して、なお次第に加入もあるよし。いずれも地方中産以上の人にして、衣食すでに足るのみならず、あるいは巨万の富をそのまま相続する者もあらん、あるいは次三男なれば至当の財産を分（わか）って新たに家を立つる者もあらん。父母祖先の恩沢に浴すること厚き身分なれば、その遺産を大切にして守るべきは無論、なお進んで経営してますます家道の隆盛を謀るこそ子孫たる者の本分なれ。

すなわち諸君が今日倶楽部結合の挙あるも、その目的はこの辺りにあることならんと老生のあえて信ずる所なり。されば諸君は今後塾を去り家に帰りて、農工商おのおのその得意の業を勉むべきはもちろんなれども、さてその実地に臨んでは今日在塾中に思うよりも更に困難なる事情こそ多ければ、あらかじめその辺りの覚悟なかるべからず。今ここに老生が思いつきしままその二、三を語らんに、

およそ殖産の事業は外に広く人に接することなれども、外に交わらんとするには内に居家の法を整えざるべからず。しからば居家法を第一要としてこれを如何すべきやというに、家族骨肉の間柄はこれに処することやすしというと雖も、如何に骨肉にても男女老少の異同は免かるべからず。すでにその異同あれば情感もまた相互に同じからざるは自然の道理にして、男子の重んずる所、必ずしも女子の心を動かすに足らず、父老の憂うる所、却って子弟の愉快たることさえなきにあらず。さればこの間に処するの法は、家人がおのおの自ら省みて、他をしておのれの如くならしめんことを求めざるにあるのみ。

まして諸君は久しく都会の空気を呼吸したることなれば、家郷に帰りて自ずから驚くもの多きと同時に、家人は諸君の言行を聞見して更に驚くべきが故に、その辺りにはあくまでも注意して漫りに長老父母の心を痛ましむることなく、徐々に語り、徐々に勧め、知らず識らずの間に一家の気風を文明に変化すること肝要なるべし。

右の如くにして一家内は自然に調和し、団欒円満を得て遺憾なしとするも、その気風を延いて一村一郷に及ぼし、一般の利益に注意せざるべからず。如何となれば家の資産豊にして身に得たる学識ある者は、自ずから地方民の尊敬を得る代わりに、文明の先達としてこれを導き、心身を労して人のためにするの義務あればなり。

その法一にして足らず。殖産の道を開き、勤勉の旨を勧め、他をして利を得せしむるとともに自ら利するの方針を定め、様々に方便を工風する中にも、仮に一例をいえば、時々村民を私宅に集めて時事の要を語り聞かするが如きは、最も無毒にして最も有力なるべし。

広き屋敷にても、または土間に筵（むしろ）を敷いても苦しからず、夜分など休息の暇に近村の老若男女を招き、自由自在に安坐せしめて田舎団子に番茶など進め、その間に主人が出席して演説となく談話となく、面白く世上の事情を語りまた殖産等の事実を示し、小民相応に居家処世の要を知らしむるは無限の利益なるべし。

あるいは毎度の事にて談話の腹案に窮することもあらば、決して新案に及ばず、内国外国の新聞紙をそのまま語りてその義を説けば、それにて沢山なり。主人は唯一夕一、二時間を労し、団子と番茶の費用、固より論ずるに足らずして、その地方民に利する所は如何ばかりなるべきや。啻に他のために利益のみならず、地方民の知識を開きて殖産の方向に進ましむるは、間接に富豪家の利に帰するものこそ多ければ、諸君が毎月幾回の煩労は取りも直さず自ずからためにするものというべし。

懶怠はほとんど人間の天性ともいうべき程のものにして、家の生計豊なれば自ずから身の閑なるを覚え、甚だしきは長日無聊（ぶりょう）に苦しむの奇談さえなきにあらず。ここにおいてか人に誘われて漫りに事業を企て、一発千金を掠め去られて茫然たる者あり。あるいは例の政党風に吹かれて熱気を催し、本来心にもなき事に奔走して遂に身を誤り家を危うして後悔する者あり。いずれも自ら動くにあらずして他に動かさるるものなれば、ただ不見識というべきのみなれども、畢竟自身に閑暇の時多くして、俗にいう身を持て余すの境界におればこそ、人の来たりて誘惑する者もあることとなれ。

しかるに今独立自動と覚悟して、まず一家を調和して随ってまた郷党を教え、ともに地方の利益を進めて天与の幸福をともにせんことを謀り、種々様々に工風を運らすときは、多事繁忙、日も亦足らざるを憾む(うら)べし。富豪の主人、事なきにあらず。ただその事を捨てて顧みざるのみ。老生は諸君の終身活溌にして多事ならんことを勧むる者なり。

近来法律論の喧しきに従いて徳風の次第に衰うるが如くなるは、開国以来人事変遷の際に免かるべからざる定数にして、深く憂るに足らず。一国民の徳心は人事の小変をもって消滅すべからず。事定まるに従いてまた旧時の本色を現わすべしと雖も、この変遷の時にあたりて漫りに狼狽することなく独り急流に激して踏み止まり、陰に陽に下流人民のために標準を示すは、これまた地方の有資有力家の責任なり。

啻に人のためのみにあらず、富豪自身のために謀りても、地方の徳風を厚くするは自ら自家を衛るの一大方便なるべし。人に金を貸して利子を取り、田地を貸して小作料を収むるにも、地方の民心荒くして柔順ならず、動もすれば流行の法論を楯にして抵抗するが如き様(さま)にては、金主地主の迷惑はもちろん、その借主たる小民のためにも不利にして、つまり地方一般の安寧を害し、永遠無窮の禍根たるべし。現に今日においても、田舎の某村は徳川政府の時代より何十年間の訴訟に、民力疲弊して一村寂寞(せきばく)たりなどの談は、毎度人の語る所なり。

されば地方の民心を和らげてその処に安堵せしめ、貧富ともに幸福を全うせんとするには、徳風を厚くするの外に妙案なしとして、その手段を如何すべきやというに、老生の見る所にてはただ宗教に依頼するの一法あるのみと信ずる者なり。宗教は何宗にても苦しからず、仏法にても耶蘇教にてもその辺は無頓着なれども、耶蘇教は昨今の事にしてその区域甚だ狭ければ、まず仏法をいわんに、およそ下流の人心を和して風俗を厚うするの功徳は、古来仏法の右に出るものなし。

今日小民の個々につきその仏法信者と不信者とを比較するとき、心事の厚薄明にして争うべからざるものあり。一個人にしてかくの如くなれば、これを一地方に及ぼし、仏法地と非仏法地とを比較するもまたしからざるを得ず。これを刑事の実際に照らし、年中に強盗殺人犯等はいずれの地方に多くして何れに少なきやとまずこれを計えて、次いでその地方にある寺の数と僧侶の数と毎日毎月説教の時間とを統計して、相互に比較したらんには、宗教の功徳能く民心を和して法外に逸することなからしむるの事実を発見することとあるべし。

この事実果して違うことなしとすれば、地方の富豪は決して仏法を等閑視することなく、厚くこれを保護して徳風を布くの工風なかるべからず。あるいは今の僧侶は所謂腥坊主（なまぐさぼうず）の群集にしてその醜に堪えずとの説あり。老生もその事実を知らざるにあらず。実に俗僧の群にして厭うべき者少なからず。この有様にて矯正する者なくんば、遂には仏法の根底より斃るることも計るべからずと雖も、仏法もまたこれ人事の一部分にして、今正に変遷の波瀾中に浮沈するものなれば、時勢の定まるに従いていずれにか帰するところあるべし。

その存廃論は別問題として、ただ今日ありのまま法を利用して妨げあるべからず。また今の坊主を腥しとして擯斥（ひんせき）〔排斥〕するに至りては、ほとんど弁護に窮する次第なれども、老生はさまで切迫する者にあらず、善悪雑居し醜美相隣するは浮世の習いにして、仏門内に醜僧多ければ清僧もまた少なからず。かつその醜僧にても傍らより頻りにその醜を鳴らしてこれを侮るが故に、あたかも身の置処（おきどころ）に窮し、俗にいう焼けになりてますます醜体を呈することとなれば、このところは在家の有力者が坊主に済度せらるるにはあらずして、却ってこの方より坊主を済度する心得をもって優しくこれを取り扱い、たとい少々の醜気あるも兎に角に清僧視する中には、自然に清化して一人前の坊主となることもあるべし。

元来老生の考は自ら宗教を信ずるにあらず、唯これを経世のために利用せんとするまでの目的なるが故に、立言の間に往々宗教の本意に戻ることもあるべし。甚だ不都合なるに似たれども、信心は人々の自由に任せ、諸君が真面目（しんめんもく）に宗教を信ずるなり、または自ら信ぜずして他人の信心を勧むるなり、何れにしてもこの有力なる元素を利用せざるの理由はあるべからず。今日の富豪にして軽率にも宗教を侮る人は、自ら自家の禍を求むる者なりというべし。

また諸君が家に帰りて地方民を御せんとするには、仁恵の要を忘るべからず。いわれなく他人に物を恵与するは道理の許さざるところなれども、滔々たる浮世の心波情海は一片の法理を以て渡るべからず。情をもって情に接す、すなわち渡世の安全法なれば、恵与もまたこれ家を守るの一手段なりと知るべし。有心の恵は恵にして恵にあらずとて道徳家の忌む所なれども、有心無心は微妙の問題にして、今日の忙しき俗世界に論ずべき限りにあらず。ただ随時に応分の財物を散じて小民の難渋を救うべきのみ。

かくいえばとて自家の経済に限りあり、漫りに無限の博愛を強ゆるにあらざれば、一時に大いに奮発して少数の人に施すよりも、浅く広くして普ねからんこと第一の要なり。前にいえる如く、自宅に人を会して団子に番茶を進るも恵与の一端にして、饑〔飢〕民に食を与え、病者に薬を服せしむるはもちろん、あるいは先祖の法事に菓子を配り、村の祭礼に濁酒を飲ませ、年首に福引、初午に赤飯、中元の餅、節句の甘酒、またあるいは家翁の寿を祝して老人に衣服を与え、子供の誕日に村童を集めて遊戯せしむる等、種々の古俗習慣もあることなれば、これを怠らざるのみか、ますます求めて事を頻繁にして情交の気脈を繋ぎ、相互に遠ざかることなきの用意こそ大切なれ。

また家の資産の厚薄により、一概には勧め難きことなれども、もしも資力に余りもあらんには、穀物を蔵めて郷党村民のため飢饉に備うるが如きは非常の功徳なるべし。何十年に一度の禍にして実際にその穀物を費すは稀なれども、村民の眼より見れば飢饉に餓死の患なきを知り、たとい平年にこれを食わざるも、恩沢に感ずる心は、毎年その貯穀を貰うに異ならず。凶年には民の口を養い、平年にはその心を養う。富豪者のよろしく注意すべき所のものなり。

以上は唯老生が思い付きしままを述べ、諸君が帰郷後の参考にまで供するものなり。殊に立言の要は専ら家を治め郷党に交わるの一方に限りたれども、なお進んで社会に頭角を顕わし、実業を執りて家道を盛んにするの段に至りては、今後度々語ることあるべし。

(三田演説会)

---

明治二十五年十一月、慶應義塾商業倶楽部での演説。義塾の学生のうち、地方富豪の子弟が相互に連携し、実業について研究するのが同倶楽部で、福沢はその趣旨に賛同すると言う。同倶楽部のメンバーは、家業を継いでそれを発展させ、地元の人々から尊敬を勝ち取り、「文明の先達」として彼らを導かねばならない、と福沢は説く。そのためには、演説や談話の機会を持ち、仁恵の情を忘れてはならない。道徳心を向上させるため、仏教を利用すべきだとも説いている。福沢自身、郷里・中津の発展に関心を寄せたが、学生たちにも、各地の文明の先導者となってほしいと期待していた。

## 人間万事、小児の戯れ

### ――明治二十五年十一月十二日慶應義塾演説筆記

生ある者は必ず死せざるを得ず、人生朝露の如しとあれば、浮世の栄枯盛衰、禍福吉凶はただこれ一時の夢にして、論ずるに足るものなしと雖も、すでに現世に生れたる上はその死に至るまで心身を労して経営する所なかるべからず。これまた人情世界にある一生涯の義務なり。

ここに老生が奇語を用うれば、人間万事小児の戯れというも不可なきが如し。戯れと知りながらその戯れを本気に勉め、戯れの間に喜怒哀楽して死するのみ。深き意味あるにあらず。今日生きて眠食するも戯れにして、明日病んで死するも戯れなれば、死生も意に介するに足らざれども、なおその生を欲して死を悪むは人情の本来にして、夢の如き戯れを本気に勉むる者というべし。

されば戯れながらもすでにこれを本気に勉めて真面目に経営すべしとあれば、戯れにして戯れにあらず、字面穏やかならざるが如くなれども、心を潜めて深く思案し、真にその戯れたるを知るにあらざれば、大事に臨んで方向を誤り、よしなきことに狼狽して人品を卑くし、万物の霊たる位を失うことあるべし。

例えば近火の時に力を尽して防禦するは自然の人情、また家人の義務なれども、すでに焼失したる上にて考れば、火に逢うて家の焼けるは当然の事のみならず、たとい今度焼けざるも、永き歳月の間には自然に腐朽して倒るることあるべし。焼失したりとてただ家を失うに遅速あるのみ、つまり戯れに出来たる家が戯れになくなりたるまでのことなりと安心すれば、さまで悲しむにも足らず。

またこれよりも大切なるは父母妻子の病気にその全快を祈り、医薬の手当怠りなく、いやしくもこの病苦を救うて全快の道ありと聞けば、百事をなげうち身を苦しめてこれを求めざる者なし。人間の至情にして、自ら禁ずること能わざる所なれども、さていよいよ医薬効なくして病死したりとせんに、これを自然の命数として諦むるの外あるべからず。生まれたる者の死するはその生まれたるときの約束にして、今更遽に狼狽するに及ばず、心を静かにして生者必死の実相を観るべきのみ。

しかるに今この道理を会心せずして、ただ眼前の苦楽のみを苦楽し、苦んでは不平を鳴らし、楽んでは法外に逸し、万物の霊たる人生の品位にあるまじき醜体狂体を呈するは、畢竟軽重の別を弁えざるものにして、識者の取らざる所なり。彼の小丈夫が家を焼きて発狂し、愛子を喪うて悲哀の極み、遂に自ら病を醸すが如き、その事例として見るべし。家のまさに類焼せんとするときは畢生の勇を鼓して消防すべし。家人のまさに病死せんとするときは寝食を忘れて看護すべし。すなわち戯れの沙汰にあらず、一生懸命の時節なれども、その果して焼失し死亡したる上は、心事を一転して我が身もともにこれ戯れ中の人たるを思い、さらに苦痛を感ずることなかるべし。

右の立言は少しく高尚にして仏者の説に似たり。宗教に不案内なる老生の口よりするは不似合なれども、仏者の意に適うも適わざるもその辺は別問題として、啻に火事病気の時のみならず、人事万事を随時の戯れとしながら、本気にこれを勉強苦辛するの一事は、諸君が今日本塾にいて学業を修め、成業の後、世に出でて家事世事に処するにも欠くべからざる要訣なりと知るべし。

学問は人生に必要なり。学問の嗜みなくしては文明の世間に伍をなすべからず。畢生の力を尽して本気に勉強すべしと雖も、字を読み理を講ずるのみをもって人生の能事終れりとすべからず。学問もまたただ人生百戯中の一なれば、その勉強の間にも種々様々に思いを馳せて事物の軽重を視察し、知字推理の外にさらに大切なる心術の修行処世の工風なかるべからず。

老生が常にいう学問を軽く看るとはこの辺りの意味にして、彼の学問にのみ凝り固まりておのれが信ずる所に偏し、曽て他の説を容るること能わずして、動もすれば人と争い、遂に極端の非を犯して自ら悟らざるが如き、学を勉めて本気に過ぎたるものなり。ただ学問の事のみにあらず。政治家が権力を争い、青雲の士が立身出世の前後を争い、これを争うて目的を達するときは意気揚々として無上の愉快を覚ゆるその反対に、不幸にして失敗すればたちまち落胆して身躬から慰むるの道なく、鬱憂煩悶して醜体を示すの事例は世間に珍らしからず。また商売人の利を得て喜ぶ者に限りて非運のときに憂うること甚だしく、一成一敗の間に喜憂自ら禁ずる能わずして成敗ともにその身に禍するもの少なからず。

いずれも皆、局量狭き小丈夫の事にして、その平生の伎倆如何にかかわらず、ともに士君子の社会に歯すべからざる者なり。畢竟そのしかる由縁を尋ぬれば、政治家が政治を重んじ、商人が利益を重んじ、そのこれを重んずること実を過ぎて、遂に人生の尊き品位に傷けたる者というの外なし。人間万事戯れと申しながら、その局にあたればこれに熱心して辛苦勉強すべきは当然の義務にして、ことと品とによりては生命を犠牲にすることさえありと雖も、その熱情の往来する間に、時として心事を一転して人生に常なきの原則を思い出し、吾が身も正にこれ浮世の百戯中におりて、人とともに一時の戯れを戯るる者なりとのことを悟り得たらんには、その熱するもただ熱にとどまりて狂するに至らず、名利の心をして法外に逸せしむることなきのみならず、たとい事情に迫りて家を亡ぼし、身を殺すに至るも自ら安んずるところあるべし。これを名付けて人間安心の法という。

諸君年なお少し。あるいは以上の談を聞き、これは堪え難き事どもなり、人間万事を戯れと思えば、はじめより勉強するにも及ばずとて、直に論破することもあるべし。無理ならぬ思想の順序なれども、前にいえる火事の例をもっていわんに、自家の類焼消防のとき人に倍して力を尽したる主人が、焼失の後に至り人に倍して平気なるものあるは何ぞや。すなわちこの主人は家を重んずること甚だしきその間にも、一念またこれを軽んじてその烏有(うゆう)に帰する〔何もない状態になる〕を愛まざるものなり。軽重の念一時に往来して相妨げざるところは、ただ諸君が心術の修業如何にあるのみ。

---

明治二十五年十一月、三田演説会での演説。「人間万事小児の戯れ」であるが、戯れと知りながら本気で努力し、戯れの間に喜怒哀楽して死ぬのみである、と福沢はその死生観を示す。父母が病に罹れば必死で治そうとし、しかし病死してしまえば、自然の運命として諦める。目の前の苦楽に苦楽し、不平を鳴らし、あるいは過度に喜ぶのは、「人生の品位」にあるまじき醜態であると言う。仏教の「諸行無常」に通じるものがあるが、福沢自身、これは「仏者の説に似たり」と言っている。

## 夜陰の妖怪を恐れないために
### ――明治二十六年四月三十日東京帝国ホテル交詢社大会の演説

交詢社の創立以来すでに十四年、世間に各種の結社多き中にも、本社の如きは基礎の最も固くして歳月の最も久しきものの一なるべし。かく永続して人の倦まざるは、社の主義とする所、一方に偏せずして、尋常一様の人事を談じ、曽て奇なることなきが故ならん。味の濃厚なるものは一時口腹を悦ばしむるもたちまちにして飽きやすし。交詢社は米の如く水の如くその味至極淡泊にして辛甘の刺戟少なしと雖も、無限の妙処は淡泊の中に存し、自ずから居家処世の要に適して人に可なるが故ならん。

社会十四年間の活劇は奇々妙々にして、政事人事の消長起伏、その人々の栄枯盛衰、これを見物して誠に面白き中にも、本社はあたかも局外にいながらその実は社会に率先して方向を指示したるものなり。その指示の法は他なし、社員諸君が常に文書を往復しまた親しく相会して、知らざるを問い知るを語り、悠々談笑の間に得たるその知識聞見をまた伝えて人のためにすることなり。

否、改まりて人のためにすというよりも、知らず識らずの間に人のためになることにして、諸君は自ら知らずして世を益したるものというべし。天下広しと雖も智愚雑居してこれを平均すれば知識の世の中にあらず。言少しく自負に似たれども、本社の如きはまずもって知識の叢淵にして、しかも虚心平気の判断に適するものなれば、あえて社会の指南車をもって自ら任じ、一国の利害に関する事柄に付いては大体の方向を明らかにするの義務なきを得ず。

その利害は日々夜々に生じて際限もなきことながら、近年来世上に著しきものを挙ぐれば、鎖国風の議論も流行の一として見るべきものなれば、今日はこの事に付き一言して、老生が例年促さるる演説の責を塞ぐべし。

さて今の所謂鎖国とは三十年前の攘夷論にはあらざれども、その議論の血脈を尋ぬれば攘夷論の進化したるものにして、兎角外国人を悦ばず、たといその人を敵視せざるも、外国の物を嫌い、外国の金を嫌い、遂には外国の貿易をも大切なることと思わずして、動もすれば引っ込み思案の方に傾く者あるが如し。実業発達の今日において随分困り入りたる次第なれば、諸君においても格別に注意ありて人の惑を解き、もって商工社会の健康発達を助けられんこと冀望に堪えざる所なり。

そもそも鎖国風の行わるるはその論者の小心翼々国を思うの一念より生ずることにして、その心事はとがむべからず、一口に感心というの外なしと雖も、およそ人間世界に知らざる程恐ろしきものはなしという。夜陰の恐ろしきは目に万物を見ざるが故にして、妖怪（おばけ）の来るや計るべからざればなり。文人が戦争の実地談を聞きて胆を寒くすれば、武人が文書の理論に難問せられ、青年書生の前に赤面して汗を流すが如き、畢竟その知らざる所に恐れて実に過るものというべし。

されば今の鎖国流の論者も、その論の由って生ずる本を尋れば、外国の書を読まず、外国の真の事情を知らざるのみか、貿易商売の事などに至りては一切不案内なるが故に、商売上に外国人と聞けば夜陰に妖怪の計るべからざるが如くにして何となく気味悪く、道理外にこれを恐れて自ら禁ずること能わざる者なり。内に一点不安の心あれば、発して条約改正論となり、非内地雑居論となり、遂には引っ込み思案となりて、あたら利すべき貿易上の利益を空しうするに至るも計るべからず。

我日本の国質に訴え我国民の技倆に徴しても、この場合に引っ込み思案とは如何にも残念至極の事どもなり。その細論は今日この席の事にあらざればこれを略し、老生が三十余年前に毎度人に語りて時の攘夷論を緩和せんことを試みたる話柄あり。久しく不用に属したれども、今その話を再演せんに、当時浪士と称する壮年輩が江戸市中に出没して頻りに攘夷論を唱え、果ては洋物店の者どもを売国奴と称し、きっと何日までに閉店せざるにおいては天誅に行うと脅迫して、店は閉ざし主人は逃亡するなど、言語に絶えたる大騒ぎのその時に、老生の親しくしたるある豪商は、洋品引取りの営業なりしが、浪士輩の脅迫に恐れず、依然開店して常の如し。

ある日老生に語りていうよう、近来浪人どもが攘夷攘夷と申すは、外国人の割りを悪くして日本国の利方を好くするの意ならん、もしもそれが攘夷の趣意ならば、自分等は日夜勉強して一銭一厘にても外国人の利益を捻り取って日本人の物にせんことを勉め、一年三百六十日、その合戦のみなれば、自分等こそ真に攘夷の隊長なれ、浪士は攘夷の法を知らざる者なり云々と。

また老生が三十余年前、幕府の使節に随行して欧洲各国を廻り、荷蘭（おらんだ）のアムストルダム市に至りて、使節の一行と市中の紳士紳商と面会談話の語次、使節の質問に、

当市中の地面は外国人へも貸渡すことあるや。

答、貸渡しはもちろん、売渡しも致す。

その売渡しの地坪に制限あるや。

制限とては固よりなし、売買は唯価に従うのみ。

金を出せば何程にても売るか。

上直を出せば何程にても、あるいは当市中を残らず売却することもあるべし。

しからば今仮に英国人が大金を払うて広き地面を買い取りこれに城を築きたらば如何するや。

それも勝手次第なれども、他人の地面をたって所望すれば地価は非常に騰貴すべし。無数の金を棄てて他国の地面を買い、実際の役にも立たぬ城を築くが如き馬鹿者は、先ず欧羅巴（よーろっぱ）中にあるべからず。吾々はこれまでその辺りの事に思い及ぼしたることもなし云々。

とて、主人はただ笑うのみ、客はただ驚くのみ。双方の思う所、少しも分らずして可笑しかりしは、老生が親しく見て記憶する所なり。

以上は当時攘夷論の最中に毎度人に語り、外国貿易の国損にあらず、外国人の恐るるに足らざる理由を、それとなく悟らしめんとして、大いにあたりたることもあり、または却って有志者の逆鱗に触れたることもある老生得意の奇話なりしが、かくまでに浪士輩が外国の貿易を嫌い、幕府人が地面の売買法に驚くは、一見、愚なるが如くなれども、必ずしもその人の愚なるにあらず、ただ開国そうそう、内外相互にその情実を知らず、通信貿易の何事たるを解せざるに坐するのみ。

今や外交も次第に進歩して内外人の相互に見る所、昔年に同じからず、随ってその喜憂する所もまた自ずから区域を広くして、いわば高尚に進みたるが如くなれども、知らざるものに対して恐怖するの人情は今昔相同じ。

されば今日世間の人が引っ込み思案の説を講ずるは今日の新発明にあらず、彼我の真面目を見ずして情実不通の暗に迷うはいわゆる夜陰に妖怪を恐るるものにして、古人も今人もともに免かるべからざるところなれば、老生は諸君とともにこの夜陰を照らすに文明世界の新知識を以てし、妖怪の果して怪しむに足らざるを明らかにして、社会の先導者たらんことを期する者なり。自ずからこれ交詢社の本分なるべし。

――明治二十六年四月、帝国ホテルで開催された交詢社大会での演説。福沢は、商売相手が外国人となると「夜陰に妖怪」があらわれた観があるとして恐れ、外国人の内地雑居に反対する風潮に釘を刺している。引っ込み思案は「残念至極」である。福沢は、幕末に攘夷論

——が高まるなかで、外国人は恐れるに足りないと論じたことを紹介し、情実が通じれば「夜陰に妖怪」を恐れることはなくなる、と説いている。当時、条約改正に伴う外国人の内地雑居の是非が話題となっていた。

## 我が銅像はなくて不自由もなく、ありて邪魔にもならず

### ——銅像開被に就て

（明治二十六年十月二十九日・福沢先生銅像開被式）

今日は福沢翁銅像の開被式とて御招きに預り、ただ今小幡〔篤次郎〕君並に大熊〔氏広〕君の御演説にて、この像の出来たる由来は御来会の皆様にも御承知下されたることならん。殊に大熊君にはおよそ三年以来、何程の御苦労なりしや、実に言語に尽しがたし。永き日月、像の型を作るその間に、随って作り随って改め、無限の工風心労のみならず、型の原品たる福沢の老翁が、時としては我儘を働き、製作場に欠席して時を空しうしたることも少なからず。それにもかかわらずして遂に今日この見事なる品の成功したるは、唯大熊君が彫刻の道に熱心なると、その慶應義塾を視ること薄からざるとに由るのみ。実に謝するにも辞なき次第なり。

さて銅像はここに立派に出来上りたるところにて、老生の心事如何を丸出しに申せば、老

生は元来殺風景なる生れ付きにて、万事外面の辺幅に頓着せず、例えば家の光を天下に燿かし、一身の名声を百年に遺すなどいうことは、世間一般の人の思うほどにこれを思わず、生前に家柄が高くも卑（ひく）くも、死後に人の追遠の情が何とあらんも、少しも気に留めざる性質なれば、自分の容貌を写したる銅像の如き、あるもなきもほとんど心事の外にして、なくて不自由もなくありて邪魔にもならずと申す位の次第なり。

この性質は諸君が老生の平生に徴しても大抵御承知の事にして、すでにこの事の発起前にも、それは無益のことなり、左様な金があるならばこの貧乏学校の維持に用いるこそ本意なれと、毎度小幡君その外に語りしこともあり。しかるに諸君が老生の性質を知りながら厚き御賛成にて遂に今日あるに至りしとは、いささか不審のようなれども、退きて窃に案ずるに、諸君が銅像を作りたるは福沢諭吉の容貌を写すにあらずして慶應義塾の紀念にするの意なるべし。この松はこの人の生れたる年に植えたりといえば生前死後の紀念に存するが如く、義塾は諭吉の発意に生じたるものにして、諭吉の像はすなわち塾を写したる像なるゆえに、諸君がこの塾を百年の後までも忘れざるために、いわば松の木の代りに銅像彫刻の挙に及びしことならん。銅像すなわち慶應義塾なりというも不可なきが如し。

さりとは老生において誠に欣喜に堪えずと申すその次第を語らんに、本塾創立以来すでに三十五年、学生を育することほとんど一万人、日本国中最も古くして最も大なる学塾なれども、その維持法に至りては本来無一物の私塾にして、年一年を姑息に渡るのみ。曽て根本の安心を得たることとなし。幸いにして先年来維持社中の尽力と、次で大学設立のときには宮内省よりも恩賜あり、その他に資金の寄附少なからずして、今日まではこの通りに学校の体裁をなし、教育の実効を挙げて不自由なきが如くなれども、固より永久の見留めあるにあらず、畢竟するに年々歳々断えず他人の力によりて持続し来たることなれば、今にも人に忘らるるときは、その時こそ即ち塾の命脈断絶の時にして、三十五年前の無に帰すべきのみ。

老生も本年六十歳、塾の事はかねて寺院の風に倣い、義塾寺は義塾寺の経済をもって独立して曽て私に混同したることなく、目今の住職は小幡君にして、諭吉は先ず老僧隠居なれども、塾の因縁は深くして忘るること能わず。今にも無常の風に誘われて老僧が寂滅することあらんには、俗体なる福沢の家には子孫もあり、跡は如何ようにもするならんと思えども、寺院なる義塾の維持こそ不安心なれと、老後の煩悩自ら禁ずること能わざりしに、今回図らずも諸君がこの寺院のために紀念の銅像を作りて永く忘れざるの厚意を表されたり。

この像は固より諸君の所有物にして他に主人とてはあるべからず。しかもこれを人に売らんとして容易に買う者もなく、与えんとして貰う者もなく、永く本塾に保存して塾を代表するものなれば、その物のあらん限りは塾もまたともに存在せざるべからず。慶應義塾は銅像とともに万々歳なりと安心すれば、諭吉死するも瞑すべし。ただ深く諸君の御厚意を謝して義塾の好運を喜ぶのみ。

かく申せば諸君は実に厄介なるものを作り、ためにこの学塾維持の任を引き受けて甚だ面倒なるが如くなれども、その維持法はさまで困難なる事にあらず。塾の会計豊かならずと雖も、その所有財産を計うれば邸地一万四千坪、東京中比類なき第一等の地所にして、目下の相場にても二十万円内外の価はあるべし。地所の名義こそ福沢諭吉なれども、諭吉は疾くすでにこれを塾に寄附したるのみならず、最初より私有の念なければ、義塾独立の基本財産としてまず二十万円の邸地を所有し、都合により何時（なんどき）でも売却して他に転ずることやすし。

地所にある建物も何千坪、その外に書籍器械等も少なからず。これに加うるにかねて有志者より寄附せられたる資本も、年々次第に減少はすれども、今なお六万円ばかりはあるべし。貧といえば貧なれども、無理なる金策などして朝夕の振り廻しに苦しむが如き貧の塾にはあらず。ただ今後を見て永続の目的なきのみのことなれば、いやしくも多数の人の力を集めて事を謀るときは、その事は創造にあらず、既有のものに不足を補うまでの労にして、労力の割合に実効の大なるものあるべし。老生はひたすら諸君の厚意に乗じて将来の事を托する者なり。

試みに諸君が心を静かにして天下の形勢を視察せられたらば、今の日本国人の思想は果して如何なるものなるやを発明するに難からざるべし。外国交際の刺衝は社会万般の根底を顚覆して人民はよるところを失い、未だ新事の真面目を得ずして早くすでに旧物の本領を破り、新たに走るの軽率をとめんとすれば旧に復るの頑陋なるものあり、進むも突飛して進み、退くも突飛して退き、進退常なく、運動自在にして、曽て責任のあるところを見ず。

およそ天下の政令、宗教より、士君子の家にいるの法、人に交わるの体裁、学者記者の筆にし口にする所の言論に至るまで、仔細に吟味し来たれば、その得失正邪の如何にかかわらず、官民朝野を挙げて、一も社会の制裁として見るに足るべきものなく、一も人民のよりてもって安身立命に模範とするに足るべきものなきが如し。既に制裁なし、模範なしとあれば、何事かいうていうべからざるものあらんや、何事かなしてなすべからざるものあらんや。

一旦の機に乗じて事の極端に走り、片言を軽信して国家百年の大計を誤るもの、これこれ皆しかり。風紀紊れざらんと欲するも得べからざるなり。今の人民は吹きて飛ぶべし、煽で焼くべし、塵の如く、紙の如く、軽々翻々、帰する所を知らざれば、富貴必ずしも富貴ならず、貧賤必ずしも貧賤ならず、貧富貴賤、もろともにただ僥倖の間に生まれて死するのみ。

さりとはその身に独立自治の大義を失うは申すまでもなく、この国の独立を如何すべきや。あたかも脊骨なき動物をして重荷を負わしめんとするに異ならず。不安心なりというべし。我が慶應義塾が学問の学塾なるにもかかわらず、社中の志す所は読書推理のみにとどまらずして、一身一家一国の独立を重んじ、世の所謂政論に走るが如き軽率はなけれども、常に国家の経綸、社会の風紀如何に就いて心事を労するも、自ずから偶然にあらざるを知るべし。

されば今諸君が幸いに本塾の事に尽力せられて、その命脈を永遠に持続し得ることもあらんには、自ら人のよるべき模範を示して民心の運動を制裁し、もって天下風紀の中心たること決して難きにあらず。これを今の大小の政治家が単に法律の範囲内に跼蹐（きょくせき）して「自由がないこと」経世の余裕なく、眼前の小政略に汲々してその苦楽栄辱を浮雲とともにし、またかの宗教家が凡俗下等の小民に接するのみにして兎角勢力の振わざるものに比すれば、同日の論にあらざるなり。

畢竟するに吾々の目的は今のいわゆる政治法律の外に悠々して、慎んでその政法を遵奉し、人に向いて多を求めずしてまず自ら自立自治の根本を定め、社会中等以上の種族とともに国家の脊骨たらんことを期するものなれば、一私塾小なりと雖もその任は則ち大なり。方今我日本国中に慶應義塾を除くの外にあえてこれに任ずるものはなかるべし。ただその能くこれに堪うると堪えざるとは、社中諸君の尽力熱心の如何に存するのみ。

---

明治二十六年十月、慶應義塾で福沢の銅像が公開された式典での演説。自分の銅像ができたことに、福沢は、あってもなくてもほとんど「心事の外」であり、「なくて不自由もなくありて邪魔にもならず」と述べ、そんな金があれば、貧乏学校の維持に使ってほしいと語っていたと言う。義塾は寺院のようなもので、自分は隠居した老僧だが、その将来の維持には煩悩を禁ずることができないとして、寺院のための銅像ができ、塾の代表として塾とともに保存されるのであれば、安心して死ねると言っている。「銅像すなわち慶應義塾なり」という一言に、福沢の自負と後世への期待が凝縮されている。

# 学者は飼い殺せ
## ——人生の楽事

（明治二十六年十一月十一日）

人には何か楽しむところのものなかるべからず。旅行を好む者あり、閑居を貪る者あり、遊芸を嗜む者あり、書画骨董を悦ぶ者あり。なおこれより以外には財産の増殖に余念なき者もあれば、功名利達に熱心なる者もあり。その他千種万様限りなき人事の運動は、浮世の人々がおのおのその心を楽しましめんとするの働きにして、あるいはこれをその人の楽しみともいえばまたはその志ともいう。

諸君にも必ず何か楽しむ所、志す所のものあるべし。折々は相会してこれを語りこれを論ずるこそ面白けれ。今晩は老生が壮年の時より今に至るまで曽て一日も忘れたることなくして、遂に今に至るまで意の如くならざりし一快楽事の想像を語らんに、老生は本来儒学生にして、今を去ること四十年、年齢二十の頃、はじめて洋学に志し、その入門は物理学にして、これを悦ぶこと甚だしく、何か一科の専門に入りてなすことあらんとの熱心は万々なれども、時勢の許さざる所にして、家に資力もなく、朝暮衣食の計に忙くして心を専一にすること能わざるのみか、開国以来の世変を見れば自ら黙止すべきにもあらず、色々の著述などして時を費したることも多し。

されども物理学の一事は到底心頭を去らずして、これを思えばいよいよ面白く、独り心におもえらく、造化の秘密、誠に秘密なるが如くなれども、化翁(けおう)〔神〕必ずしもこれを秘するにあらず、人のこれを探究せざるが故なり。蒸気電気の働きは開闢のはじめより明らかに示すところなれども、人間の暗愚なる、久しくこれを知らずして、ようやく近年に至りはじめてその端緒を探り得たるのみ。今後とても人智の次第に進歩するに従い、いよいよこれを探りていよいよこれを知り、その知り得たる上にて未だ知らざる時のことを思えば、ただ人間の暗愚なりしを悟るのみにして、今日は学界なお暗黒の時代というも可なり。

この時にあたり一意専心、物理を探究して、造化の秘密を開くは人間無上の快楽にして、王公の富貴栄華も羨むに足らず。これを眼下に見てその生活の卑俗なるを憐むと同時に、自家の空想を逞うし、例えば動植物生々の理、地球の組織またその天体との関係、化学の働きは果していずれの辺りにまで達すべきや、宇宙勢力の原則は果してすでに定まりたるや否や、など仔細にこれを思えば千百の疑問際限あるべからず。

満目あたかも造化の秘密に囲まれて唯人智の浅弱を嘆ずるのみなれども、いよいよ進んでいよいよ深きに達し、曽て底止する所を知らざるも亦これ人生の約束なれば、勇を鼓して知見の区域を拡め、あたかも化翁と境を争うはこれぞ学者の本領なりと深く信じてこれを疑わず、殊に我が日本国人の性質を見るに、西洋文明の新事を知りしは輓近(ばんきん)〔最近〕のことなれども、知識の教育練磨は千百年来生々の遺伝に存して、新事の理を解するに苦しまざるのみか、起首原造の天資に乏しからずして、洋学開始以来単に西洋を学ぶの時代はすでに経過し、今は学問場裡に彼我併立の勢を成して、今後我が学者の勉むる所はただ彼に対して先鞭を着くるにあるのみ。

実に日本国の一大快事なれども、ただここに遺憾なるはその学者をして一意専心ならしむるの手段について意の如くならざるもの多きの一事なり。如何なる学者にてもその身匏瓜（ほうか）〔瓜の一種で苦くて食べられないとされる〕にあらざれば衣食の計なきを得ず。しかるに生計は人生に最も煩わしくして、学者の思想を妨ぐることこれより甚だしきものあるべからず。独坐沈思、宇宙無辺の大より物質微塵の細に至るまで、その理を案じその働きを察し、乍（たちま）ち得たるが如くにしてまた乍ち失い、恍として身躬からその身のあるところを忘れ、一心不乱、耳目鼻口の官能もほとんど中止の姿を呈したるその最中に、突然家計塩噌の急に促され、金銭受授の俗談に叫ばるるが如きありては、思想の連鎖一時に断絶してまた旧に復するを得ず。

これを喩えば熟眠、夢方（まさ）に酣（たけなわ）なるのとき、面にザブリと冷水を注がれたるが如く、殺風景とも苦痛とも形容の詞あるべからず。世間一般の人は左程に思わざるべけれども、ただ学者にしてはじめてこの苦痛の苦味を知るべきのみ。今日の実際において政治家にも、哲学者なく、新聞記者に物理学の専門家少なく、開業医師に学医稀にして、説法僧に善知識を見ざるも、自ずから偶然にあらず。されば今この学思の妨害を除きて専一ならしめんとするには、学者に衣食の資を給して物外に安心せしむるの一法あるのみにして、窃にその方法を案ずるに、法律規則をもって組織したる政府の筋には固より依頼すべからず。

今の不学なる俗政府の俸給などに衣食し、俗物に交わり、俗言を聞き、甚だしきはその俗物の干渉をこうむり、催促を受けながら、学事を研究せんとするが如き、その無益たるはいうまでもなく、たといあるいは世間有志者の発意をもって私に資金を給せんとする者あるも、そのこれを給するや公共のためにも私のためにも近く実利益を期するが如き胸算にては、本来の目的に齟齬するものなり。

老生が真実の目的を申せば、ここに一種の研究所を設けて、およそ五、六名乃至十名の学者を撰び、これに生涯安心の生計を授けて学事の外に顧慮する所なからしめ、且つその学問上に研究する事柄もその方法も本人の思うがままに一任して傍らより喙を容れず、その成績の果して能く人を利するか利せざるかを問わざるのみか、むしろ今の世にいう実利益に遠きものを択んでその理を究め、これを究めてこれに達せざるも可なり、これがために金を費して全く無益に属するも可なり、その人の一生涯にならざれば半途にして第二世に遺すも可なり、あるいはその人が病気の時に休息するはもちろん、無病にても気分に進まざる時は業を中止すべし、勤むるも怠るもすべて勝手次第にして、俗にいえば学者を飼放しまた飼殺しにすることとなり。

かくの如くすれば万事不取締にしてとても実効を奏することなしと思う者こそ多かるべけれども、元来学者の学を好むは酒客の酒におけるが如くにして、傍らよりこれを制すべからざるのみか、自ら禁ずること能わざるところのものなれば、いわゆる飼放しはその勉強を促すの方便にして、俗界に喋々する規則取締等こそ真に学思を妨るの害物なりと知るべし。およそこの辺りの趣向にしたらば、日本の学者もはじめて能くその本色を現わして辛苦勉励、心身の力を尽し、遂に造化の秘密を摘発して世界中の物理学に新面目を開くこともあるべし。

試みに実際の費用を概算するに、十名の学者に一年千二百円を給して共計一万二千円(この種の学者は世間に交際も少なく、衣食住の辺幅を張らんとするが如き俗念もなく、物外に独立して他を顧みざることあたかも仙人の如き者なれば、一年の生計千二百円にて十分なるべし。)この外に一名に付き毎年およそ二、三百円を生命保険に掛けて死後の安心を得せしむるの要もあれば、学者の身に費すものおよそ一万五千円として、他は研究の費用なり。その高は際限なきことなれども、仮にまず三万五千円とすれば、両様合して五万円を毎年消費する勘定なり。

あるいは右の如く計画しても、十名中に死する者もあらん、または中途にして研究所を脱する者もあらん、または不徳義にして怠る者もあらんなれども、十名ともに全璧ならんことを望むは有情の世界に無理なる注文にこそあれば、十中の五にても三にても、前後節を改めずして確乎たる者あればもって足るべし。一人の学力能く全世界を動かすの例あり。期する所はただその学問の高尚深遠にあるのみ。

以上の趣向は老生が壮年のときより想像する所にして、人に語るも無益なるを知り、一、二親友の外に口外したることもなく、人生の運命は計られず、万に一は自分の身に叶うこともあらんかと独り窃に夢を画きたることもなきにあらざれども、畢竟痴人の夢にして、とても生涯に叶うべき事にあらず。

されば今満堂の諸君は年なお少（わか）し、一生の行路に幾多の禍福に逢うは必然の数にして、あるいは大資産の身となり、衣食余りて別に心身の快楽を求め、特に大に好事心を逞うせんとしてその方法を得ざるが如き境遇に際することもあらんには、昔々明治二十六年十一月十一日慶應義塾にて云々の演説を聴きしこともありと、これを思い出して何か面白き企てもあらば、老生の生前においてこれを喜ぶのみならず、たとい死後にても草葉の蔭より大賛成を表して知友の美学に感泣することあるべし。

---

明治二十六年十一月、慶應義塾における演説。福沢は壮年の時から抱いてきた理想として、一種の研究所を設けて五名から十名程度の学者を選び、一生涯保証する金銭を与えて、本人の好きなように研究させ、その成果は一切問わない、という「学者を飼放しまた飼殺し」にすることを提唱している。とても生きているうちには叶うまい、と言っているが、これまでほとんど公にしてこなかった持論だというから、成果主義に追われはじめた学者を憂えた発言であろう。

## 軍資金を「献上」せず「醵集」しよう

――〔明治二十七年八月軍資醵集相談会に於ける演説〕

朝鮮事件[47]よりして日清の葛藤次第に困難に立ち至り、すでに去る二十五日は牙山(アサン)海開戦の電報さえ到来して、我が軍の大勝はまずもって痛快に堪えざる次第なれども、今後の形勢如何なるべきや計り難し。ただ吾々は在外軍人の境遇を察して遥かにその労苦を謝するのみ。頃日来軍人慰労のためにとて恤兵部(じゅっぺいぶ)に財物を寄贈する向きも少なからず、愛国の美挙誠に感心の至りなれども、元来今回の事は我国三百年来未曽有の外戦、殊に今の文明界の表面に演じて世界中の耳目に触るる大挙にして、その一挙一動、直に国家の栄辱たるのみか浮沈にも関する程の次第なれば、戦場の事はこれを軍人の勇武に依頼して安心なりというも、身躬から従軍せずして内にある者は国民の分として高枕安閑たるを得べからず。ついてはここにさらに規模を大にして大いに資金を募集し、国庫臨時の軍資を臨時に償却するの法を講ずるは正に今日の急務なるべし。

今回の軍資は何千万円に上るやは、あらかじめ知るを得ずと雖も、その負担者は国民にして早晩これを償却せざるべからず。これがためにはあるいは従来の税率を改め、または新たに税源を求むる等、種々の方案をもって経済社会に多少の波瀾を生ずることならん。これに加え政府が一時の窮策に紙幣を増発するか、または準備金を流用して現在の流通紙幣をして兌換の性質を失わしむるが如きあらんには、経済の紊乱は如何ばかりなるべきや、資産家が知らず識らずの間に私有半減の奇禍に罹ることなきを期すべからず。

かくの如きは則ち兵乱過去して第二の財乱に遭うものというべし。されば今一方には経済社会の変乱をその未だ生ぜざるに予防すると同時に、また一方には我が日本国民の愛国心如何を発揚するために、全国八百万戸四千万人の貧富に応じ多少の金を醵出して、一時限りに軍費を償却するは決して無稽の策にあらざるべし。（中略）

そもそも吾々が今回軍費醵集の事に立案したるは毫もためにする所あるにあらず。本来をいえば兵は兇器にして戦は不祥なり。誠に好む所にあらざれども、事今日の場合に至れば最早一歩も退くべからず。目的は唯戦勝に在るのみ。戦に勝利を得て国光を世界に燿さんとするにあるのみ。

而して軍費の豊かなるは戦略を逞うせしむるの方便なるが故に、在外の軍人は骨を晒し血を流して戦い、内にある吾々は家計の許す限りを揮うて戦資に供し、内外相応じてその負担に軽重なからしめ、国民の力をもって国を維持せんとするの精神にして、眼中物なし、ただ日本国あるのみ。すなわち日本国民が日本国のために全力を尽して当然の義務に背くことなからんとするものなれば、その醵し得たる金は、もって政府に与うるがためにあらず、もって官吏を悦ばしむるがためにあらず。

若しも強いて適とする所を求むれば、社会の高処、物外の辺りに我が天皇陛下のおわしまするのみにして、下界臣子の微意、仄かに上聞に達することもあらんには、あるいは宸襟を慰め奉るの一助にもなるべきか。これは望外の事として、兎に角に古来の慣行に人民が政府に私金を献上して時の官吏に褒めらるるが如き陋習は、すでにすでに過ぎ去りたることと知るべし。固より今回の醵集金とて、その集まるに従いこれを政府の筋に納めて金の用法はこれに一任すと雖も、単に政府の手を仮りて国用に供するのみ。断じて献上の趣意にあらず。即ち本会を軍費醵集会と名付けてわざと献の字を用いざる所以なり。(中略)

かくの如くにして、内には海陸軍をして軍費に後顧の患なからしめ、外に対して外国人の感覚如何を尋ぬれば、皆いわん、日本人は真実義勇の人民にして、その平生政談法論など喧しきにもかかわらず、一朝事あるにあたりては党派の恩讐を忘れ私交の冷熱を思わず、四千万の同胞は字義の如く真実の同胞骨肉にして、軍人外に能く戦えば国内の人民もまた遥かに辛苦をともにし、奮って私産を擲って軍資を負担し、ただ一心に国権の皇張を祈りて他念なきその有様は、あたかも身躬から従軍せざるを憾むものの如し、されば日本の軍隊は官軍にあらずして民軍なり、四千万の人口は四千万の兵なり、官軍には敵すべし、民軍は侮るべからずとて、窃に畏憚の心を生じ、我が日本国が文明世界に対して重きをなすは実に九鼎大呂〔貴重な地位や重要な物〕も啻ならざるべし。

十艘の鉄艦、百門の大砲、戦場に利なりというも、他をして我を畏憚せしむるの一段に至りては、今回の軍費醵集の美挙は砲艦の利に優ること同日の論にあらずと、吾々の信じて疑わざる所なり。満堂の諸君に今さら愛国の要を談ずるが如きは無用の贅言にして礼にあらず。わざとこれを略して、以上はただその固有の愛国心を発露するの一法として醵集の事を

謀るのみ。(48)

明治二十七年八月、日清戦争軍資醵集相談会における演説。国家の独立を賭けた日清戦争の勃発を受けて、膨大な軍資金が必要となっていたが、そのなかで「軍資醵集」を立案したのは、ただ戦争に勝つためである、と福沢は言う。軍人が命を賭けて戦っている以上、国内の我々は家計の許す限り、戦費を提供し、「国民の力をもって国を維持せんとするの精神」を発揮しなければならない。人民が政府に「献上」して褒められるのは「陋習」であるとして、あえて「献上」の字を用いず、「醵集」とした。「醵集」は、自発的に金銭を出して集めることを意味する。独立自由を訴え、人民を国民へと養成してきた、福沢らしいスタンスがあらわれている。なお、（中略）とあるのは原文のとおり。

## 軍事戦と経済戦を勝ち抜くために
### ――福沢先生の演説
（明治二十八年一月二十二日・慶應義塾出身貴衆両院議員同窓会）

人事忙中、自ずから清閑あり。諸君が目下帝国議会開会中、無限の公務あるにもかかわらず、慶應義塾の旧を懐うて今日この盛会を催し、特に老生へ御案内下されたるは、ただその芳情の優なるを謝するのみ。ついてはここに御挨拶かたがた一言致したきは余の儀にもあらず。

従前老生が余処ながら議会の様子を見るに、兎角議論のみ多くして、議論の割合に成跡は少なし。さりとは甚だ面白からず、他人はしばらく擱き、我が義塾出身の学者にしてあるまじきことなりと窃に不平を抱くとともに、また退きて考うれば、少小の時より文明の学に志し、業成り身修まりて、公共の推す所となり、地方幾万の人を代表して議員の席を占めたる名士が、興に乗じて言論を弄ぶ筈もなし、これには何か意味のあることならん、単に一場の言行を抵当にして漫りに評すべからず、まずまず気長にその様子を眺めんといささか自ら慰めいたりしに、案に違わず、日清の事件破裂に及ぶや否や、帝国議会は旧時の議会にあらず、その主義目的とする所、少しも政府に違わず、政府もまた議会の後援を得てその運動を逞うし、官民一致、もって国家の大事にあたり、彼の広島の臨時議会に公債募集案を提出したるときも、以前なれば百円金の出納に議場の風波を生じたるその議会が、一億五千万の巨額を即決したるが如き、啻に我政界の美談として自ら祝するのみならず、世界中に対しても我が民情の如何を誇るに足るべし。いわんや支那人の失望落胆に於てをや。

彼の腐儒国の陋眼〔不見識〕をもって日本の議会を見れば、三百の議員は三百の暴客にして、常に政機の運動を妨げ、政府はあれどもなきが如く、全く無政府の有様にこそあれば、一旦緩急の日に一兵を出すことも難しとて、一切の政策をこの辺りの寸法より割り出して、さてこそ朝鮮東学党の問題より引き続きかの国事改革の事に関しても、我に対して国交際にあるまじき無礼を働きしことなるに、何ぞ料らん、その無政府国の政治は至極活溌にして、咄嗟の間に十万の兵を動かし、曩きの暴客の真実決して暴ならずして、誠意誠心、我が国民の真意を代表して一点の私を挟まず、官民あたかも一身同体にして、王師の向う所敵なく、十万の兵員不足とあらばなお二十万を続発せんという。

支那人の狼狽唯思いやりて可笑しきのみ。これを要するに今度外戦の一挙は議会のために謀りてその真価を現わし、九鼎大呂の重きをなして内外の信用を博し、我が立憲政体万々歳の基礎を固くしたるものなり。されば老生が前日いささかにても諸君の言行について不平を感じたるは、たといこれを色に現わさざりしも、今日に至りては心に愧じざるを得ず。あえて懺悔して前非を謝するのみ。

またここに端を改め、老生の所思を陳べて諸君の注意を促さんとするところのものあり。そもそも今回の外戦に我が海陸軍の大勝利は将校士卒の忠勇絶倫と全国民の愛国心深きとによらざるはなし。金甌無欠〔完全無欠〕のこの大日本国に生れたる今日の吾々が、如何で外国の侮辱をこうむらんや、国辱かしめらるれば身死するのみとは、国中の貴賤貧富、男女老幼、その地位にかかわらずその職業を問わず、平等一様の決心にして、畢竟するに我が国民先天の固有、遺伝の武士道に資（よ）り、振古、今に至るまで屹として動かざる所のものなり。

これを彼の支那人が幾回か革命したる専制政府の下におり、その国に生まれてその国の所在を知らず、身を国家の寄生物として国事の如何に痛痒を感ぜざるものに比すれば同年の論にあらず。我が国民の公徳、誠にたのもしき次第にして、相互によってもって意を強くする所のものなれども、更に一歩を進めて考うれば、この忠勇愛国の心をして実際に実効を奏せしむるものは文明開化の賜なりといわざるを得ず。

文明開化の根本は有形の真理原則に生じ、人間世界の一事一物も数理の範囲外に逸するを許さず、即ち我が党の士の常に唱道する実学の教うるところなり。およそ人事を処するに、時の遅速と数の多少と物の強弱と、この三者を計りてこれを数学上に加除し整理して、もって実効を収むるもの、これを文明開化の事という。例えば今度の戦争にても行軍運送の遅速より、船艦の速力、弾丸の命中破裂等、都て時の問題にして、兵士、銃砲、弾薬、糧食、軍艦の噸数等の多少は数の事なり。

木船は鉄艦にあたるべからず、塁壁の薄きものは砲弾をもって破るべし、老兵は壮丁と伍をなすべからず、平地に飼われたる馬は山坂の険路に適せず云々は、強弱の論にして、あるいは木船の速力を利して鉄艦を苦しめ、速射砲の乱発、能く大砲に敵し、少数の兵も規律整斉して行軍迅速なればもって敵の大軍を破るが如きは、時と数と物質と相互に加除したるの成跡にして、一毫の微も数学の外に逸するを許さざるのみか、一毫の微即ち勝敗の決する所なり。

我が海陸軍は多年の訓練その宜しきを得て、一挙一動も以上の原則を誤らず、着々その図にあたりて期するところに違わず。もって三軍の戦士をしてその平生に固有する忠勇義烈の精神を実にするを得せしめたることとなり。二十余年前、普仏の戦争に仏人の忠勇義烈、素より敵に優るありて劣るなきも、仏の軍備の不整頓、すなわち有形物の計算を誤りたるがために敗北したり。

独り仏蘭西（ふらんす）のみならず、かのポーランドの滅亡、土耳古（トルコ）の微弱も、その国に忠臣義士なきにあらず、土耳古兵の如き、これを個々にすれば勇武世界に愧る者なしと雖も、ただその国質として文明開化の門に入るを得ず、常に人後に瞠若（どうじゃく）〔他人の実績に驚いて目を見張ること〕として独り自ら国勢の不振を歎ずるのみ。されば我が党の士が多年西洋流の文明開化を唱え、実学の要を説て智識の発達を奨励し、既往将来、死に至るまで変ずることなからんと誓うたるも、あえて愛国の忠勇武烈を重んぜざるにあらず。

否、愛国心の厚薄に至りては吾こそ天下第一流なりと窃に自ら信ずる所にして、他人の容喙を許さずと雖も、この愛国の精神を実にするの一段に至り、さらに歩を進めて文明の実学を主張するのみ。我が党の学問は日本男児の学問にして、期するところは実際有形上に国力を推進して有形上に勝を制せんと欲するにあり。漠然たる無形の大言を放ちて自ら快を取る者にあらざるなり。いわんや国の勝敗は軍事のみにあらず、今回戦勝の後に起こるべき商売工業の戦争はさらに軍事より大にして永久止むなきものあるにおいてをや。

その時に至り能く世界に対して勝を制するの法を如何すべきや。ただ文明開化の一法あるのみ。老生年すでに老したりと雖も、社中なお諸君のあるあり。今後将来、武事に、文事に、政治に、商売に、文明開化実学の一主義をもって万般を推通し、俗世界の譏誉に関せず人言の如何を憚らず、あたかも一国の盛衰を一身に負担するの覚悟を以て世に処せられんこと切望に堪えざるところなり云々。

――明治二十八年一月、慶應義塾出身貴衆両院議員同窓会での演説。日清戦争下で政府と議会が「官民一致」の挙国体制を築き、公債募集案を即決したことを「美談」として福沢は称え、軍事戦に勝利しているのは将兵の「忠勇絶倫」と全国民の「愛国心」のためであり、戦後に起こる商業・工業の戦争では「文明開化の一法」のみが肝要である、と言う。官民調和論を訴え、文明開化を先導してきた福沢の自負が凝縮されている。

## 帝国の膨張と知識の膨張
### ――明治二十八年四月二十一日交詢社大会演説大意

会員諸君には交詢社の随意談会等にて毎度御目に掛ることとなれども、一同打揃うて相会するは去年四月の大会より今日まで丁度一年なり。さてこの一年は如何なる一年なりしや。吾々会員が生来身に覚えなきのみか、先祖の先祖も曽て知らざる所の大事件を演じて空前の大功名を成し遂げ、歴史に大書して万々歳に忘るべからざる日月なり。海陸軍人の智略勇武は諸新聞紙の記事に任じて今さらここに喋々せず。ただ吾々は今回の一挙によりて我が日本国の名声を世界に轟かし、文明諸国の人をして我が実力の如何を知らしめたるを喜ぶのみ。黄鳥（うぐいす）は幽谷の物にあらざれども、春に逢わざれば如何ともすべからず。我が日本の文明は百二、三十年の以前、すでに端を発して、嘉永の開国に逢い、人心の赴く所、ただ開進の一方のみにして、遂に王政維新の大業をなし、爾来一日も方針を替えずして、文に武に、あたかも新日本国の実力を養い、羽翼既になりて自らその力を知り、また自ら我を信ずと雖も、如何せん、春風未だ至らずして空しく東亜の幽谷に蟄し、常に西洋諸国のために幼稚視せられて、彼の分り切ったる条約改正論さえ時にあるいは難渋を感じたる程の次第なりしに、蟄するはすなわち啓くの前兆にして、去年六月老大国の頑冥、あえて来たりて兵端を開き、十ヵ月の紛紜、遂に今日のこの盛事を見るに至れり。

されば我日本国が積年の実力を逞うして万国の信用を博し、文明世界の喬木〔背の高い木〕に移りて遠く名声を鳴らしたるは、ただこれ固有の素質を外に示したるまでにして驚くに足らざれども、その喬木に移るの機会を得せしめたるものは今度の一戦にして、支那人の頑冥不霊こそ我が文明を発揚するの春風なれ。この点より見れば吾々は彼等の無礼傲慢を憤るとともに、内実は窃にその暗愚を謝する者なり。

それはさて置き今は媾和談判もすでになりて、償金も取り土地も割譲(49)せしめ、これがために日本は俄に実力を増して富有強大の一帝国となりたるについては、人民の覚悟もまたこれとともに一変せざるを得ず。一町一村を天地とする者は町村の外を知らず、一郡一県の内に齷齪（あくせく）する者は動もすれば一国の利害を忘る。その身のいる処に従って知識聞見の区域を限らるるは人生に免かれざるところのものなり。

吾々も先祖代々日本国に生まれ、五畿内五箇国云々の国尽（くにづくし）を暗誦して、この外に日本あるを知らざるのみか、隣国を取りて我が領地とせんなどは、青年の頃より時として口に言うも唯一場の書生論にして、実際にこれと定まりたる目的もあらざれば、ましてその地を領したる上の処分の如き、ほとんど考えたることもなき次第にして、この辺りに付き吾々の知識は単に旧時の日本国に限られたることなりしに、今や前年の書生論を実にして俄に帝国の膨脹を致したり。

国土膨脹すれば政事も軍事も文事も商工事もともに膨脹して、なすべきもの甚だ多く、前途の望、洋々として春の海の如く、止にこれ千載一遇の好時機なれば、同時に人の知識もまた膨脹を要することなれども、知識の膨脹増進は頗るやすからず。例えば金なれば百円に加うるに百円をもってして明らかに二百円の財産たるべきも、人間に持ち前の智恵を増して一倍の智者たらんとするは、金の例をもって望むべからず。

さればこの時に当りてこれに処するの法は、ただその持ち前の知識聞見を人に貸しまた人より借用し、相互の間に頻々貸借して時事の要に応ずべきのみ。その貸借の間には誰の発明ともなく新知識を得て互いに利する所多きは疑いを容れず。人々の私有金も深く蔵めて庫中に貯るときは唯富者の名あるのみにして金の用をなさざれども、これを銀行に集めて貸借を頻々にすれば百円の金も千円の役目を勤むべし。

すなわち金を活（いか）して使うの法にして、我が交詢社が知識を交換し世務を諮詢するとは、その要ただ社員の知識聞見を頻々貸借して、問うに憚らず答うるに吝ならず、銘々の持ち前を活して使うにあるのみ。媾和の後は人事ますます多端にして交詢社の要ますます大なり。会員諸君、遠方は書を寄せ、近きは随意談会の時、または平日にても頻々本社に来訪せられて、社の実用を空しうせざらんこと、老生の冀望する所なり。

明治二十八年四月、交詢社大会での演説。福沢は日清戦争での勝利を、「文明諸国の人」に日本の実力を知らしめたとして喜んだが、賠償金を獲得して領土も割譲させて「富有強大の一帝国」となった今日、「人民の覚悟」も一変しなければならないと説く。帝国が膨張すれば、知識も膨張しなければならないが、それは容易ではない。知識を交換し、その間に新知識を得ていくほかなく、交詢社の使命が改めて問われている、とする。膨張する帝国に見合わない日本の知的資源の貧困さに、福沢は危機感を抱いていた。

# 第五章　次世代へのメッセージ

明治二十八年、福沢は還暦を迎えた。第五章では、ここから明治三十三年の最後の演説までを取り上げる。還暦祝賀会の頃から、福沢の演説はあきらかに変化をみせはじめる。年をとったせいか、話が長い。くだけた口調で冗談を交えて、笑いをとる。著作としても、『福翁百話』『福沢全集緒言』『福沢先生浮世談』『福翁自伝』『福翁百余話』といった、これまでの歩みを振り返り、談話風にざっくばらんな話をする姿が目立つ。それは、迫り来る死を前に、悲愴感を見せまいとした福沢なりのポーズだったのかもしれない。還暦の祝賀会では、日清戦争を経て歴史の転換点に立った今、以後「四十年」の未来は後進諸君の技量にかかっている、と期待をかけた。慶應義塾の創立からおよそ四十年が経っており、これから先の四十年は後進に託した、という意味であろう。交詢社でも義塾でも、次世代に対する遺言めいた発言が多い。明治二十九年十一月に語り、その一節が今日「慶應義塾の目的」として知られている演説も、そのひとつである。交詢社では、自分にとっての「死ぬまでの道楽」は、智恵を広めて社会の先陣を切っていくことだと語った。どこまでも独立した先導者たらんとしたところに、福沢の真骨頂があろう。日清戦争後の社会への警鐘も忘れなかった。世間では排外主義的・自尊自大的風潮が強まっていると厳しく批判し、自分が自尊自大であれば、相手からも悪口雑言を浴びると苦言を呈した。筆記・草稿の残っている最後の福沢の演説は、明治三十一年九月に脳溢血で倒れて身体が不自由であった福沢の談話を原稿にして、明治三十三年十一月、長男・一太郎が代読した。ペリー艦隊の一員として当時来日していたアメリカの退役軍人に対する歓迎の辞である。自分が生き残って「文明開化の活劇」を眺められたのは幸福な生涯だった、というのは本音だろう。末尾で、日米が深い因縁で結ばれており、相互に尊敬・信愛し、親密な友情を保つよう言い遺したのは、あるいは、福沢の未来像のなかに、何か引っかかるものがあったのか、どうか。この約二ヵ月後の明治三十四年二月三日、福沢は帰らぬ人となった。日米開戦によって、福沢の最後の言葉が裏切られるのは、それから、四十年後のことである。

## 還暦の回顧と後進への期待
### ――〔還暦寿莚の演説〕

（明治二十八年十二月十二日）

慶應義塾中にて

本日は老生の還暦を祝するとて、塾中の盛会と諸君の祝詞は、字々皆芳情の溢るる所にして唯ありがたしというの外なし。そもそも人の寿を祝して目出たしというは、その人の行路幸福多しとの意を表することにして、老生の如き、素より祝詞の溢美にあたるべきにあらずと雖も、また自ら多幸多福なりと自白せざるを得ず。

而してその幸福は老生の自力をもって得たるにあらずして、あたかも時勢の賜を拾うたるものなり。老生の身の無病にして家内もまた安全なるは、特に一家に限らず古今その例多しと雖も、四十年来時勢の変遷、文明の進歩は、正しく青年の時より今日に至るまでの活劇にして、この芝居を見物しまたその楽屋の趣向にもいささか関係して、全国民の大入りを得たるは、古人の夢にも知らざるところのみならず、今の壮年輩と雖も唯中幕以下を見たるのみにして、大序初幕より四十余年を打通しに見物したるは、これぞ還暦前後の老輩に限る特典として、老生の少しく誇る所なり。

さてこの活劇に付き老生は如何なる役を勤めたるやと云うに、ただ空論を論じ大言を吐きたるのみ。俗にいえば法螺を吹きたるものなり。今を去ること三、四十年、老生が二十歳より三十歳の頃は、二百七十諸侯封建の日本国にして、学問は儒学、兵法は何々流、文武兼備と称する武家はその地位家禄を世襲し、門閥の固くして神聖なるは今の憲法も啻ならず、天下ただ鎖国攘夷の議論のみ。

この時に当りて吾々洋学者はいわゆるならず者の仲間なれども、胆は甚だ小ならず、私議していわく、弓矢は役に立たず、折りて薪にすべし、緋威(ひおどし)の鎧は見世物に等しく、明珍の兜は花瓶に代用して可ならん、甲越流の貝太鼓、聞きて可笑しく絶倒するのみ、大将の采配を揮うて何を号令せんとするか、正宗の刀を抜きて何を切らんとするか云々とて、現に老生の如きは重代の刀剣三腰ばかり、到底無用のものなれば今の中に片付けんとて、芝日蔭町の刀屋田中重兵衛なる者に売却したるは、文久年間攘夷の最中、刀剣大流行の時なりき。

武事にしてかくの如くなれば、文もまた然り。洋学者の眼中に儒者なく、漢儒が四角な文字を弄んで祖先以来相も変らず青表紙の経史を講ずるは、寺の坊主が阿弥陀経を繰り返すに等しく、これを聞きて珍らしからず、いやしくも実学に益なき限りは漢文とともに漢儒をも廃すべしといい、（当時洋学者の仲間にて漢学者を目するに火燵櫓（こたつやぐら）の名を以てして窃に冷評したるは、その文字の四角なるを嘲りたることにして、罵詈もまた甚だし。新古両者の衝突なからんと欲するも得べからず。これまでの頂上に達したることなれば、鎖国の時代に洋学者が身を危うしたりというも、一方より見るときは自ら招きたる災にして訴うるところなきが如し。）なお進んでは三百年来の門閥政治に対して不平を抱くこと甚だしく、諸藩の大名と云い、その重役、家老、奉行と云い、祖先の智勇にも似ず、今昔正しく反対にして、智恵もなく勇気もなき者が最上の地位を占めて社会の上流に居然たり。

吾々洋学者流は人の智徳を問うて門閥の空名を知らざるものなり。諸藩士にしていやしくも藩政に満足せざる者は脱藩こそ男子の事なれとて、窃にこれを教唆しまた実際に周旋したることもあり。しかり而してその洋学者の目的如何を問えば、これと取り留めたる方略成算あるにあらざれども、ただ西洋の書を読みその文物習俗を聞見し、その富国強兵の現状を明にして千思万慮、理論より推すもまた実際に徴するも、西洋の新主義にあらざれば一国の独立を維持するに足らずと信じて、これに附するに文明開化（シヴィリジェーション）の名を以てし、いやしくもこの主義に背きまたこれを妨ぐるものは、事物の性質を問わず、その大小軽重にかかわらず、一括して除き去らんとしたることなれば、当時の人心に如何の感をなすべきや、あたかも武陵桃源の仙界に酔漢の乱入したるに等しく、学者の乱暴、虚誕妄説として驚くのみ。

例えば洋学者が経済の要を説き、人生はおのおの自ら額に汗して衣食するの約束なるに、世禄の武士は如何なる者ぞ、三百年前の先祖に汗馬の労ありとてその子孫が今に至るまで何百何千石を収領して安閑たり、一汗の効能三百年とは世界の相場にあらずといい、また文明器械の利を説き、東海道百三十里を往くに草鞋をはいて十四、五日の道中、大井川に留めらるればまた七、八日を増す、日本国民は蛆虫の如し、文明開化の国には鉄道なるものあり、これさえ作れば、朝に江戸を発し浜松か名古屋に中食して夕刻は大阪に着すべしなどいうも、例の学者の空論なり法螺なりとて取り合う者なく、またこれを説き立てる学者においても当時の時勢に照らしてあえて実行を期するにあらず、いわば一時の漫語放言、もって自ら慰るに過ぎざりしことなり。

三、四十年前の事情、かくの如くにして、学者もほとんど絶望の折柄、種々様々の紛紜よりして王政維新の大革新に逢い、日本国人は上下貴賤の別なく政府とともに心事を一転して、鎖国の極みより開国の極みに移り、およその以前に洋学者の窃に議論したる空論、大言、法螺は一として実行せられざるものなし。

否、実際においては曩の法螺以上に達して、流石の学者もこれを吹くことの足らざりしに赤面するの今日こそ愉快なれ。維新以来、廃藩置県、士族の廃刀、平民の苗字乗馬、法律の改正、海陸軍の編制、教育の奨励は無論、鉄道、電信、郵便、印刷等、文明の事業は枚挙に遑あらず。

就中去年来の大戦争に国光を世界に燿かして大日本帝国の重きをなしたるが如きは、如何なる洋学者も三、四十年前には想像したる者なし。時にあるいは大言して武威を海外に張り五大洲を云々などの論説あるも、漠然たる詩歌同様の口調にして、実際に毫も期するところはなかりしに、今日これを実にして吾々の眼前にこの盛事を見るとは、さてもさても不思議の幸福、前後を思えば恍として夢の如く、感極まりて独り自ら泣くの外なし。長生きはすべきものなり。

老生の如き、還暦の年までも生き延びたればこそこの仕合せなれ、ただ遺憾なるは昔年の旧友中、志を同うし辛苦をともにし不平をともにしたる者が、不幸にして早く世を去り、この実況を見るに及ばずしてともに今日の幸福をともにすること能わざるの一事のみ。されば老生は三、四十年前に空論し大言しまた法螺を吹きたる同学流中の一人にして、今日より見れば、その空論空ならず、大言大ならず、法螺もまた吹き当てたる者なり。愉快にあらずして何ぞや。

ここにおいてか端を改めて諸君に一言せん。前に陳べたる如く老生は四十年来の活劇を序幕より見物したりとていささか得色を催したれども、一歩を進めて考うれば文明の進歩運動は百千年も止むべきにあらず。四十年前の一芝居にして今日終りを告ぐるといえば、今日は正に替目（かわりめ）にて新趣向の幕明（まくあき）なり。今後四十年の間に如何なる出物（だしもの）あるべきや。その巧拙は後進諸君の伎倆如何に存するものなり。

諸君は決して今の日本に甘んずるにあらずして、日新進歩の情、自ら禁じて能わざる者ならん。すなわち足らざるを知りてこれを求むる者ならん。疑いもなきことなれば、いやしくも学者をもって自ら任ずる限りは、我が大日本国のために奮いてこれを足すの道を講ずるこそ各自の本分なれと、あえて諸君に依頼して、老生の生前死後に大成を期するものなり。

その法、学問上の知識を深く広くして人事の些末にまで通達し、まず一身一家の独立を固くしてすなわち戸外の事に及び、千忠万慮の末いよいよ立国の利益なりと心に決したる上は直に着手して端を開くべし。あるいは時勢の許さざることあらばこれを筆にし口にして高かに唱道すべし。果して凡俗の耳を驚かして空論、大言、法螺の譏を招くは自然の結果なれども、学者の所見は遂に違わずしてその空論を実にするは時勢の必然、あえて保証するところにして、諸君が今より三、四十年還暦の頃には、その寿筵〔長寿の祝の席〕に公言し、昔年の法螺を吹き当てたりとて自ら拍手絶叫することあるべし。

誠に失礼ながら老生の身の境遇にあやかるというも不可なきが如し。ただし今日何事を論じて何事を求むべきやはこの会席に陳ぶべき性質のものにあらず、諸君の工風に一任するのみ。本日数々の祝詞に預りその芳情を謝するため所謂老余の繰言、御諒察あらば幸甚のみ。

紅葉館にて

満堂の諸君に御挨拶申し上げます。今日は老生還暦の寿を祝するとてここに盛大なる宴席を張り、本人を始めとして家族親戚の者までも御招待に預り、唯今は又小幡〔篤次郎〕君より御丁寧なる祝詞、ありがたしと申すよりもむしろ汗顔の至りに堪えず。

殊に今日のこの会合につき老生満腔の喜悦自ら禁ずること能わざるその次第を述べんに、諸君の略（ほぼ）御存じある如く、老生は旧中津藩士にして、天保五年甲午十二月十二日大阪堂島五丁目玉江橋北詰中津藩邸内、なお詳らかに申せば表門を這入て右手なる長屋に生まれたる者にて、今を去ること実に六十二年なり。生まれて三歳、不幸にして父を喪い、兄弟五人、母に随いて藩地に帰り、養育せらるることおよそ十七年間、年齢二十一歳の春、中津を出でて長崎に行き、これを洋学修業の発端として、それより大阪緒方洪庵先生の門に入り、学業ややなりて江戸に来たりしは安政五年、即ち馬齢二十五歳の時なり。

当時鉄砲洲の奥平藩邸内に一小家塾を開き、自身は従来学び得たる蘭学を棄てて英学を修めんとして、随いてまたこれを人に伝えなどする中に、物換わり星移り、世は王政維新の春となり、文明の春風春水一時に来たるとともに、世間教育の風もまたようやく面目を新たにして洋学の流行を催し、家塾は変じて一大学塾となり、藩邸を去りて芝新銭座に移り、また三田に転じたるは、今の慶應義塾なり。

されば老生が二十一歳の時より今に至るまで四十一年の星霜を老却したるその間に、交わりたる人の数はほとんど計うべからず。またその人の地位職業も千差万別なれども、俗にいう相手替わりて主替わらずの諺に漏れず、主人の身の上は四十一年前の青年書生が四十一年後の老書生に変化したるまでにして、主人が書生なればそのともに交わるところの人もまた自ずから書生たらざるを得ず。主人の眼中唯同臭味の書生を見るのみにして、その人はすなわち磊々落々たる文明開進の君子なりと信じ、主客相対して貴賤貧富を問わず遠慮もなく会釈もなく互いに誠を尽して斯道の真面目を語るその趣は、仏者が一切衆生を念仏信者なりと認めて相ともに法を談ずるの情に異ならず。

啻にこれを認定するにとどまらず、実際において老生の知る人はことごとく皆開明主義の君子のみにして、当初その数の寥々たるものが、同気相求め同味相合して、我が慶應義塾の内外を問わず、伝えまた伝えて新主義の流行すること郵便電信の速力も啻ならず、もって社会の全面を包羅してもって今日の新日本を出現したるこそ一大快事なれ。

論より証拠は満堂諸君を見て知るべし。済々たる多士、文明開進の脊骨、新日本のよりてもって立つところの者なり。これ即ち老生が多年の交際法にして、一身書生をもってはじまり書生をもって立ち遂に書生をもって往生することならん。

故に今日ここに御招待を辱うしたる寿筵もまたただ書生社会の附会（つきあい）にして、この大阪産の書生が生まれて無事に還暦までの老大書生になりたるはめでたき次第なり、いささかこれを祝して老余を慰めんとの好誼に出でたるのみ。他に何の訳もなく意味もなきことと信じて間違いはあるべからず。

すなわちその無意無味の会合こそ老生の最も快楽を覚えて最も感謝するところなれ。交際に意味あるは料理の濃厚なるが如し、その口に旨きと同時に倦くこともまた速やかなり。老生は死に至るまで諸君の交際を辱うし、その法の無味淡泊なること今日のこの盛会の如くにして替わらざるを祈るのみ。あえて社友の交情万歳を祝して家族とともに御礼まで謹でかくの如し。

---

明治二十八年十二月、慶應義塾内で開かれた福沢の還暦祝賀会での演説。還暦を迎え、これまでの人生を振り返った福沢は、開国、廃藩置県、廃刀令、陸海軍、教育、鉄道、電信、郵便、印刷などが発展し、日清戦争に勝利して大日本帝国が重きを示したことに、「夢の如く、感極まりて独り自ら泣くの外なし」と語り、還暦まで生き延びてよかったと言う。現在は歴史の転換点、新時代の幕開けであり、今後四十年の未来は後進諸君の技量にかかっている、と述べ、「学問」と「独立」の重要性を説いた。続く芝・紅葉館での演説では、集まった面々を見て「済々たる多士、文明開進の脊骨、新日本のよりてもって立つところの者」と称え、自分がこれまで交際を重ね、一書生をもってはじまった人生が、一書生をもって終える、と感慨に浸っている。次世代への継承を本格的に考えはじめた福沢である。

# 気品の泉源、智徳の模範
## ――〔気品の泉源智徳の模範〕

（明治二十九年十一月一日・故老生懐旧会）

老生の演べんとするところは、慶應義塾の由来につき、言少しく自負に似て俗にいう手前味噌の嫌なきにあらざれども、事実は座中諸君の記憶に存する通りいささかも違うことなく、且つ今夕は内輪の会合にして他に憚るところもあらざれば、過ぎし昔の物語も吾々には自ずから一入（ひとしお）の興味あるべし。

そもそも人間世界は苦中楽あり。今を去ること三十年、我が党の士が府下鉄砲洲の奥平藩邸を去りて芝新銭座に移り、そうそう一小塾舎を経営して洋学に従事したるその時は、王政維新の戦争最中、天下復た文を語る者なし。いわんや洋学においてをや。時論は攘夷の頂上に達し、洋学者の如きはいわゆる悪魔外道の一種にして、世間に容れられざるのみか、また随ってその悪（にく）む所となり、時としては身辺の危険さえ恐ろしき程の次第なりしかども、人生の性質は至極剛情なるものにて、世人が概して自分等を敵視すれば、その敵意の盛んなる程にこの方もまた窃にこれに敵するの心を生じて、公然力をもってするは固よりかなわざるところなれども、心の底には他の無識無謀を冷笑するとともに、故さらに勉めてそのいわざるところを言い、その好まざるところを行い、一切の言行を世論の反対に差し向けて奇なれ。

意気劇烈、些少も仮すところなく、満天下を敵にするの覚悟をもって自らいたるこそ一時の奇なれ。

蓋し我が党は夙に西洋文明の真実無妄なるを知り、人間の居家処世より立国の大事に至るまで、文明の大義を捨てて他によるべきものなきを信じて、世の俗論、古論、保守論を悦ばざることなれども、その文明論の極端を公言して人心を激したるは、またこれ人生の獣勇、闘争を好むの情に出たることならんと、今より回想して自ら悟るところなり。

しかりと雖もこの獣勇、決して無益ならず。当時我が党の士は天下の俗論古論者に敵すると同時に、一方には彼等を網羅してこれを諭し、その古来徹骨の蒙を啓きて我が主義に同化せしめんとの本願なれば、四面暗黒の世の中に独り文明の炬火を点じて方向を示し、百難を冒してただ前進するのみ。兵馬騒擾の前後に、旧幕府の洋学校は無論、他の私塾家塾も疾くすでに廃して跡を留めず、新政府の学事も容易に興るべきにあらず、いやしくも洋学といえば日本国中唯一処の慶應義塾、すなわち東京の新銭座塾あるのみ。

世人はこれを目して孤立と云うも、我は自負して独立と称し、在昔欧洲にてナポレオンの大変乱に荷蘭国の滅亡したるとき、日本長崎の出島にはなおその国旗を翻して一日も地に下したることなきゆえ、荷蘭は日本の庇蔭により、建国以来曽て国脈を断絶したることなしとて、今に至るまで蘭人の記憶に存すとの談あり。

同志の士はこれらの故事を物語りして、我が慶應義塾は荷蘭の国旗を翻したる出島に異ならず、日本の学脈を維持するものなりと、あえて自らその任にあたりて、ますます新知識の輸入に怠らざる中にも、従前徳川時代の洋学は医術をはじめとして、化学、窮理、砲術等、多くは物理器械学の辺りを専らにしたるものを、慶應義塾は一歩を進めて世界の地理、歴史、法律、政治、人事の組織より経済、修身、哲学等の書を求めてその講読に着手し、現に英語にいうポリチカル・エコノミーを経済と訳し、モラル・サイヤンスを訳して修身学の名を下したるも慶應義塾の立案なり。

その他英語のスピーチュに演説の訳字を下して会議演説の趣意を説き、あらゆる反対論を排して今日世間に普通なる彼の演説法を教えたるも義塾にして、スチームを汽と訳し、コピライトを版権と訳したるも義塾の発意なり。およそ是等を計れば枚挙に遑あらず。同志結合、力のあらん限りを尽して文明の一方に向かい、一切万事その旧を棄てて新これ謀り、もって日本全社会の根底より面目を改めんと試みたるその企望は、実際において固より微力の及ぶべき限りにあらず、ただこれ一時の空想に似たりしかども、ここに驚くべきは我が日本国民の資質剛毅にして頑ならず、常にその固有の気力を保つと同時に、慧眼能く利害のある所を察して、王政の一新とともに民心もまた一新し、文明の進歩駸々として我が党の空想を実にしたるのみか、却ってその空想者の思い到らざるところにまで達して、遂に明治の新日本を出現したるこそ不思議の変化なれ、望外の仕合せなれ。前後の事情を回想すれば感極まりてただ涙あるのみ。

畢竟時運のしからしむるところなりというも、素因なくして結果はあるべからず。吾々は今日におりてひたすら先人の余徳その遺伝の賜を拝する者なり。されば我が党の士が旧幕府の時代、すなわち彼の鉄砲洲の塾より新銭座の塾にまた今の三田に移りし後に至るまでも、勉強辛苦は誠に辛苦なりしかども、首を回らして世上を窺い、文明の風光次第に明らかにして次第に佳境に入るを見るは、畢生の大快楽事にして譬えんに物なし。　苦中楽ありとはすなわちこれなり。

しかりと雖も人生の多情多慾なる、ほとんど飽くことを知らず。今日の慶應義塾を見るに、その学事はおよそ資金の許す限りに勉めざるはなし。否、世間普通の官私諸学校に比すれば資力以外の事にまで着手して見るべきものありと雖も、天下の時勢、なお未だ独立の学校事業に可ならずして、経済の不如意とともに学事もまた不如意の歎を免かれず。また教場の学事はほとんど器械的の仕事にして、僅かに銭あればもって意の如くすべしと雖も、我が党の士において特に重んずる所は人生の気品にあり。

そもそも気品とは英語にあるカラクトルの意味にして、人の気品の如何は尋常一様の徳論に喋々する善悪邪正などいう簡単なる標準をもって律すべからず。いわんや法律の如きにおいてをや。固よりその制裁の及ぶべき限りにあらず。あたかも孟子のいいし浩然の気に等しく、これを説明すること甚だ難しと雖も、人にしていやしくもその気風品格の高尚なるものあるにあらざれば、才智伎倆の如何に拘わらず、君子として世に立つべからざるの事実は、社会一般の首肯する所なり。

幸いにして我が慶應義塾はこの辺においていささか他に異なる所のものを存して、鉄砲洲以来今日に至るまで固有の気品を維持して、凡俗卑屈の譏を免かれたることなれども、元来無形の談にして、口もっていうべからず、指もって示すべからず、仏者の語を借用すれば以心伝心の微妙、義塾を一団体とすればその団体中に充満する空気とも称すべきものにして、畢竟するに先進後進相接して無形の間に伝播する感化に外ならず。

しかるに今老生は申すまでもなく、座中の諸君も頭髪ようやく白し。いわんや老少常ならずにして、先年すでに小幡仁三郎〔甚三郎〕、藤野善蔵(50)、蘆野巻蔵、村尾真一、小谷忍、馬場辰猪(51)等の諸氏を喪い、また近年に至りては藤田茂吉(52)、藤本寿吉、和田義郎、小泉信吉、野本貞次郎、中村貞吉、吉川泰次郎(53)氏等の不幸を見たり。蓋し人の死するは薪の尽くるが如く、その死後の余徳は火の尽きざるが如しというと雖も、薪と火とともに消滅するの虞なきにあらず。

従前すでに幾多の名士を喪い、今また老生と諸君とともに老却したり。自然の約束に従いて次第に世を去りたらば、跡に遺る壮年輩を如何すべきや。壮年の活溌、能く吾々長老の遺志を継ぐべしと信ずれども、全体の気品を維持して固有の面目を全うせしむるの一事は、特に吾々先輩の責任にして、死に至るまでこれを勤るもなお足らざるを恐るるところのものなり。吾々の生前果して能くこの責任を尽し了りて、第二世の長老を見るべきや否や。これを思えば今日進歩の快楽中、また自ずから無限の苦痛あり。

老生の本意はこの慶應義塾を単に一処の学塾として甘んずるを得ず。その目的は我が日本国中における気品の泉源、智徳の模範たらんことを期し、これを実際にしては居家、処世、立国の本旨を明らかにして、これを口にいうのみにあらず、躬行実践、もって全社会の先導者たらんことを期する者なれば、今日この席の好機会にあたかも遺言の如くにしてこれを諸君に嘱托するものなり。

明治二十九年十一月、故老生懐旧会における演説。慶應義塾のこれまでの歩みを振り返った福沢は、集まった面々の頭髪が皆白くなり、多くの先人がすでに世を去ったことに触れ、次世代の壮年に対して、義塾を一つの学塾に止めず、「日本国中における気品の泉源、智徳の模範たらんこと」を期するとして、そのため実践躬行し、全社会の先導者になってほしいと呼びかけている。この後段部分を福沢が書にまとめたものが、「慶應義塾の目的」として、今日まで継承されている。

## 老却せる老生からの勧告
### ——明治三十年四月十八日東京帝国ホテル交詢社第十八大会の演説

去る者は留めず、来る者は拒まず。人の種族にかかわらず、その人の思想を問わず、ただ人間相見て相互に利するの利益を知る者のみを結合して一社をなしたるはこの交詢社なり。されればその結社以来、交詢社員たるの故に特に人を利しまた自ら利したるの談は少なけれども、間接の間接、自分にも知らざるところの辺りに大利益を得たるの実は争うべからず。

何をもってその実を証明するやと尋ぬれば、本社の永続するを見てこれを知るべし。交詢社の創立は明治十三年にして今を去ること十八年なり。およそ世間に結社少なからず、随分名利のために香ばしき団体もなきにあらず。しかるにその会社団体は動もすれば世情の変遷とともに消滅するもの多きに反し、無味淡泊、水の如き交詢社にして却って寿命の長きは何ぞや。

これを食物に喩えんに、濃厚なる美味は一時口腹を悦ばしむるとともに飽くこともまた速やかなれども、米麦の如き、特に珍味ならざるもこれを常食として栄養に欠くべからざるが如し。本社の永続、決して偶然ならざるを知るべし。満堂の諸君が本社に濃厚の味を求めずして淡泊なる知識交換の常食に満足せられ、十八年の久しき、一日の如くにして、本年も相替わらずこの大会に来集せられたるは老生の深く喜ぶ所なり。

そもそも人々相会してその知るところを伝え、知らざる所を聞く、誠にやすきことのようなれども、そのこれを知ることいよいよ多ければ随って知らざるの区域を広くするこそ人間社会の常態なれ。一事を知り得て十不知を増す、というも可なり。

その一例を申さんに、方今世間に戦後の経済膨脹の語あり。自ずから経済家の数字に現われたることならんなれども、今これを人生の知識上に論ずれば、その膨脹とは取りも直さず人の知識の及ばざる区域を膨脹せしめたることにして、経済上に不審の廉は前年に倍したるや疑いあるべからず。金貨本位の得失もなお未だ定らず、延いて人々個々に波及する利害はいずれの点に達すべきや。

幣制の変じたるがために物価は騰貴すべきや下落すべきや、国民の身に取りてその下落こそ利あるが如くなれども、騰貴もまた甚だ賀すべきが如し。随いてこれを説明すれば随いて第二第三の惑を生じて、いたずらに不知の夢中に彷徨すべきのみ。貨幣の一問題、なお且つしかり。千差万別の人事、次第に複雑して次第に知識を要し、到底これを交換して事にあたるの外に好方便なきは、今さら特に弁論をまたず。本社の本領たる知識交換世務諮詢の必要ますます大なるを知るべし。

右の如く交詢社の大切なるはすでに分明なりとして、なおここに一言諸君の清聴を煩わさんとするは老生の身の上の事なり。老軀幸いに無病なれども、近年は専ら摂生の一方に志し、あえて事に堪えずという程にもあらざれども、まず面倒なれば、ここにおいて老生は諸君に依頼し、今後さらに本社を拡張して、諸君が自らためにし、また随って世の公益を謀るは如何と、試みに一案を呈して諸君を煩わさんと欲するものなり。

茫々たる宇宙、人無数なれども、思想深遠にして能く世務に通達し、心身ともに独立して言行の自由なる者は、ただ僅々幾箇の男児のみ。すなわち本社はこの種の男児の集合体なれば、本社の主義を拡張するは仏者のいう衆生済度にして、その成功決して難からず。老生はすでに老却したり。あえてこれを諸君に託してその勇進を勧告するのみ。

――明治三十年四月、帝国ホテルで開催された交詢社第十八回大会での演説。福沢は「老軀」ながら、今のところ無病ではあるが、近年は摂生に努めており、諸君には本社を拡張してほしい、それは「仏者のいう衆生済度」であり、成功は決して難しくはないと語っている。自分はすでに「老却」しており、諸君に「勇進」を勧告するだけだと言う。

## 私塾は有志の私徳に依頼して維持せらる

### ――明治三十年九月十八日慶應義塾演説館にて学事改革の旨を本塾の学生に告ぐ（三田演説会）

諸君の暑中休暇帰省の留主に、本塾は学制ならびに事務の改革整理を思い立ち、当学期より直に着手して事情の許す限り直に実行するはずなり。細目の詳らかなるは唯今波多野承五郎君の陳べたる通りにて、学事の大体を申せば、慶應義塾の大学部を教育最高の点として、従前の普通部ならびに高等科と大学部との聯絡をなお一層密着せしめ、義塾最終の卒業は大学に在りとの事実を明らかにすることと、幼稚舎の教育を文字の如く真実の幼稚生のみに限り、それ以上の生徒はことごとく皆本塾の普通部に引き受くることと、この二ヵ条なり。

かくの如くすれば、これまで高等科を終りて塾の卒業と思いしものが、なお大学に入らざれば真実の卒業にあらず、さりとは前途遥かにして待長しなどいう者もあらんかなれども、文明の進歩は単に有形の事のみにあらず、無形なる人の精神智力もまたともに上進するの約束にして、例えば近年器械の用法大いに発達して、昔年曽て日本人の困却してほとんど絶望したる事業も、今日は尋常一様職工の手に任して容易に功を奏するの事実は人の知る所なり。

而してその事の容易なるは何ぞや。器械家の熟練、すなわちその精神智力の上進なりと認めざるを得ず。器械の事にしてすでにかくの如くなれば、教育の事もまたかくの如くならざるを得ず。百余年来、洋学の先人が千辛万苦したるは今さらいうまでもなく、近くは老生等が少壮の時代に苦しみたる読書推理の法は、今日の洋学社会より見れば誠に易中の易にして、当時吾々が三日三夜眠食を忘れ身体の瘠せる程に考えてなお要領を得ざりし難問題も、今の学生は教場五分間の労をもってこれを解することやすし。他なし、洋学全般の進歩にして、学者の精神智力、旧に倍して面目を改めたるものなり。

故に今日諸君が本塾の大学に志し、その全科を学び終らんとするはさまでの苦労にあらざるのみか、今の文明世界にいてこれしきの学問は、昔の漢学時代に、少年子弟が四書五経を素読し、ようやく成長して左国史漢を講じ、ようやく記事論文など起草して、まずもって漢学者の仲間に入る位のものにして、学者畢生の大事業にもあらざるべし。

これすなわち老生が大学部に重きを置く所以にして、願わくは諸君が自尊自重、自分は日本国中にて如何なる身分の者か、他年一日社会の表面に頭角を現わして如何なる事にあたるべき者か、如何して一身一家の独立をなし、従って間接に一国の独立名誉を助成すべきや云々と、これを思い彼を懐うて、果して教育上に智識を研くの大切なるを悟り、身体の強弱、家庭家道の難易等を思案して、事情の許す限り、多少の辛苦を犯しても人生再びすべからざる青年の春を空しうする勿らんこと、老生の冀望はただこの一事のみ。

また英語英文を奨励するは本塾本来の本色にして、曽てその主義を変じたることなし。あるいは世論を聞くに、文明の教育に外国の語を要せず、その学理を彼に採りてこれを講ずるには日本語をもってすべしという者あり。自ずから一説として見るべし。吾々は必ずしもこれに対して得失を争わんと欲する者にあらざれども、これは教育論者の所見に一任して、我が慶應義塾はただ本来の方針に向って進むべきのみ。

西洋の学術を教授するに飜訳書をもってし口授をもってすると、直に原書をもってし原語をもってするると、その間に相違なきはずなれども、本塾多年の経験によれば、原書を見ずして日本の文字言語のみに依頼するものは、何分にも真実の意味を伝うるに難くして隔靴の歎を免かれず、俗言もってこの事情を評すれば、日本文日本語の文明教育は身にならぬというも可なり。

すなわち義塾の教育を専ら英書英語にする所以にして、これは今日の必要のみにあらず、なお一歩を進めて世界大勢の赴くところを視察すれば、数百年来世界中の運輸、交通、貿易、商売の権柄は英語に帰したりといわざるを得ず。あるいは英語の外なる仏人独人等の諸方に往来する者少なからずと雖も、東洋南洋南アメリカの諸国に至りても、いやしくもその国人に交わりその人と通信貿易せんとするには、やむを得ず自国の言語文書を棄てて英語に依頼せざるを得ざるの事実は人の知るところなり。

されば我が日本国は亜細亜（あじや）の東辺に国し、内は内地を開放して外人を入れ、外は航海を奨励して国民の外出を自由にし、いわゆる四海兄弟五族比隣の活劇を演ずるこの時に際して、我が国人全般の覚悟は如何すべきや。人に交わらんとして最第一の必要は言語文書にして、その言語文書を日本にすると英にするとは自ずから人の思案するところにして、全世界に普く日本語を用いしむるは固より望ましきことなれども、これぞ願うべくして行われざるの所望たるべきのみ。詰るところは我より進んで彼に近づき彼を学び、英語を利用して実際の実用を弁ずるの外なし。

只に日常の用弁に備うるのみならず、博識、博言、固有専門の学科を修むる者の外は、一切の教育を英語にして、初歩入門より最高等に至るまで英語をもって終始するこそ、東洋国たる我が日本国人の利益なれと信じて吾々の躊躇せざるところなり。試みに往昔漢学の日本国に侵入したる由来を尋ぬるに、当時の日本と唐土と相対すれば、国の大小、文物の前後、固より同年に語るべからず。

ここにおいてか我が有志者は唐土に入り、また彼の文人僧侶等を迎えて専ら漢学の輸入を奨励したりしに、その効空しからずして、千年以来今日に至るまで、漢学はほとんど我が文壇を専らにして、独り全盛を極め、およそ学者といえば単に漢学者のみに限り、無学文盲とは漢文字を知らざる者の異名同義にして、日本国中学問なし、ただ漢学あるのみとまでに至りしこそ自然の勢なれ。

畢竟するに日唐相隣りして、彼の文物、彼の勢力に圧倒せられ、却って我より進んで他に同化したるものに外ならず。今日においても日本は支那と同文の国なりという。事実において争うべからざる所のものなり。

しかるに四十年来、日本国は交わりを世界の文明国に開き、相互に交通の利器を利用して往来の便利頻繁なるは、昔年の日唐相隣りしたるの事情に比して、固より比較の限りにあらず。吉備大臣〔真備〕の入唐に何年を費し、安部仲麿〔阿倍仲麻呂〕は遂に帰来の便を得ざりしなどいうが如き古き物語に反して、今の書生は一年に両三度も欧米に往復する者あり。往復の頻繁自在なることすでにかくの如くなれば、その国、就中英語国人、すなわちアングロサクソン一流の言語文書もまた、ともに大に流行して、その文明学は我が文壇を圧倒し、日本国中学問なし、ただ英学あるのみというが如き、全盛の境遇に達すべきは、吾々の断じて保証して疑わざるところの者なり。

故に今日諸君が英語国人に対するは、昔々吉備大臣、安部仲麿輩が、唐土に出入したるが如き辛苦あるにあらず。加うるに支那の古学流が我が開国とともに終わりを告げて永久無用の長物に属したるは、大勢の命ずるところにして、今さら疑いもなき次第なれば、ただ勉むべきは英語英文の実学にして、我より進んで彼に同化するの外なし。全国到るところ諸君の如き英学者にして、はじめて学者の名を博すべきのみ。

世界の大勢において英語英文学の大切なるはおよそ右の如しとして、また学生一身の私についても自ずから利益の大なるものあり。学生のはじめて就学するや、おのおの志す所の目的あらざるはなし。初年は云々して次年は何を学び、五年、七年、卒業の後は果して何事にあたりて平生の伎倆を示さんなど、胸中の想像、画き得て大なるは、あえて他人に向って明言せざるも、丸出しにいえば千百の学生、ほとんど符節を合するが如し。

しかるに人事無常の世の中にいて朝に夕を計るべからず。いわんや五年十年の永きをや。あるいは父母の病あり、あるいは家道の浮沈あり、千種万様、無限の事情に妨げられて、残念ながら中途に廃学する者こそ多数なれ。さてこの時に至りてたとい学校の全科を卒らざるも、その中途まで学び得たる所のものをもって立身の資に供するは、学生のため不幸中の幸いにして、いわゆる身を助くるの芸にこそあれば、就学の当初よりその芸の種類如何を窃に胸算の中に加えて万一に備うるは自ずから至当の覚悟なるべし。

しかるに今我が国の形勢は政事に軍事に商工業に英語の必要を感ずること日にますます急にして、たとい多少の新教育を経て新思想ある者にても、英語を語り英文を解する者にあらざれば、物の用に適せずとてこれを顧みる者なし。例えば商工諸会社等にて壮年書生を採用せんとするにも、その人物伎倆如何を吟味する第一問は英語にして、いやしくも英語を語り英文を綴るといえば他を聞かずしてまずこれを試みるの風なり。

左れば前記の如く、学生の不幸、修業中途にして廃学することあるも、その間に英語英文を勉強して多少の所得あれば立身の道甚だやすくして、芸が身を助くるその芸の中にて英語は屈強最第一の方便なりというも可なり。これすなわち老生が多年一日の如く本塾に英語を奨励する所以にして、諸君も老生の言を信じて決して欺かるることなかるべし。

次に塾務の整理法を語らんに、内外塾、下宿書生の視察監督、塾舎の建築修繕掃除、賄方の取締、食物の注意、空気飲料水の流通清潔法等、経済に衛生に心を用うること肝要にして、すべてこれらの事務は塾監局役員の任ずる所にして、朝夕油断せざるはもちろん、元来無人なる私塾にては、教員とて単に教場の教授のみ担当して足るべきにあらず、教頭をはじめ衆教員ともに塾中全般の秩序に注意して、塾監局員の及ばざるところを助け、塾の内外、いやしくも不行届の跡あれば些細の事にても決して見遁すべからず。

老生もようやく老却してとても昔の気力なしとは申しながら、今日に至るまで無病なることそ幸なれ、時としては塾中を見廻り、直に学生に接して勧むべきを勧め止むべきを止むることもあるべし。これを要するに塾の長者たる役員教員等の根気のあらん限り勉むべしと雖も、さらに一歩を進め、塾風全体の振うと振わざるとに関してはさらに大切なる要件こそあればこれを忘るべからず。

右の如く役員教員等が何様に苦心勉強しても、塾中の学生に自ら身を重んじて自ら治むるの独立心なくしては、他人の苦心勉強も遂に無益に帰すべきのみ。卑屈なる少年輩が漫(みだ)りに他人に依頼して自らその身を知らず、人にとがめられて挙動を改め、人の知らぬところに窃に卑劣を犯すが如きは、いわゆる奉公人根性にしてともに語るに足らず。我が義塾中にかかる卑劣男児は一人もなきはずなれども、新来生などの中には従前の勝手を知らずして方向を誤る者もあらんなれば、同窓先進の輩は勉めてこれを導き、学生の自治、もって塾風の美をなして、世間に愧(は)ずる勿らんこと冀望に堪えず。啻に在塾中のみならず、独立自治の気品は人間居家処世の要として終身忘るべからざるところのものなり。

以上陳べたる如く、学制を改革し塾務を整理して、本塾の進歩拡張を謀らんとするに必要なるはその資金なり。従前すでに遠近の有志者より寄附せられたる金額合して十何万円ありしかども、とてもその利子をもって足るべきにあらず。年々元金を消費して今は残額僅かに三万余円に過ぎず。ましして今回塾務学務を拡張せんとしてすでに着手したることなれば、三万の金は一年を出でずして跡なきに至るべしとて、過般以来旧学生中の先輩諸氏が協議してさらに大いに学資金募集の事を謀り、今正にその用意最中なれば、あるいは諸氏の尽力空しからずして効を奏することもあるべし。

元来学塾の資金募集とは神社仏閣の寄附同様にして、尋常普通の経済法をもって律すべからず。経済一偏の主義よりいえば教育もまた売買の事にして、教育者が家を建築し書籍器械等を用意して人を教うれば、その人は教育相当の代価を払うて差引勘定相済むはずなれども、今の世界中において少しく高尚なる学校教育は生徒より納むる授業金をもって校費を償うに足らず。

ここにおいてか世間の富で志ある人々が多少の金を寄附してその不足を補い、もって事の永続を謀るの風なり。この点より観れば生徒は教育の代価として銘々より納むべき金を他人に代納せしめて、あたかも割合に安き品物を買い取るに異ならず。普通の経済上に不思議なる事相なれども、時に熱界の熱を解脱して銭の数を離れ、少しく気品を高くして思案すれば、自ずからその由来を知るに難からず。

およそ世の中に事業多しと雖も、人生天賦の智徳をしてその達すべきところに達せしむるの道を講ずるより高尚なるはなし。春の野の草木を見ても無難に花の開かんことを祈る。いわんや人間の子においてをや。子女のようやく成長してその智力のようやく発生せんとする者が、至当の教育を受けて社会一人前の男女となるは、草木の花を開き実を結ぶに等し。誰れかこれを観て悦ばざる者あらんや。誰れかこれを助けてその無難を祈らざる者あらんや。すなわち人間自然の誠心、自発の至情にして、世間また自ずから有情の人あるも偶然にあらざるなり。

西洋の文明諸国において、社会の上流に衣食すでに足りて資産なお豊かなる人々が、余財を散して少年教育の事を助成するはほとんど常例なるが如し。世界到る処に鬼なしとはこれらの徳心を評したることとなるべし。而してその助成の方法は大小緩急、固より一様ならず。大富豪家は一時に幾百万円を投じて独力もって大学校を創立し維持する者あり。あるいは金を愛しむにあらざれども、身躬から学事を視るの暇もなく経験もなき人は、既成学校の意に適するものを択び、あたかもこれに資金を託して窃に満足する者あり。

その他無数の小資本家にてもおのおの分に応じて多少の財物を寄附するは一般の慣行にして、その趣は我が国仏法繁昌の時代に寺を建立し寺を維持するの法に異ならず。これすなわち彼の国々に私立学校の盛んなる所以にして、吾々の夙に欣慕に堪えざるところなり。今回我が義塾にて学資を募集するも、その事にあたる委員諸氏は必ず欧米諸国の先例に照らして事の必要を説くことならん。

また今日我が日本の国情を視察し民智進歩の程度を推量しても、諸氏の労空しからずして必ず効を奏することならんと信ずれども、ここに特に満堂の学生諸君に向って一言するの必要こそあれ。

前にいう如く、学校維持のためとて天下の有志者が財物を寄附するは、その人々の誠意至情に出でて一点の挟むものなし。これを私にしては一身の私徳、これを公にしては社会の利益にして、その人の名誉たると同時に、その功徳に浴する学生輩もまた、身に受くる所のものは人生に貴き文明の教育にして、直接に一銭金を恵まるるにあらず。徳を施す者も施さる る者も、ともに名誉の事をともにして高尚至極なる境遇にありと雖も、物の数理を細やかに解剖してその帰する所を明らかにするは学者の常に忘るべからざる所のものなり。

有志者の義捐金をもって維持せらるる学校に就学する学生は、たとい間接にもせよ他をしてその授業費の幾分を代納せしめたるものなれば、その代納者を目して恩人といわざるを得ず。すでに恩人となれば先方の所思如何にかかわらず、これに報ずるは人生の本分なり。誠に簡単至極の道理にして喋々の要なし。故に諸君は今後本塾の学事次第に上進して次第に面目を新たにし、教育上に益すること次第に大なるを悟ることあらば、そのしかる所以は恩人の賜なりとしてこれを謝するのみならず、成業して塾を去るの後も在塾当時の事情を回想して記憶に存し、陰にも陽にも機会さえあれば旧恩に報ずるの一事を忘るべからず。

官立公立の学校にてはその校費すべて国費なるが故に、生徒のこれに学ぶ者も間接には校費の一部分を出したる姿なれば、特に恩人として認むべき者なきに反して、私立塾の会計は全くこれに異なり、これを要するに官公立の学校は国法をもって立ち、私立塾は有志者の私徳に依頼して維持せらる者なり。私徳に報ずるに私徳をもってす、その辺りは諸君の一考して容易に了解するところならんと老生のあえて信ずる所なり。

明治三十年九月、三田演説会での演説。慶應義塾の学制改革を受けたこの演説で、今後義塾を進歩拡張するには資金が必要であり、寄附を寄せてくれる有志者の「私徳」に依頼せざるを得ない、と福沢は言う。これにより、社会に利益が生まれ、寄付者の名誉が生じ、学生も教育を受けられる。官公立学校は法律によって立ち、私立の塾は有志の私徳によって維持される。これも今後の塾経営を見据えた上での、次世代への期待であった。

## この塾には一切万事秘密なし
### ——明治三十一年一月二十八日三田演説会に於ける演説

今晩御約束の通りに毎月二度ずつのお話を致すについては、まず私が今日した仕事からお話を致さなければならぬというのは、この間すべて塾制を改正した。学問は斯様にする、塾監局はこういうようにするという、おおよそ説は定まっておったが、ここにその定まった説を実行しなければならぬ、実行するというには何か条目がなければならぬということで、その草案も昨年から出来てはいたが、ソレを棄てて置けば際限もないから、六、七日前から私が自らその事に掛って、何でも少々間違ってもよろしい、間違った事があればまた改めればよろしい、兎に角一通り決して了わなければならぬというので、今日いよいよ決した。

そのために私は昼食事を仕舞って早々塾に行って先刻までいた。大きに御苦労な話だ（笑声起こる）。ソコでその条目というものは、これはここでペラペラ述べますまい。まず塾員教師というもののその職分を明らかにして、この後一事一物、何でもこれは爾うありそうもない、如何いう訳でこんな事があるかというような事があったらば、直に行って聞く場所――聞く場所ではない、人間が出来ている。ここに垣根が毀れている、鶏が這入りそうか、犬が飛び踰えそうか、またこの障子が破れていては猫が這入りそうである、大変この廊下が汚れている、イヤここに釘が出ているというような事があれば、直に訴えるところがある。諸君も能くその次第柄を頭の中にちゃんと定めて、颯々とお出になるが宜しい。如何な事、拙者はソリャ知らんなんというような遁辞はちょっとでも出来ぬ事にしてある。

まずそれはそれとして、これから教場のお話をちょっとしなければならぬ。これまで教場に出て、誠にどうもガチャガチャしていけない、ガチャガチャしていけないというのは、まず席順をちゃんと定めてある、ちゃんと定めてありながらその実行が出来たり出来なかったり、この部屋では実行しているが彼の部屋では実行しておらぬというような事は誠に手間潰しで大層教授の邪魔になる。だから明後日からちゃんと席を正す。席を正して一句もいわせない。

それから楽書き一切あいならん。テーブルを小刀で削ることはあいならぬ（笑声起こる）。ソレは見る人が出来ているからちゃんと見に行く。もしその人に逆らうとか何とかいえば私がお相手になろう。モウ決してあいならん。ただ口でいうばかりでない、実行するから爾うお思いなさい。それから教師の方は随分窮屈である。一人でも時を違えることはならぬ。必ず教場に出る時は出なければならぬ。朝は教師に限らず一切すべての役員が、出る時にはちゃんと出なければならぬ。第一番にその下に時計を出さなければならぬ。ちょっとでも時計が狂わぬようにして、塾の時計を見ればモウ何時であるとかちゃんと間違いないようにする。もしその時計が間違っておるといえば、塾監局の庶務課が責任を帯びているから、庶務課にお出で。

マア第一に時を正して、朝出る時と夕方帰る時の刻限をちゃんと正してある。ソコでもう一切万事レスポンシブルではないということはこの後決してあられない事にしてある。随分役員も教員も窮屈な話であるが、必ず爾うしなければならぬ。教授を受ける生徒もまたそれについてフラフラしないようにちゃんとその法に従わなければならぬ。今菅（すが）〔学応（がくおう）〕君のいうた通りだ。何でも従順にしなければならぬ。心の中はインデペンデンス、当然（アタリマエ）な話であるが、塾に出て教授を受けるに従順の心がなければ教場が持てない訳ではないか。必ず自分の心の置きどころをちゃんと定めて、そうして塾則の行われるようにしてもらわなければならぬ。堅くお頼み申す。決して間違ってはならぬ。

今日こしらえた塾則は何といって宜いかしらん、マア塾の規則、その規則は決して隠しも何もせぬ、私はちゃんと塾へ張り付ける。明旦から御覧なさい。これはこういう訳でないという説があれば承りたい。ちゃんと張り付ける。少しも隠すことはない。如何な事、ちょっとても秘密なんということはこればかりもありはしない。ソレで誰が何をするはずだ、誰がどの責任を負うということは、明白に知らしてある。もうそれは明日写しさえすれば出来るから、晩くも明後日は張り出すことが出来ましょう。

さて生徒は如何するが宣いかということは、毎度お話するがもう一度お話しなければならぬ。この学生という者が各々志あるということは、これは分り切ったお話。学生に限らずおよそ人として志のないものはない。心の向う所、こうしようアアしようといって、髪結床の下剃小僧は髪結の親方になろうという考え、また左官屋の小僧も左官の親方になろうという志があるに違いない。

ソコで先ず世の中に志の大きなものというものは学者だろう。学生というものは志の大きなものであろう。マサカ髪結の親方になろうという人もありはすまい。左官屋の親方になって大願成就と思うものはありやすまい。それよりずんと高いところに志があるに違いない。私はその志を教唆する。決してケチな事を考えるな。日本国中皆取って了うと思ってもよろしい。遠慮はない、世界中みんな上げるからお取りなさい（笑声起こる）。

仮初にもケチな事を考えてもらわんようにしてもらいたい。ソレがお願いだ。卑しい根性、小さい根性を出さないで、恐ろしい事を考えてもらいたい。考えると同時にこれを包んで外に出すな。出すというとその志というものは遂げられるものでない。乃公（だいこう）〔我輩〕はもう世界中を取る積りだなんというと人に気狂いだといわれる。日本を皆取って了う積りだといえば矢張発狂人だといわれるから、ソレは隠せ。心の中には何を思ってもよろしい。窃に大きな志を持て。そうしてそれをソーッと仕舞って置け。ソレならば志は要らぬものである。これは見せようと思う道具である。ソレを隠して置く位ならば思わないのと同じ事だ。こうマアちょっと考えがつくが、爾うでない、如何うでも秘密にして置かなければ今日の実際に大変な損がある。その損のあるというのは、髪結の下剃、左官屋の小僧、こういう奴ならば大抵出来上った所で左官屋の頭領、髪結の親方になるだけの話で、ソレ程骨が折れないだろう。骨が折れないとすれば余力がある。余力あれば悪戯してもよろしい。

髪結の小僧が犬を嗾（けし）かけたり左官屋の小僧が買い喰いをするというのは、これは余力があるからで、どうせ出来上った所が親方になるまでだと思うて、身軽だから大きな心配はない。爾うすれば自然心の中に猶予があって気楽だ。この犬を一番嗾かけて見よう、この帰りに大福餅を一つ喰って見たいということをやるのはもっとも至極な話。ところが学者士君子の志に至ってはなかなかどうも持ち余すな。自分が志を立てて置いて、さて如何したものだ、まず金が流行するから金が欲しいというだろう。

三井三菱の如き金持ちになるには如何したらば宜いだろうか。如何あっても三井三菱以上に行かなければならぬと、こう考えるとなかなか荷物が重い。荷物が重いというとどうも串戯して〔無駄話をしてサボる〕はいられない。犬を嗾かけている訳にも行かず、大福餅の買い喰いもこれは出来られない。これを譬えて申せば、ここに旅行をする。ちょっと散歩をするという訳ならば、十町か二十町グルリと廻って来るだけで何でもない。今日は遠足と覚悟すれば、なかなか前の晩から用意をしなければ間に合わない。

如何いう塩梅式に仕度をしてよろしいか、弁当は何処で遣うたら宜かろうかということを考えなければならぬ。それから出掛ける。出掛けた所で今日は十五里歩かなければならぬというと、散歩の時のようにブラブラと道草が出来られない。道草をしていれば内に帰るが遅くなるから、如何しても急がなければならぬ。ソコが覚悟の極めどころで、だから人は何でも大ィなる遠足をする積りで、散歩をするというようなケチな考えを持たぬが宜い。大きな考えさえ持っていれば道草が出来ない。

その道草ということについて議論がある。どうだ、今の学生は道草をしているかおらぬか。文明の学問をしているから大きな志はあるに違いない。その大きな事を一方で考えていながら道草をしているという人がありはせぬか。どうもあるだろうと思う。その道草というのは何だ。マア私は賤しい汚ない事はいわない。あるいは酒を飲んで戯[54]れるというような汚ない事はしばらくやめにしていうまいが、夜を更かすとか、ガンブリングをやるとか、マサカそんな事はやる人はあるまいが、何か道草をしておるに違いない。

そのマア事項を挙げて申せば、諸君は動ともするとよい着物を着たがる。これは何の事だ。よい着物を着て如何するというのだ。この洋服が好かない、羅紗はこれがよい、ガラはこういうのが流行だなんというのは可笑くて堪らぬ。何ということだ。情ない話だ。ドレ程の事だ。試みに自分の思う通りに遣て見るがよい。靴の立派なものを買い、洋服も帽子も流行のものを買うて着て見ろ。何千円掛るか。ようやく二百円か三百円つかうと呆れ返る程の物が買える。ソレを着てよい心地がするか。よい心地のするという奴ならば、一番志の小さい、ともに語るに足らないという、本当にけちな動物だな（笑声起こる）。

恥ずかしくはないか、そんな事をして、――この塾にいる間というものは、ただどうも根気克く真面目に書を読み理を講じて、ソレを間違ないように切々とやって行きさえすればソレで沢山。爾うして置いてその行と志と両立しないかといえば志は、満腹の志を腹の中にただ包んで置けばよい。今は修業中、ソレで沢山ではないか。その上に何の道草だ。衣服を飾るというに至っては沙汰の限りだ。衣服が見苦しいからというて人から馬鹿にされるということがあるか。決して馬鹿にされるものではない。意気地がないから馬鹿にされるのだ。馬鹿ならばどんな美しい着物を着てもやはり馬鹿にされる。

私は自分の身に覚えがある。若い時に大阪の緒方洪庵先生の塾にいた。ある時塾でもってキナ臭い臭がする。「ソリャ着物が焼けて居るぞ。絹の香だぞ。僕は大丈夫だ。君達は用心をしろ。」と怒鳴っていたというのは、私は如何な事、襦袢はもちろん、羽織でも着物でも帯でも羽織の紐でも絹のものは一切ない。九州にいる時、母にこしらえてもろうた手織木綿より外ないから、自分の物が焼けるなら絹の臭がしようはずがない。『油断はならんぞ。手前達は能く覚悟をしろ。羽織でも焦してはいけないぞ』とこういうていたが、私がちょっとでも人から侮られた事がない。彼奴は酷い貧乏な奴だ、手織木綿ばかり着ているといわれたためしがない。言い出しそうにもしない。して見ると衣服を飾るというのは何でもない。大ついでながら立ち入った話をするようであるが、マア平均した所でこの席にいる諸君は大抵田舎の人だろう。田舎のまず農家の人と見る。この節米価高直なりと雖も、田舎には金持ちはあるが至って金の少ないもので、あそこの家は三十万円だ、ここの家は百万円だというても、実際百万円の金を持っているものはない。十万円はさて置き、一万円の金だって持っているものはない。ただそれだけの物があるばかりというのが大抵地方実際の状況。ソコで諸君が東京に来て塾にいて修業をする。

段々物価高直になって、初めは月に六、七円あればどうやらこうやられたのが、今日は爾うではない、八、九円も要るようになったというのは、近年物価は一直線に高くなって、この節は極々モデレートに加減した所が、何としても、一ト月十五円はかかると思う。ソレは間違いなかろう。その十五円という金を今日使う人は、六、七年前七、八円の金を使うと同じ事になる。少し豊かにすると十八円、あるいは二十円も要りはせぬかと思う。なかなか容易な事ではない。

目下米価高直なりと雖も、ここに二百円という金を米にして見ると、先ず一石が十円、十石が百円、二百円は二十石である。二十石という米は四斗俵にした所で五十俵だ。諸君はその五十俵の金を持って来てこの東京で使うのだ。田舎にいて御覧なさい。五十俵の出入りというものはこれはなかなか大きなものだ。どんな豪農でも「彼奴がどうも小作米を納めない、途方もない奴だ、三年小作米を持って来ない、如何した奴だろうか」と小言をいうであろう。〆めて幾らになるかというと僅かに三俵だなんということがある。ソレでもあるいは諸君の里では出入りを差し止めるなんて悶着(もんちゃく)を起こしているかも知れない。

しかるに諸君は年々五十俵という米をつかうではないか。能く能く考えなければならぬ。

その金も真面目につかうなら兎も角、中には着物をこしらえて光らせたり、米一俵の代でもって靴一足買うたなんということは、何と面目ない話ではないか、内の人に対して――啻に父母の心を傷ましむるのみならず、遂には父母の信用がなくなる。私が毎度いうことであるが、人は皆歩く足を持っている。何でもありはしない。しかるに人力車に乗るなんて、これ位馬鹿な事はない。ここから日本橋まで旦那で乗ると二十銭も取られるだろう。日本橋から神田までも二十銭取るだろう。その二十銭というのは如何だというと、米二升の代だ。田舎におる積りで考えて見るがよい。歩く足を持っていながら、今日乃公は神田まで行かなければならぬというて、二升の米を量出して渡して車に乗って行くと同じ事だ。こんな阿房な事をしている者があるではないか。経済法という事を知らないのだ。あるいは急用――急用なら駈けなさい。この若者が車の駈ける位駈けられんなんて、そんな弱武者ではともに話が出来ぬではないか。だから人力に乗らないがよろしい。颯々と歩きなさい。

これは枝葉の話であるけれども、何して志を大にして、その志を大なる腹の中に入れて、それから割出して行けば、何としてもこの塾の課業を勉強せずにはいられない。人から勧められるも何も要りはしない。自分で自分を刺激する法だから、くれぐれも志を大きくして、そうして書生というものはなるたけ差し出がましきことをしないように、従順にして能く長者のいうことを守りて、自分の心に思うていることを言わないように心掛けるがよろしい。

その志を大きくして、その志から割り出して勉強しようと思えば、塾でもって暴れるだの喧嘩するだのということが、出来ようたって出来ない。塾にいて同窓相互に争うというのは誠に馬鹿な道草だ。争うたり喧嘩するというのは勝ちたいからだろうが、相手の者を打擲(ぶんなぐ)った所が根ッから面白くない。それからまた議論をする。真っ赤になって議論をするもよいが、ソレで勝ったら何だ。どうもありゃしない。誉人（ホメテ）もなければ笑人（ワライテ）もありはしない。勝ったら何だ、負けたら何だ。取るに足らない話だ。それよりちゃんと自分の定めてあるその課業を一心不乱に体を正しくして少しも脇目を振らぬように勉強すると同時に、またその頭を思う様使われるように体を作り立てるというのが大事な事である。もし立派な衣服などを着て光らせるような馬鹿者があったら、窃と知らしてくれ、大いに笑ってやる（笑声起こる）。

ソコで今日定めた規則は規則であるから、明後日御覧なさい。この塾は決して専制圧制でもなければ、威張った塾でもない。規則について説があれば颯々といいなさい。これでは生徒が難渋だという廉があるならば遠慮なくいいなさい。また道草がしたいといえばソレもいうがよい。根ッから途方もない事をいうとも何ともいわない。

ソレで学校が気に入らなければ颯々と出て行きなさい。ぜひこの塾にいてもらいたいという望みがないから、決して遠慮は要らない、前にもいう通りこの塾には一切万事秘密なし、自由自在にしていながら、自分は自分の身を守って行くようにしたい。今晩はこれまでのお話（拍手喝采）。

―明治三十一年一月、三田演説会での演説。いつになく、くだけた口調で福沢は学生に語りかけている。長文で話題は多岐にわたるが、福沢は、志を大にすれば自分から勉強せずにはいられない、同窓で争うのは馬鹿な道草、自分で一心不乱に勉強するのが肝要で、それに堪えうるよう身体を鍛えなければならないと言う。義塾の規則に文句があれば言えばいいし、気に入らなければ出て行けばいい、この塾には「一切万事秘密なし」、自分で自分の身を守れと結んでいる。福沢にとって、学生はすでに孫の世代になっている。

## 排外主義と自尊自大の戒め
### ——明治三十一年三月十二日三田演説会に於ける演説

自尊自大ということは固より悪いことはない。こりゃ人情の自然で、すなわち愛国心の命ずる所であるから、あるいは小供などには殊さらにこれを勧めるもよろしい、また勧めなければならぬであろう。たとえば英吉利で学校の小供に地理を教える、ところで英吉利の彼の島を露西亜や亜米利加の領分に比すれば如何にも小さくて何だか風が悪いというところからして、別段に地図をこしらえて殊さらに自分の国を大きく書いて小供に教えているということがありました。その位なもので、随分自尊自大ということは甚だよろしい事であるからやるがよろしい。

甚だよろしいけれども、さてこの人情は世界普通で、どこの国民でも自尊自大ということを思わないものはない。どこの国へ行ったところが、乃公（おれ）の国は尊い、乃公の国は大きなものだと思っているに違いない。その通りに思っているとすれば、自分独りで自国ばかりが尊い、自国ばかりが大きなものとして威張っていることは、何としてもこれは事実において行われない事である。ここにおいてか平等の大義、すなわち彼我相対すれば全く同等であるという大義が生じて来る。

その平等の大義というものは国交際の根本である。例えば商売と同じ事で、どの商売人だって何でも自分の利益になるようにと心掛けるが商売人の常であるけれども、自分独りそう思うのではない、隣りの人もまたその通り思うている。何でも自分が一番大利益を占めようと思わない者はない。これを国にしていえば、ここに甲の国乙の国というものがある、両国相対する時には、この方の国民は自国の利益ばかりを大切に思って、如何がなして自分の国の利益になるようにとばかり考えているけれども、これがこの方ばかりそう思っていればよろしいが、隣国の人もその通りに思い、隣の親爺もまたその通りに思っている。ソコで仕方がないから、商売をし貿易をしながら、彼方にも便利になるように、この方にもともに便利になるようにと思うところからして、自ずから自利利他ということが起こって来る。サアそれと同じ事で、国に於ても、自尊もよろしい、自大もよろしい、自尊自大甚だよろしいけれども、如何してもそりゃ出来られない話で、自尊尊他とこういわなくてはならぬということになって、自分の国が尊いものだといえば隣りの国も尊いものとこうしなければならぬではないか。分り切った話。

しかるに今日の日本の世間に流行する所の趣意は、自大自尊と同時に他を卑めるように見える風のあるのは如何だ。これは行われない話ではないか。隣の国が卑しいから自分が尊いものだとこういえば、これを商売にして見れば、隣の者は馬鹿だから自分の家のみを繁昌させようとこういう理屈になる。隣の親爺が果して馬鹿で利を知らないものならばソリャ甚だ都合がよろしかろうけれども、隣の親爺も馬鹿でない、ちゃんと利益を知っている。利益を知っているのに、自分の家ばかり利しようということは出来られないではないか。

そうすれば自尊もよろしい、自大もよろしい。よろしいけれども、隣の人が卑しいからといって乃公が尊いということは何としてもこれはいわれない話である。この位な明らかなことはない。その理窟が分らないというのはどういう訳だというに、これが昔から日本に行われている古学主義というものから、自然にこういう具合に教え込まれて、斯様な世間見ず空威張りということになったのであろうと思われるけれども、私は決してその古学主義を絶対的に悪いというのではない、その根本の道徳論がよろしくないというのではない。

まず日本国に行われる道徳論は神儒仏の三道として、その神儒仏の主義は決して悪いものではない、啻に神儒仏のみならず耶蘇教も回々教も老子も荘子もその外すべての徳教――宗教というものは皆こりゃよろしいといわなくてはならぬ。その旨意というものは善を勧め悪を誡めるというのである。これが何で悪いことがあるか。結構な道徳論で、尊ばなければならぬ。であるから、この日本を今日の如き文明に進めたというのも、その源に溯り遠いところを詮索して、道徳の点よりいえば神儒仏のお蔭といわなければならぬ。少しも憚るどころでない。口を放って神儒仏の徳教をありがたく思わなければならぬ。

ありがたく思うけれども、さて国を開いて今の西洋文明流の交際をしようというのには、何分にも昔の神儒仏では間に合わぬ。就中その間に合わぬというのは、自尊自大、他に頓着しないというのは誠にどうも困った話であるというのは、近く例を見れば仁義忠孝の本家本元という支那の有様を見たらば如何だ。又支那随一の属国といわれた朝鮮を見ろ。その国民の奉ずるところ信ずるところは仁義忠孝の教えであって、朝に晩にちょっとした話でもちょっとした文章でも仁義忠孝の外に出たものはないという位の仁義忠孝国でありながら、その実際を見るとおよそ不仁不義不忠不孝の国民の多いというものはこの支那朝鮮の右に出づるものはないといわなくてはならぬ。

して見るとその古学の旨意は如何にも美なものである、だがここに気の毒な事には腐敗しやすいという性質がある。すでに腐敗してしまえば従ってその毒というものが生じて来る。俗に腐っても鯛ということがあるけれども、魚類の腐ったものよりか新しい野菜の方がよっぽどよろしい。今の古学流について私なぞの不平を唱うるというのはその古学の大旨意ではなく、その腐敗しやすいというその働きをいうのである。働きがどうも好かない、如何にも恐ろしい事である。ここが私なぞの最も不平を唱うる所で、そうしてその自尊自大というものが今日の事実の上に如何ようなる働きをなしているか、サアその古学流の腐敗したその毒気がどれ程の毒をなしているかとこういうと、自尊自大、即ち他を卑めて自ら得々としているということは、則ち自国を辱かしめ自身を侮るということになるが、如何だ。

そもそも外国と相対して自分の本国の栄辱を感ずるということは、日本の国にいるよりも外に出ているその人達の身には一入強く感ずるものである。ソコで誠に古い古い話であるけれども、ここに一ツお話しなければならぬ事があるというのは、今を去ること三十六年前、即ち千八百六十二年、私は日本の使節に随従して欧羅巴各国を巡回し、その順路をいえば地中海から馬耳塞（まるせーゆ）に上陸して、馬塞耳から仏蘭西に行き、それから和蘭、白耳義、普魯西、各国を歴訪して、その歳の八月に露西亜の京城セントペートルスボルグ府に行きて、同月の十六日という日に日本に大事変があったという報告に接した。そりゃまあ何処からか来た電信（その時には直接に日本より欧羅巴に通ずる電信はなかった）が廻わり廻わりて露京に達したものと見えて、事変の詳らかなることはわからない。

あるいは日本にある外国の公使館を日本人が攻撃したともいい、またあるいは日本の侍が外国人を斬ったともいうが、頓と詳らかなることがわからなかった。それから露京を去りて帰朝の途すがら仏蘭西に戻って来た所が、仏蘭西ではもう日本の事変の報告が詳らかにわかっておりましたというのは、薩摩の侍が日本の生麦（なまむぎ）というところで英人のリチャードソンという人を斬ったということが詳らかにわかっていまして、それと同時に往路巴理（ぱりー）に滞在した時とは打って変って使節一行の待遇というものがにわかに悪くなってしまった。それはそれは何ともいわれない話で、その次第はその時に私が認めて置たこの西航記の中にもちょっと書いてある。（とて先生は三十余年前に認めたる古めかしき一冊の手帳を取り出して読み上げられたるその文は左の如し）

十三日朝第八時ロシフォルトに着。ロシフォルトは巴里より仏里法九十里にある仏蘭西の海軍港なり。蒸汽車より下り船に乗るまでの道十余丁、この間盛んに護衛の兵卒千余人を列し、敬礼を表するに似て実は威を示せしなり。日本人は昨夜蒸汽車に乗り、車中安眠するを得ず大に疲れたるに、ここに着して暫時も休息せしめず、蒸汽車より下り直ちにまた船に乗らしむ。且つ船に乗るまで十余丁の道、日本人の一行には馬車をも与えず、徒歩にて船まで歩みたり。

こういう事があるが、過ぎ去った三十六年の昔の事であるけれども、決して忘れない。その時の苦しみというものは――何もその休息して茶を呑みたかったというでもない、物が喰いたかった訳でもないけれども、これを一ト口にいえば思うさま辱かしめられたので、その辱かしめられたというのは、啻に我々ども使節の一行が辱かしめられたのみではない、これが銘々どもが日本国中を旅行してどんな目に遇ったって、そりゃソレ切の話で、何でもありゃしない。ありゃしないけれども、外国に行って仮初にも日本を代表している使節が無上の侮辱を蒙むるとこういうのは、すなわち日本国が無上の侮辱を蒙ったのである。何ともモウ仕様がない、実にその時の心持ちというものはいうにいわれぬ情ない事であった。

マア薩摩の侍というものはどんな奴だか知らないが、何ぜこんな事をなしてくれたろうか。空威張りに威張って外国人を斬って、斬った後の始末を如何するという前後の勘弁もなく、ただ一時腹が立ったから、その腹癒せに人を斬ったというに過ぎぬ話で、外国人を斬れば外国人が怒るであろう、怒ったらば日本に兵を向けるだろう、向ければ戦争になるだろう、戦争になったところで、果して戦ってこうという勝算があるか如何か、勝算があるならばそりゃどんな事をやっても宜かろうけれども、気の毒ながらその時の日本に勝算なしということは明々白々、しかるに一時の空威張りでこの国を辱かしめたというのは末代の日本の損であるということは、その時日本にいる人はそれほどに思わなかったろうけれども、私などの一行三十五、六人というものは一人としてその憂いを催さなかったものはない。

それは三十六年の昔の事であったが、さてまた時勢が移り変って昨今世の中に排外主義が流行して居る今日、日本から外国に行っている人は随分多いだろう。多いその人達は、本国に排外主義の流行する噂を聞いて如何に感ずるだろうか。そりゃまさかに私どもが三十六年前に感じたような事はなかろう。昔は直ちに外国人を斬ったり鉄砲を打ち掛けたりするような事をやったから、従って外国人の憤りも強かったが、今日はマサカそういうことはないないが、しかしどことなく苦々しいという感じは必ずあるだろう。マア日清戦争でもって日本人の肩身が広くなったといって大いに得意になっていたのに、また今度は倒さまに排外主義の流行のために、せっかく日清戦争で拡げた肩身が狭くなりはしないかと、甚だ私は気の毒に思う。

今もいう通り、近来日本人が排外主義とか何とかいうて、動もすれば毛唐人とか赤髯とかいう噂を度々私などは聞くことであるが、その排外主義もよろしい、自尊自大もよろしいとしたところで、果してそれが行われる事か行われない事か、少しは勘考してもらいたい。自尊自大、自分の国ばかり尊大で、他国を目下（めした）に見下だすということが、事実に行われるか行われないか、如何したって行われなかろうではないか。

商売の主義と同じ事で——商売に自利利他といえば、交際上においては自尊尊他といわなければならぬ。この方で毛唐人だの赤髯だのとこういう卑しい言葉を使えば、かの方もまた日本人に報ゆるに何とか種々様々な悪口雑言をいうであろう。ただ交際が卑しくなるだけにとどまるではないか。いよいよ自分の国が尊いものと思うならば、一切そういう考えを外に現わすというような浅ましい挙動はやめにして、深く心に蔵めて置かなければならぬ。蔵めてそうして深く考えなければならぬ。

さてその深く考えるという一番仕舞いは、今の国交際において訴うる所は腕力の外はない。だが直ちに腕力沙汰に及ぶというその前に、マダ国交際の法というものがある。これは外交官の与かる所で、虚々実々、様々な方略があるであろうが、その方略をして自由自在に行わせるようにするというのが、こりゃ人民の役目ではないか。それを軽々しくも見る物が癪に触る、聞く事が気に入らないといって、あたかも外国人を一種外道のように認めて空威張りをしようというのは、これはただ自ら侮辱を買うに過ぎぬ。

ソコでこの慶應義塾といえば、啻に書を読み理を講ずるばかりでない、国家の利害ということも自分銘々の腹の底には考えなければならぬ訳であるから、いやしくも自尊自大というようなそんな馬鹿げた考えを持っている者はないはずであろうとは思うけれども、また若い人でどんな踏み外しがあるか知れない、甚だ気遣わしい事である、くれぐれもよく考えて軽挙暴行のないようにしたいものだ。

この塾生が一人でもそんな軽躁（カルハヅミ）な事、すなわち外道だの赤髯だのという言を発して、何か事の端になったということがあれば、その当人の恥辱はもちろんの事、この塾を汚すというものだから、仮初にもないように。デ自尊自大はもちろん私の甚だ好む所であるから大いにやれ。真実世界に対して唯我独尊の地位に至りたいと、銘々こう思って今勉強しているところではないか。ソレを軽々しく益なき事を言行に発（あら）わすというのは、これを喩えば商人が金儲けの事を想像するばかりで、その金をマダ握らぬ中にちょっと奢りの真似をするという、そんな奴に儲け出すことが出来るものか、これと同じ事である。

慶應義塾には自ずから大いなる算あり、算あれば従ってサア今日という日があろう、その今日という日を造り出すのが真実の目的であるから、間違いのないようにしてもらいたい（拍手起こる）。

---

明治三十一年三月、三田演説会での演説。福沢は冒頭で、「自尊自大」は悪いことではない、と述べる。しかし、自国ばかりが偉いと威張っていても、隣の国も同じように思っている以上、自国も隣国も尊いと思わねばならないのではないか。それは、「今日の日本」に「自大自尊」とともに他を卑しめるような風潮があることへの警鐘であった。「自尊自大」では結局、自国を辱め、自身を侮ることになる。「排外主義」の流行の結果、日清戦争で広げた肩身が狭くなるのではないか、と福沢は懸念している。「自尊自大」で他を見下せば、相手からも悪口雑言を返される。慶應義塾ではそうしたことのないようにと釘を

一刺し、日清戦争後の排外主義的風潮に苦言を呈した。

## 死ぬまでの道楽
### ――交詢社大会席上に於ける演説

（明治三十一年四月二十四日）

たびたび御目に掛ります。今聞けば去年が十八回、今年が十九回の大会と、こういうことでありますが、大変な古い話だ。そうすると十九年経ったのでしょう。その十九年の間には私などは何時の間にか歳を取って仕舞った。毎歳（まいとし）御苦労な話で、会のある毎にこちらに出て来る。

実はこの間から私は箱根に参っておりました。けれども大会があるから是非帰って来いというので、一昨日ちょっと帰って、今日出ましたので、何時も私は文章で少し分かるような塩梅式に書いて来るのであるが、そりゃうるさくて出来ない。今日はただ覚書を持って来ましたから、それについて……さて此交詢社の創立以来十九年のその間に、世の中の進歩は甚だ著しいと、こういって宜うございましょう。

どうも十九年前と今日と較（くら）べると大層な違い。さてその進歩というは何の事をいうのかとこういって見ると、進歩は事物の変遷で、小児は大人となり、大人は老人となり、老人は死んで仕舞うと、マアこういうような簡単なものじゃなかろう。それも進歩には違いない、変って行くから。けれども進歩というものはそれ位な簡単なものではなかろう。実を申すと追々人事世務が繁多になる、繁多になると同時に綿密になる、綿密になるとまたその上に喧しくなる、というのが、マアその進歩であろうか。

人事世務が繁多になり、綿密になり、喧しくなるその間に、間違いというものは如何だというと、少しもなかりそうなものだ。人が綿密になって喧しくなれば間違いは少なかりそうなものだ。例えば今大鳥先生〔圭介〕のいわれる通りに、間違いのないように一時なら一時に来る、三時解散といえば三時に去って仕舞うという塩梅式に、如何にも間違いは少なかりそうなものであるが、何うもそう旨く往かない。

マア今日のこの文明開化と唱うるこの人間の智恵は誠に詰らないものじゃ。如何にも微弱なもので、その微弱な所からして決してそう旨く往かない。そう旨く往かない所ではない、世の中が段々進歩すればする程、間違いもまた進歩する。すなわち間違いがプログレスシーヴに段々出来て来るというのはどうもおかしい。

ソコでこれを物理学に喩えていうと、新たにここに物を発明する。発明すると同時に未発明のものが湧いて来る。何時までも際限がない。熱を発明して熱を研究し、もうこれより上に熱の事については詮議のしようがないというと、今度は電気を発明して、さあ電気の研究をするというような訳で、一ツを発明すると二つ分らん、その二ツをつらまえると、サア二十も二百も分らぬ事が湧き出して来るというようなもので、段々に世の中の事が繁多になり綿密になり喧しくなると、間違いがまたその通りにドシドシ世の中に出来るというのはおかしい。到頭仕舞には戦争（いくさ）などをやるというような事も出来てくる。

そこでその沿革――まず政治上の変遷沿革というものを見ますと、王政維新のその際に戦争をして勝った、勝った者が政府を造って政治をする、その政治はいわゆる藩閥政治、もっとも至極、さもあるべき事、勝ったら勝った者が威張る、何でもない。博奕に勝った奴が金を持ち、喧嘩に勝った奴が大将になり、戦争に勝った奴が政府を取って威張る。至極簡単な話だ。ところがどうもそうでない。

段々事が繁多になり綿密になり喧しくなって来る。喧しくなって来るというと、到頭その藩閥というものが悪いばかりじゃない、なんのかんのというような事で、お仕舞いには帝国議会というものが出来てきた。これで万々歳、大きに間違いが少なくなって、もうこれで宜いかといえば、またその議会に間違いの多い事というものは、イヤそうでない、昔の方が宜かったなどということをいい出すものがあるではないか。

そうすると世の中のプログレスとともに間違いの進んで行くということは明らかな証拠。それからまたこの商売社会もその通り。多年来一定不変、金持ちは金持ち、貧乏人は貧乏人、天下第一の金持ちは大阪の今橋通りにある鴻ノ池、これは日本国中第一番の金持ち、以下これに準じて、その次には誰、その次には誰、十年前の鴻ノ池を見ても百年前の鴻ノ池と少しも変ったことはない、その次の金持ちもちゃんとその通り、その次もまたその通り、何時も同じ事で少しも変ることなく、百年も二百年も掟のように定まっていた所が、そう何時までも簡単に往かない。

人事が段々繁多になってそれから綿密になってくる。綿密になってくると同時にまた喧しく、殊に法律などが無闇に喧しくなってきたかと思うと、鴻ノ池を差し置いて大間違いの金持ちがまた出来てくる。出来てくるのはマダよろしい、それがまた不意と消えて亡くなる。昔は一度金持ちになれば百年も二百年も続いたが、今はしからず、一昨年まで金持ちであったというものが不意と失くなって、今どうしているかといえば大層貧乏になっていどころもないというようなものが出来てくる。

人事が繁多になれば従って間違いが多くなるという次第はこの通り。学問もまたしかり。論語や大学の仁義忠孝の教えを子々孫々に繰り返して教えるという訳で、おやじの読んだのもおじいさんの読んだのも皆同じ事。講釈の仕振りもその通り、ちゃんと繰り返して行けばそれで済んでいた。ところが洋学というものが出来て、そうしてその学科というものは、なかなか昔のように左国史漢なんというものを読んだだけでは治まりがつかない。

色々様々な、何の事はない、目に染（し）みる程喧しくなってきた。こんな学問、あんな学問と、大層繁多になり綿密になり喧しくなってきた。ところでもうこれでよろしいかといえば、今の西洋流の学問というものは種々様々な大間違いを生ずる。大間違いを生ずるどころの話ではない。段々西洋流義の文明の学問をして見たところが、昔の論語大学の方が宜さそうだ、いささか乃公（おれ）も学んだが堪らなく面白い、あれは西洋人が知っている事ではない、如何しても乃公はあの方が面白い、そうかしら、というのは、どっちが間違いか間違いでないか、何しろ間違いが多いといわなければならぬ。この通り学問の進歩に従って間違いが多くなって来た。只今大鳥先生のお話のように、私に数えさせれば一日でも饒舌っていられる。幾らもある。

こういうように段々数え立てて来ると、人間世界の進歩というものは、ますます事を多くして、ますます事を綿密にし、議論を喧しくして、そうして段々進めば進む程、間違いが多くなると、こういうことになる。結論は如何してもそうならなければならぬ。次第次第に進歩して、次第次第に事が喧しくなって、何ともいわれない種々様々な複雑した世の中になってくる。

こういう世の中になってきては、これを要するに、何でも馬鹿では世は渡られないということになる。昔のように簡単な世渡りは出来られない。鴻ノ池の金は先祖の拵えた金を二代も三代も四代も五代も伝えて来ただろう。この節は親から譲られた金を持っているだけでは金持ちということは出来ない。

また昔は学校で習った論語大学を口移しに教えてもらって、乃公は学者だといってソレで済んだが、今日はそんな事では決して学者とはいわれぬ。金持ちも学者も政治もその通り。藩閥というような政治が万歳も続けば、そりゃ誠に楽な話だが、それも続かない、一切万事、何としてもどうも進んで行くんで(ママ)コネクリ廻わした所で、詰るところ馬鹿では世が渡られないとこうなる。

そこでその人間というものが如何だ大いに変ったかというと、矢張り同じ事だ。それ程変りもしない。日本の王政維新以後の人が維新以前の人とどら程の差があるか。あの時から境がついて維新以後の人が皆エライとはいわれぬ。またそれ以前の人が皆大篦棒とはいわれぬ。孰れも相応の人間、普通（あたりまえ）の人間、それほど段は違っていない。

そうして人間の天稟（ウマレツキ）にどれ程の智恵があるか、何も変ったことはない。詰るところ人間社会は貿易の筆法で行かなければならぬ。何でも人々（にんにん）自分の知っていることは人に語り、自分の知らない事は人に聞くということが、如何してもなくてはならぬ、というのは、以前のように智恵がなくても親の造ってくれた身代を守っていればよろしい、先祖の教えてくれた本を復読していればよろしいという時代ならば兎も角も、さもなくば如何しても智恵が要（い）る。

要るけれども人々（にんにん）の智恵には限りがある、限りがあれば換える外に仕方がない。お互いに持って居る智恵を換えなければならぬ。ソコで結局（オチ）が交詢社だ。交詢社というものは――交詢社員という者は、この席に連なってお出なさる方々、この交詢社員というものは、こりゃ決してお世辞でいうのではない、本当だ、日本国中でいえば粒選り。随分世の中には馬鹿の多いもので、イヤもう実に驚いた程馬鹿な者で、始終つきあっている人の中にも随分――日本国中の者が皆こんな者かと思えば情けない。その以下にまだどんな奴がいるか知れぬ。驚き入ったものだ、馬鹿者の多いには。――だから私は明言する、全く日本国中の粒選りではないか。粒選りで、何れも多智多能な人。だからして私はさかねじにこれをいってやりたい。この後はますます交際を繁多にするがよい、繁多になってもならぬでも、ますますこちらから繁多に出掛け、そうして詮索することがあれば極めて綿密にするがよい。

一言（ひとこと）二言（ふたこと）の話では聞かぬ、これから先は如何だ、どう疝気筋（せんきすじ）〔筋道を取り違えてしまうこと〕が繋がっているか、そううまくは往かんぞと、恐ろしく詮索をして、なるたけ議論を多くするがよい。決して大人君子が一声を発したからといって草木の風に靡く如く承知するでない。誰が何といっても議論を喧しくして、そうして世の中の進歩に伴うではない、イヤ世の中が進歩するから乃公達（おれたち）はこうしてはおられぬなどと、そんな事では往かない、世の中が進歩しなければこちらが先に進歩する、啻に進歩に伴うばかりでなく、自分で新工夫を運（めぐ）らして、進歩の先陣にならなければ往かない。

だからますます世の中の交際を恐しく綿密にし、議論を喧しくして、人の言うことには一度や二度では承服しないようにこねくり廻わして、そうして進歩の先陣となって世の中をデングリ返す工夫をすると、こういうことに皆さんも私もやりたい。私は死ぬまでそれをやる。貴方（あなた）がたは命の長い話であるから、何卒（なにとぞ）してこの人間世界、世界はいざ知らず、日本世界をもっとわいわいとアジテーションをさせて、そうして進歩するように致したいと思う。それが私の道楽、死ぬまでの道楽。何卒皆さんも御同意下さるように。

―明治三十一年四月、交詢社第十九回大会での演説。今は先祖が築き上げてきた遺産で生きられる時代ではなく、智恵がいる、と福沢は述べ、その智恵を広げるには交換するしかなく、結局は同社に頼るほかない、と言う。同社社員は「日本国中の粒選り」で「多智多能な人」であり、社会の進歩の先陣を切っていくべきである。そして世の中をでんぐり返す、「私は死ぬまでそれをやる」と福沢は宣言する。それが私の道楽、「死ぬまでの道楽」である、と。

## 地方富豪の役割
### ——地方の富豪

（明治三十一年六月二十五日・三田演説会）

今晩私が言おうと思いますのは、まず田舎の大尽が気に喰わないと、こういう話を致す。田舎の地方というものは、今次第次第に繁昌する。米の値は高し、租税は軽し、段々繁昌する。段々繁昌すれば、その地方の金持ち——富豪という人達も、昔の生活法を改めて、段々に高尚にして、次第次第に都人士の風を学ぶ者が多い。段々にこうニヤケて来て、田舎者でなく東京風になってくるとこういう風である。

ちょっと見たところが、これが甚だ盛んなようにある。盛んなようにあるけれども、私の眼から見れば根ッから感服しない、都人士の真似をしたということについては。——なおその甚だしきに至るというと、富豪は段々に次第次第に金持ちになる。これはなるはずで、昔時小作米を一石取っていたというその一石の価は、今日は四、五年前の二石の代になるだろう。そうすればどうしたッて金持ちが段々に富まなければならぬ。

富んで而してこういうことがある、却って無事無聊、どうも仕方がないということがある。小人閑居すれば不善をなすと云うが、何も小人ばかりに限らぬ、立派な大尽でも悪い事をする、用がないと。――その事は田舎の人はこうだ、何ンにも用がない、用がないというので、よろしくない事があるということを伝え聞くばかりでなくして、田舎の人は度々私のところに来る。現在――現在来て、そうしてまず家の有様を云うと、どういう塩梅じゃ、家の事はすべて番頭どもに任かしてあって心配の筋はない。デ主人は至極閑散で何も用がない。する仕事がないというのが、小作を取るからといって年に一度取りさえすればよろしい。

出来秋に取ってそれを土蔵に収め込んで仕舞えば何にも用がない。来年もまたその通りで、ソレをも番頭に任かしてある。番頭に任かしてあるから自分の身はほとんど何んにも用がなくしてそれに困るとこういうことをいうが、実にこれは驚いた話で、用がなくて困るということは羨ましいといいたいが、呆れ返って仕舞う。

マア第一今の地方の富豪といわるる人は、一切段々に都人士の風になってきたと、それからその次には用がなくて困るという。どこも気に喰わないというのは、第一、今の地方の富豪が生活法を高尚にするというその高尚というのは高いという字であるが、その高いというのは生活のどこらの辺が高くなったか、それを篤と承りたい。都人士の風を学ぶとこういうその風というのは、どんな風を指して都風というのか、それをお尋ね申したい。

ソコでこの飽食暖衣ということは、こりゃ生活法の末の事で、決してこれが目的でない。飽くまでも食い暖たかに着るというのは生活法の末で、これを名付けて高尚とはいわれぬ。またうまい物を沢山喰った所でこれが生活の高尚なものとはいわれない。それをただ無闇に都会の浮気な衣食住の風を田舎者が学んで、それを高尚なんぞといっておるというのは実にどうも驚いた話。『大層えらい、彼処の内儀さんはこうだ、彼処の旦那もこうだ、頓と江ッ児見たようだ』といわれた所が、それが高尚といわれるかいわれないか。

どうしても私はそれは高尚とはいわれない。その学んだ都会の風が高尚でないどころの話ではない、私の身になって見ると今の都会の風こそすでに呆れ返っている。何の高尚どころではない、酷く見下げ果てたる都会の風であるだろう。どうかしてこの都会の奴のあんなにふざけているのを直してやりたいと思っている。それを田舎大尽が花の都の風だなんて何の事だ。文明の自由のという字に教えられて、その自由の二字を妙なところに持ち込んで、乱暴狼藉勝手次第とは何事だ。全体自由という字のために気の毒だ。

それで米は当時一石十七、八円もするだろう。一石十何円の米を売って金の収入は以前に倍する。金の収入が以前の倍になれば衣食もまた一倍の美を加え、田舎の宴会などにその美を光らかして、そうして古来からその地に見たこともなければ聞いたこともないという芸者を呼んで来て、それで都会流のお酌に三味線なんどはドウだ（笑声湧く）。実に田舎者のすることはおかしくて堪らない。実に抱腹絶倒だ。

宴会に芸妓がなければ宴をなさずというのみならず、元来この日本の国には妾を飼うなんというその習慣は、昔時大名旗本の奥向き、あるいは都会の大富豪、マア昔の江戸で申せば両替衆とか蔵前の札差（ふださし）とかいうような金持ち、それにはあった。あったけれども、田舎の士族は無論ない。百姓町人の家にもほとんど絶無といってもよろしい程清潔であって、私などは外国人に対して言訳していた位。『イヤ日本の風俗が悪い、何処に行って見ても妾はザラだ、さんざんな有様だ』とこういうことをいうけれども、それは行けない、お前さん達は日本に来て日本の悪いところばかりを見ているからだ、一番先に来たのは長崎、長崎はさんざんなところ、それから横浜に来た、横浜も行けない、東京を見た、稀に大阪を見たと、こういう風に日本国中の一番悪いところの有様を見て、それでこうと評するのはドウだ。

また梅毒などの事についてはヘボンなどにも度々申したことがある。『どうも日本人は梅毒が多くていけない、どいつも這奴（しゃつ）も梅毒患者。――それは行けない、お前達の見たところ、住まったところが、梅毒の一番多いところなんだ。日本の田舎に行って見なさい。梅毒患者はほとんど癩病患者と同じ位に見られていて、それは清潔なものだ。その田舎の風を見せたいものだ。終いに一部分の汚ないところを見ただけで日本を評されては甚だ迷惑すると。』毎度いったが、その弁護の言葉が今では役に立たない。却って田舎の奴が梅毒の名人になって来たというような訳で始末が付かない（笑声湧く）。

その悪風流行の早いことというものは恐ろしい。およそ十四、五年前までは私は頻りにそういうことをいって弁護していましたが、なかなか都会の風の流行というものは酷く早い。丁度虎列拉(コレラ)や赤痢、腸窒扶斯(チフス)の流行するようなものだ。誉めどころがない。その蔓延猖獗(しょうけつ)の勢いはほとんど制限の道がない。その道のないという一体の有様は、ここに別段にいわなくても諸君御承知の事だろう。

こうどうもこの都会の風の一番悪い所を真似て、そうして『イヤ田舎も追々に文明に進みました、大いに盛んになりました』とこういっているのは何の譫言(うわごと)であるか。如何にもどうも私は解すべからざることであると思う。これがそもそも高尚に進んだというのか。何の事はない、江戸で流行する赤痢、腸窒扶斯、虎列拉を煩い付て、乃公も江戸ッ児だというと同じ事だ。

江戸に虎列拉が流行っているから乃公も煩わなければ江戸ッ児らしくない、乃公も赤痢を一番やらなければ男の顔が立たない……(笑声起こる)。高尚といえば高尚、進歩と云えば進歩、丁度体温が四十度以上に昇ったのを高尚というのと同じ事ではないか(笑声起こる)。借金――借金の利息が段々進歩して来れば、到頭仕舞には身代限りをしなければならぬというのが、駸々乎(しんしんこ)たる〔速く進む〕進歩か。どうしたってこの風が今の通りに田舎に行われていたらば、もう末期は余り遠くないと思う。

そういう途方もない事をしていて、これに加うるに選挙競争なんということをやって見るがよい。そういう余症が表われると訳はない、田舎大尽の潰れるのは。――こんな事は諸君に直接に関係はないお話であるが、ドウゾ暑中休暇に内へ帰ったら、私がこういっていたと、遠慮会釈なく、親類でも親でも構わない、能くいって下さい。今のような都会の風を学んで、それに加うるに選挙競争なんて馬鹿道楽をやれば、ちゃんと家が潰れると、私がそういっていたと念を推していって下さい。

現在私がこういった通りになった人は幾人もある。『どうもお前さんは潰れるだろう、何うしたって潰れなくてはいられない』といったら、その通り立派に潰れた人がある。間違いなく潰れた。正直な奴だ。その後潰れましたといって私の処に来た人がある（笑声湧く）。塾にいたものだ。『お前さんよくないからよしなさい、そんな事をすると身代を潰す。およそ選挙競争なんということは、まず四、五十万以上の身代ならばやるがよろしい。三万五万使ってもなくなりはせぬ。また千円や二千円の身代なら、最初から出来ないから、これもよろしいが、潰れるというのは三、四万、これが誠に潰れやすい。すッかり使い尽してお出払いとなった所で、首尾よく行って八百円貰うだけ、それも負ければその八百円も取れずに三、四万の身代をなくして仕舞う。もう身代が潰れるにきまってるから、それはよしなさい』と、マダ国会の開けない前だが、口の酸ッぱくなる程、『決して関係するな、お前の身代は大事な身代だ、潰れるからよしなさい。』ところがどうも持って生まれた性質だからやめられない。とうとうはじめは役員になって見たり県会の議員になるなんということをやって、御仕舞にすッかり潰れた。そういうような訳で、どうもこの都会の風を真似れば必ず潰れるに違いない。

それからまた第二に申すと、地方の富豪が無事に苦しむということは、これはどうも分からない話で、何とこれをいってよいかいいようがない。無事に苦しむ。果して地方の事情が新たに求むべき所のものがないか、ソレを考えて見ろ。地方にいて果して何にも仕事がないか、よろしい、それがないとした所で、地方全体の事情において新たに求むべき事があるかないか、これを承わろうとしたところでもって、必ずしも人を求めてこれを聞くがものがない、その無事に苦しむという人の話を聞くと、『地方の人民はどうも動もすると法律を玩んで徳義の事を頓といわない、誠に困った』『どうも猜疑心が深くて団結力がなくて、ちょっとした事でも下らん事を争っている、それからまた品行が高尚でなくって、動ともすると酒を飲で喧嘩をする、如何にも教育がなくって困る』と、こうその人がちゃんと言っているその口で、一方においては私は何にも用がないという。こんなおかしい事はない。

自分が憂えて愚痴をこぼしているその外に、マダいくらもある。愚痴をこぼしているその愚痴は、地方に改進改良の必要を自白しているではないか。その改進改良こそ地方富豪の仕事ではないか。富豪が骨を折ってやらなければならぬ事だ。しかるに一方に仕事がウヤウヤあるといいながら、私は楽で困る、マア東京に遊びに来たと、これ位分からない奴というものはない。何をいうのか、前後撞着の甚だしい事をいっている。

ソコでいよいよ地方の人が法律などを玩んで如何にも徳義がないとこういったならば、その地方の富豪がさきだってどうすればよいか。寺でも造るとか、坊主を取り持つとか、日本の坊主でなくてもよろしい、耶蘇宗でも何宗でもよろしい、宗教を大いに奨励するなり、ソウでもして人心を和らげるようにする仕事をすればよい。団結力がないというのは、目前の利益を見て永遠の考えがないからで、ドウセ六かしい原書など講釈をしても分からない客人だから、そんな奴を集めて手近い新聞でも読んで聞かせて、懇々と教えてやらなければならぬ。自分で教えることが出来ないなら人を雇えばよろしい、雇われる人は幾人もある。

田舎地方の人は品行がよろしくなくて、酒を飲んだり、博奕をしたり、喧嘩をして困るといったらば、自分が自分でもってまず議論を罷めるがよろしい。酒も飲まず、喧嘩もせず、自分の品行を高尚にして、自分の気品を高くして、その事実の例を見せればよろしい。乃公は銭があるから飲む、イヤこの肴では飲めないとか、お酌の女がなくては興がないとか、贅沢を極めて我儘をしていて、そうして他人の品行がよくないの何のと何をいうのか、丸で寝言ほどの値もないことだ。沢山あるその用を打遣っておいて、誠に私は楽だといっているのが気に喰わない。

それについて私は富豪の仕事というのはマア種々様々あると思う。昨年もある人に語った事であるが、地方の彼の多額納税者、多額納税者が是非議員にならなければならぬといって、十五人の者が互いに出し合えばよいのに喧嘩をしている〔貴族院多額納税者議員は、各府県で多額の直接国税を納める満三十歳以上の男子十五人のなかから一人互選された〕。だから私は『お前達は喧嘩などをしなさるな、貴族院議員で候とこういう標札を掲げたところが何ンになる、ソレもやって見たければやるがよろしいが、なぜ喧嘩をするか、たった十五人の間で喧嘩をするというのは情けない。』そこで先ず私の考えでは、貴族院議員、こんなものはドウでもよい、マア頭の禿げた奴を出して生前の香典にするとか何とかして置けばよい。ドウセ今の文明政治に説を吐いて役に立ちそうな人物はない。

マアそういうものを出して置いて、ソレはソレとしてここに望むことがある。地方に十五人という人が出来た、出来た所で以て外の事に付いてやろうではないか。この一県下の中に十五人の目ぼしい者が出来たといえば、自ずからこの人達がこの中心になる貴族院議員の互選、それが丁度宜いキッカケだ。――それを好機会として十五人が団結して事を求めれば、地方には幾らもある。その団結の力で事を進めて行ったらば宜かろう。それは地方の富豪の役目ではないか。

そんな事に付いてはちょっとも考えない。ドウしたッて気の毒ながら失礼ながら田舎者は馬鹿だというより外にいいようがない。だからこんな一度や二度いった所がとても追い付く話でないけれども、何かの話のついでにソロソロそういうことを人に吹き込んで、ドウでもして地方全体の気風を高めたい。

内地雑居が行われれば、一番先に立つものは何か。先ず損得ということは商売をしてから後に分かること、強いか弱いかということも戈を交えてから後でなければ分からぬが、何はさておき内外人始めて相見た所で、これは下等人種ではないかと疑われるのは残念だというのは、必竟気品が低いからだ。ドウか地方の気品を高くするという方に着眼して、厭な都会の風を真似るという大間違いをしないように、お帰りになったらその事を話して下さい。また地方の人のすること、こうしたらよかろう、アアしたらよかろうということは、またこの次にお話しましょう。

明治三十一年六月、三田演説会での演説。地方の富豪が「都人士の風」を気取っているのが気に入らないという福沢は、都会の伝染病まで真似ているようでは、その末期は遠くないと語る。地方富豪は「改進改良」こそが仕事であり、宗教を奨励して人心を和らげ、情報と教育を行きわたらせるべきである。多額納税者で貴族院議員になるなど、どうでもよく、今の「文明政治」に役立ちそうな人物は見受けられない。内地雑居を翌年に控え、外国人に見下されないよう、地方の気品を高くすべきだということを、冗談と笑いをまじえて福沢は語って聴かせている。

## 法律を学ぶことの重要性
### ――法律と時勢

（明治三十一年九月二十四日・三田演説会）

さて本日演説しようと思うことは法律の話だが、皆法律を研究するようにしたいというので、何も法律に限ってやれという訳ではないが、法律を学ぶのは今日の得策ではないかと思うから、その法律のことを御話するが、この塾にも法律科もあり文学科もある。ドレも必要のものであるが、聞く所に依れば法律を学ぶ方が少ないということである。私は大変多かろうと思っていたのに、少ないというは何の訳であろうか。

私の法律を学べというのは、直ぐに法官になれ、検事になれ、弁護士になれという、こういうばかりの積りじゃないので、決してソレばかりの趣意で法律は学ぶべきものでない。昔封建の時代、専制の世の中には、君主というものがあって、すなわち君主というものがあって、この長上の人一人の手心でもって民を治めるという訳で、長上一個人の手心を以て民を治めたものだから、特に法律というものはありはしない。何も書物がある訳でもない、あるいはソレに似よりの物が、求めたらあるかも知れないが、則ち御大法百ヵ条とか、また北条の時の式目十七ヵ条とかいうような、法律に似よりのものもあった。

しかしたとえそういうものがあっても、これは官辺の秘書だ。御大法百ヵ条というて書物屋を尋ねて買おうと思ってもありはしない。ただ何かの手蔓で民間にあることはあるけれども、兎に角皆写本で、官辺の秘書として、人民は知らないはずのものである。またたとえその時に御大法百ヵ条を知っておっても、ソレを楯にして裁判所に出て争うことは出来ない。この裁判は間違っている、御大法百ヵ条にこういうことがあるというても、ソレは決して採り上げはしない。とても役人と争うことは出来ない。ソレだから到底学んでも役には立たない、法律を学ぶというようなことは存じも寄らぬ話であるから、法律を学ぶという者もなければ、総てに法律の思想というものがない。

これは決して昔の話ではない。私どもが若い時でも法律学というのは、これはオカシイじゃないか、法律の学問とは何をいうのかしら、法律を学ぶというのは一体どういう訳であろうか、法律は役人の知っているべきもので、民間の者がこれを学ぶというのはオカシイと思っていた（笑声起こる）。

ソコで法律の思想がないから、人間の万事が運を天に任すことになる。生殺与奪の権は君主に委したものであるから、物をもらえばありがたい、これを取られれば不幸、この首も幸に繋いであるので、これは君主の御蔭であるという漠たる話であった所が、日本も四十年前まではその通りであったけれども、王政維新と云うことになって政体が変って、今日は最早法律の世の中となった。

法律の世の中となったので、御大法百ヵ条は御廃めになって、新律綱領というものが出来はじまり、また変った変ったと段々変ってきて、当今では商法だの民法だのというものが出来て、誠に細かいもので、千何百ヵ条という大変なものが出来て仕舞った。ソコでこういうように法律が大変出てきて、昔の人の夢にも見ないこと、夢にも見ない法律学と云うのはオカシかったといえば、今日ではそのオカシかったと言う方がオカシイように思われる（笑声起こる）。

今と昔とは何ともいいようのない程相違している。今日の世になって見ると、政府の役人になるにも、商売をするにも、工業をするにも、一切万事法律を知らなければ話が出来ない。法律の考えのない奴は何としても話が出来ない。アノ会社はどんなものだか、アノ株式はどういう有様だか、貸金借金がどうであるか、又相続婚姻、何もかも法律に係らないものはない。一事一物、法律ずくめである。

早い話がこんな約束をしたというて弁護士に見せると、その中に一字か二字あるとないで約束が間違っておったというようなことで、中々素人では分らないことになってきたという今日の有様であります。ソコで法律の考えがなければ自分の家の始末をすることが出来ない、商売をすることが出来ない。しからば家にいて何もせずにいればよろしいかといえば、安んじて家にいることも出来ない。何となれば知らぬ間に何時の間にやら金がなくなる、何時の間にやら田地も屋敷も他人に取られて仕舞うというようなことが起こる。

罪もないに先祖代々持ち伝えた財産は何時の間にかなくなって仕舞ったということが起こる。甚だしきに至ると、親兄弟の間でも、親であると思うておっても戸籍面を調べて見ると親ではない、『親の届けようが悪いのだから罰金を出さなければアノ人の子にはなれぬ』というような訳になる。また知らぬ間におかみさんを取られて仕舞う。永年連添って子供も出来ている、ダガどうも戸籍面にはそうなっておらないから、『お前の妻ではない。』妻が死んで葬いをする時にも、『妻とは言われないから親類とか同居人とか何とかなさらなければなるまい。』『イヤイヤ家内に相違ない。』といってもそうはいかない。親も失い子も失い妻も失うというようなことが、今でも随分間違ってマゴマゴしている者が幾らもある。

これは法律の考えがないからソンな間抜けた事が幾らも起こるのであります。少し諸君の前では言いにくいような話だが、金を出して抱えた妾の如きも、たちまち妾に肱鉄砲を喰わされて、妾だと言えばソンな失敬なことを言うなと剣突を喰い、威張り出されてからに、金を出した上にアヤまらなければならぬというようなことが必ず起こりましょう。世間に随分あるようになる。あるいはまた夫婦約束というようなことがあるが、この約束をしたと言っても、チョト洒落に書いたので鼻紙に取り換せた起証誓紙は役に立たぬとか、また法律を知らないために肱鉄砲を喰わされた上に金をやってアヤまらなければならぬというような事が起こる。

法律を知らないと不品行もすることが出来ない、法律を知らなければ道楽も出来ないということになる。これが事実で間違のない話。それからまた家にいるにも、商売をしない人でも法律を知らなければならぬというのは、啻に男子が法律を知らなければならぬのみならず、婦人も知らなければならない。家を持って一家の主人となった日には、女でも法律の思想というものがなければならない。これは明々白々争うべからざることだ。

ソコで私が青年諸氏のために計るに、この若い人達が仕事がない、卒業をしても仕事がなくってどうしたらよいか分からぬと心配をする人もあろう。財産の豊かな人はよろしいが、ヤットコセイ修業をして卒業をしたというような人は、翌日からどうしても銭を取らなければならぬというようなことが起こってこよう。仕事を求めるというのも苦労の一つだ。総て軍事（イクサ）の流行る時には武人になるがよい、歌が流行る時には三十一文字を研究するがよい、剣術の流行る時は剣術を学ぶが一番売れ口が早い。若い時は売れ口の早い方に取って掛るがよいではないかと私は思う。

ソコで今日法律を学ばなければともに語るに足らないという程になっている世の中、これを学ばなければ家に安んじていることも出来ぬという位の今日、この世の中に立つにはドウしても、弁護士でなくても裁判官でなくても、法律を知らなければ世の中に立つことは出来ない。無言でいればよかろうと思うが、無言でいてもいけない。イツか知らぬ間におかみさんを取られて仕舞う、親も子も取られて仕舞うというような世の中になってきて、どうしても法律を知らなければならぬという世の中であるのに、世間の人が法律の思想のないこそ面白いじゃないか。

ソコで法律を知っているからその人の代人をして相談相手になってやろうというのが弁護士。これをサバイてやろうというのが裁判官。ソコで私が今世間で法律のことを考えずその思想がなくして漠然としているという証拠を言えば、民法の発布以来マダ二、三ヵ月にもならないが、この間アノ民法の家族編、その中に離婚の訴えを起こし得る箇条が二十ヵ条ばかりあるが、訴えた者はほとんどない。阿波の徳島に一人、東京に一人、前後でタッタ二人出たよ。亭主が乱暴をして仕方がないから離縁をしようという、一方ではイヤだという、しからばすなわちといって法廷に訴えたのが今日まで二人しかない。日本全国の広き、亭主が飲んだくれて暴れて、嬶アが困りぬいているのは、二つや二十ではありますまい。二千も二万も必ずあるに違いないが、これらはマダ法律のあるを知らないのだ。これが法律思想のないという証拠。この法律が出ているのに、日本全国大層の夫婦でいながら、亭主に毎日ドヤされている所の嬶アが二人とはどうだ。

誠に漠然としたことで、煩っても薬を飲むことを知らぬのである。世間には医者があるということを知らぬのだ。その医者は誰だといえば法律家。法律を知っている者が、法廷に出て往く。これを世間に拡め、世間の人をして法律の思想を起こさしめるのも、矢張り先にやる奴が家をなすということのいとぐちになるので、これはきまりきったことであるが、ソレを何故やらないか。

訳のないことで、二、三年も勉強すれば雑作もない。裁判官もよろしいし、弁護士もよろしい。大層な病人もあることで、法律に訴える病人はあたかも流行病と同じく幾らあるか分からない程であるから、若い者の身を立て家を立てるために学ぶには法律が一番必要であろうと思う。能く考えて御覧なさい。たとえそういう詳しいことをしないでも、ごくおとなしくしておればよいようにも思うが、そうすると田地が何時の間にかなくなった、アノ財産がなくなった、金を貸してあるに違いないが法律の上に於てどうもコチラで思うようにはいかぬ、『お前さんの約束のしようが悪るかったのだから諦めなさい』ということになる。昔は君主一人の手心で仔方がない、『諦めなさい』ということであったが、今日では『お前さんが間抜であったから馬鹿であったから法律を知らなかったから諦めなさい』ということになる。お父ッさんも女房もなくなった、『これもお前が手抜であったから諦めなさい』ということになる。

故に今後法律を知らない位馬鹿な目に逢うものはないと思う。皆さんもどうか法律を十分に御学びになるようにしたい。弁護士裁判官になるためばかりでない、一般の人が法律を知っておらなければならぬという、ソレだけの御話であります（拍手喝采）。

明治三十一年九月、三田演説会での演説。法律を学ぶのは、判事や検事や弁護士になるためだけでなく、君主統治国家から法治国家へと進歩して多くの法律に生活が規定されている以上、法律を学ばなければ商工業から婚姻相続まで、何も話ができない、と福沢は指摘する。法律を知らなかったら、財産がなくなっても諦めるほかない。その意味で、法律を知らないほど馬鹿な目に遭うことはなく、福沢は義塾大学部での法律科の学生が少ないことを嘆いて、法律学習の必要性を語った。

## 文明医流の版図拡大を目指して
### ——奉祝長与専斎先生還暦

（明治三十一年九月二十八日）

頃日迂老は自分の幼少の時より老余の今日に至るまで、身の履歴の大略を記して子孫のためにせんと思い、記憶のままを口述して速記せしめ、これを福翁自伝と題して昨今自ら執筆、その速記書の校正中なるが、書中大阪緒方先生の学塾にありし時の事を記したる一節に左の文あり。

前略。医師の塾であるから政治談は余り流行せず、国の開鎖論をいえば固より開国なれども、甚だしくこれを争う者もなく、ただ当の敵は漢法医で、医者が憎ければ儒者までも憎くなって、何でも蚊でも支那流は一切打ち払いということはどことなく定まっていたようだ。儒者が経史の講釈しても聴聞しようという者もなく、漢学書生と見ればただおかしく思うのみ。殊に漢医書生はこれを笑うばかりでなくこれを罵詈して少しも許さず、緒方塾の近傍、中ノ島に華岡という漢医の大家があって、その塾の書生は孰れも福生と見えみなりも立派で、中々以て吾々蘭学生の類でない。毎度往来に出逢うて、固より言葉も交えず互いに睨合うて行違うその跡で、「あのざまァどうだい。着物ばかり奇麗で何をしているんだ。空々寂々チンプンカンの講釈を聞いて、その中で古く手垢の附いてる奴が塾長だ。こんな奴等が二千年来垢染みた傷寒論を土産にして、国に帰って人を殺すとは恐ろしいじゃないか。今に見ろ、彼奴等を根絶やしにしていきの音を止めてやるからなんてワイワイいったのは毎度の事である。云々。

右は四十年前、吾々緒方の門下生が大阪の市街を闊歩しながら、窃に他の漢法医流を罵倒して自ら得々たりしその事実を写したるものなり。固より少年血気の漫語放言、今さらこれを記すも赤面なれども、またもって当時蘭学生の心事を窺うに足るべし。すなわち余は長与君[55]とともにその放言者中の二人にして、君もまた必ずこれを記憶せらるることならん。

その後東西相分かれ、余は江戸に来て著訳または教育の事に従い、君は長崎に行きて医学を修め、ともに西洋の学事に心身を致して勉強の折柄、数年ならずして天下に政変起こり紛紜の末、遂に王政維新の新政府を見たり。ここにおいてか君は身を起こして政府に入り、専ら医政に力を尽して他を見ず、三十年一日の如く曽て一身の方向を改めずして、我が医界のために大いになすことありしは世人の知る所なり。蓋し君の生涯は医学をもって終始するものにして、その目的は新政府の新とともに全国の医風を一新し、傷寒論の無稽を排斥してこれにかえるに西洋文明の医学をもってし、いわゆる根本的の改革を実行せんとするにありしや明らかなり。

すなわち当年の蘭学書生が漢法医流を学敵として漠然彼等の全滅を企望したるその空想を実にせんとの一念ここに発起し、あたかも好し、政府の革新、その勢いに乗じて事をなさんとて、いわば政府を利用して昔年の素志を達したるものなり。すなわち時勢の好機会を空しうせずして、大阪街頭の漫語放言を実にしたる者なり。諺にいう三歳児（みつご）の心、百歳までとはこの事なるべし。

人あるいはいわん、長与先生は政界に翺翔（こうしょう）して名利円満の人なりと。未だ君を知らざる者の言なり。単に名利といえば何ぞ必ずしも政府に依頼するをもちいんや。例えば維新のはじめ、東京には医師少なくして、動もすれば外国医を聘する等、頗る不自由を感じたり。この時に当り君が君の名をもって都下に開業の門戸を張りたらんには、門前たちまち市をなして、長与国手の大名は遠近に轟き、空前の一大家として俗間に仰がるるのみならず、その名とともに利も亦多く、一時に巨万の富をなして世の羨む所となりたるは疑いを容れざる所なるに、この名利を顧みずして僅かに仕官に衣食し、他の後進の俗医輩をして開業の機会を得せしめ、孺子（じゅし）〔未熟な人に対する蔑称〕の名をなし孺子の利を専らにせしめたるは、君においても私に利害の所在を知らざるあらずと雖も、如何せん、日本国のために医風改革の初一念は自ら禁じて禁ずるを得ず、その改革の実行に政府の力を利用するの必要を信じてあえて進退を決したることなり。

しかのみならず君が政府に入りて常に得意なりしやというに、是亦決してしからず。既に政府部内に身を寄するときは、自ずから部内の風潮に制せられて意の如くならざるも情実のしからしむる所にして、稀にあるいは同志の士人あるも、官界の全面、医の一事においては不学無術の俗輩のみといわざるを得ず。この俗輩と伍をなし、俗輩と事を謀り、これを導きこれを誘い、百方周旋して、ようやくこの輩をして文明医学の大体真面目を悟らしめ、よりてもって自家本来の宿願を遂げんとするその苦心は、察するに余りあるべし。

多年来君が医学医風改良のため何事を発起し何会を設立し、その首座会長は何某にして列席は誰々など事の次第を語るとき、余はこれを聞きて喜ぶとともに君の境遇を気の毒に思い、医事の改良は固より美なりと雖も、この種の俗輩とともに事をともにせざればかなわずという、如何にも堪え難き次第にして、その状あたかも豚に騎して山に登るに異ならず、万事定めて不如意ならんと、窃にその心中を推察したるは毎度のことなり。

しかるに君の熱心は能くこの不如意を耐忍して百折不挫、柔なるが如く剛なるが如く、時としては官吏の如く、時としては書生の如く、人の知らざるところに経営して次第に文明医流の版図を広くし、たとい未だその円満に至らざるも、今日文明医学は日に進んで退くことなく、傷寒論の医風は月に退歩して進むことなし。事実の示すところにして、これを君の仕官三十年の功績として争う者はなかるべし。

されば君は医家に生まれて医を学び医を事とすと雖も、直に患者を医するの医にあらずして日本国の医を医するの医なり。君の医業、大なりというべし。余は素より医にあらずして医を知らずと雖も、君を知ること深し。四十年前君と同窓、ともに医書を読み医事を語りたることあり。本年本月たまたま君の還暦の祝典に際して端なく旧時を想起し、あえて一言を呈して祝辞に代う。この言あたるやあたらざるや。唯諭吉が知る所、思う所を述べたるのみ。諒察を乞う。

---

明治三十一年九月、親友の長与専斎が還暦を迎えた祝賀会に寄せた演説。適塾時代の思い出を振り返りながら、福沢は、長与が医政・医学の発展に尽くしてきた功績を称え、時に官僚として、時に書生として、「文明医流」の範囲を拡大し、「文明医学」の進歩に貢献してきたとする。長与は患者を診る医師でなく、日本の医者を診る医師であったとして、「君の医業、大なり」と評した。適塾で医学を学んだ福沢に「医友」と呼ぶべき人物は多かったが、長与はその筆頭であろう。

# ペリー来航の回顧と日米親善への期待
## 福沢先生の演説（ビヤズリー氏歓迎会に於て）

（明治三十三年十一月二十五日）

来賓及び来会の諸君。

今日ここに米国の珍客ビヤズリー少将(56)ならびに夫人を招待して歓迎会を開くは小生の最も愉快とする所なり。しかるに先頃大患に罹り健康未だ旧に復せず、何分にも出席を能くせざるは甚だ残念の次第なり。よっていささか心に思う所を記して席上に朗読を乞い、もって祝意を表せんとす。失礼のとがめを蒙むるなくんば幸甚だし。

さて回顧すれば、四十七年前コンモドル・ペルリが艦隊を率いて相州浦賀に渡来せしその時の日本は、儼然（げんぜん）たる封建政治の世の中にして、小生の如きは江戸を距ること三百里、豊前国中津奥平家の藩士、十八歳の少年なりしを以て、無論その事に何の関係もなく、ただ遥かに風聞を聴いて漠然たる想像を心に画きたるのみ。肝腎の浦賀さえ何の辺りやら慥（たし）かには知らざりし位の事なり。

もっともその以前より所謂黒船が日本近海に出没するの風説ありて、世界の形勢に暗き日本人は、外国人といえば孰れも皆我が国土に垂涎するものと考え、切歯扼腕、夷狄攘うべしと叫ぶもの多く、開国通商などとは夢にも思わざりしこととて、米艦渡来の飛報、江戸の藩邸より中津に伝えられし時は、一同その結果を戦争と察し、急飛脚の到着する度に、江戸は定めて大騒動ならん、戦争は何時始まるやなど、頻りに尋ね問えども、その実際は案に相違して一向に血腥(ちなまぐさ)き報知なく、米国使節は幕吏に面会して国書を呈したるまま艦隊を引率して何れへか立ち去りたりという。

その去りしは吉か凶か、全く米国に還りしものか、または途中まで引き上げて戦争の支度をするものか、頓と分らず、不思議なことと思う内、翌年正月又もやペルリが多数の軍艦を引き連れて神奈川沖に来たりしという噂あり。今度こそいよいよ難かしき談判を試みるに相違なし、幕府も中々気強ければ多分その要求をば拒絶するならん、さすれば結局戦争の外なし、今に我々も駆り出されて米人と闘うこととなるやも知れずなど、想像を逞くして独り自ら恐懼しつつ、段々江戸の便りを聞けば相替らず平穏にして、少しも戦争となる模様なく、ペルリは幕府と開港を約して本国へ向け出帆したりという。

想像のあたらざりしは却って嬉しかりしも、その事の意外なるに疑団はいよいよ加わらざるを得ず。この頃より日本国中一般に国防の説盛んにして、飜訳書によりて西洋の砲術を修め、あるいは直に和蘭の原書を読みてその技を学ぶものようやく増加せり。小生はあえて砲術を学ぶの意もなかりしが、人の難しとする所を好んでなさんとするの性質にて、不図蘭書を読む気になり、あたかもペルリが横浜にて談判の最中、郷里を出でて長崎に赴き、はじめて蘭文のいろはを習い、程なくまた大阪に上り、当時唯一の蘭学家たりし緒方先生の塾に入りて一心に蘭書を研究せしが、田舎の中津よりは開港場の長崎、開港場の長崎よりは都会の大阪という如く、次第に江戸の事情を知るに便にして、外交上の風聞を耳にすること多きにつけ、我々書生仲間にも攘夷開港の議論喧しく、緒方の塾生八、九十人、おおよそ二つに分れて朝夕議論を闘わすその中に、小生は長崎にて見聞するところもあり、もちろん開港説にて、攘夷などとはもっての外、世界を知らぬもまた甚だしなど、常に反対者を罵倒したれども、その実自分も西洋の事情はほとんど五里霧中にて、米艦渡来の始末に至りては矢張り茫漠たるを免れず。

兎角する内、江戸に来たり、幕府の飜訳方に雇わるることとなり、はじめて外交文書を手にするの機会を得て、ほぼ当時の顚末を承知するとともに、直ぐ眼の先なる浦賀横浜を連想し、さてはペルリは彼処に乗り込みし者なるか、その時はかくありしならんなど、歴々想像に浮ぶるを得たれども、未だ米人の意中を明らかにするの場合に至らず。

かくて万延元年の春、軍艦奉行木村摂津守に随従し、咸臨丸に乗り込みて太平洋を通り、はじめて米国に渡りたるは、日本人が目に蒸汽船を見たる後七年目、航海術を学びはじめしより僅か五年目なるに、自らその蒸汽船を操りて太平洋を渡りたるものにして、大胆不敵、大いに米国人を驚かしたれども、我々はまた桑港に着きし時より、事々物々、目に新たにして、その文明に驚くとともに、なるほどこれがいわゆる亜米利加という国か、数年前浦賀に来りしペルリの本国はかくの如きところかと、あたかも芝居の見物人が楽屋を覗きたる如き心地にて、いろいろ取り調ぶる内に、米国が日本に使節を送りしは全く通商貿易を求むるの意にして毫も他意なきのみならず、却って日本の鎖国を気の毒に思い扶掖（ふえき）〔助けること〕誘導の心なきにあらず、而してその使命の局に当りたるコンモドル・ペルリは温良恭謙の君子にして而も智慮に富み、夙に日本のことに注目し、百方苦心して我が国の地理、歴史、人情、風俗等を探究し、深思熟慮、談判の方略を定め、自ら乞うて大任を引き受けしものなりということを明らかにせり。

ここにおいてか宿昔の疑団、頓に氷解し、一種いうべからざる喜悦を心に感ずるとともに、窃に日本のために幸運を祝したることあり。当時我が国の有様は一般西洋人の想像するが如く野蛮未開なりしにはあらざれども、鎖国の夢なお濃やかにして、幕府をはじめ各藩の君臣、大抵海外の様子を知らず、倨傲尊大、外国を目するに夷狄をもってし、その一挙一動に対し猜疑の念を抱きし者なれば、万一彼の浦賀に来たれる艦隊が平和友愛をもって主義とする米国のものにあらず、またその使節がペルリの如き大人君子ならざりしならんには、双方ともに意中を解するに至らず、些細の間違いに激して砲火を交え、非常の大騒動を惹起したるやも知るべからず。

その時日本に存したる士族の家、およそ四十万、一家平均五人として二百万の老若男女はいわゆる武士気質一偏の者どもにて、勇敢無比、死を見ること帰するが如く、敵軍の国外に退かざる限りは決して歩を譲らず、数を尽して戦場に屍を曝すまでも戦ってやまざりしはもちろんのことにて、かくては日本の疲弊は申すまでもなけれど、攻撃者においても果して何の得たる所あるべきや。懸軍万里、幾千万の軍資と幾多の人命とを損ずるのみにして、何時までも戦争は片付かず、兎角する内、この鷸蚌（いつぼう）の争〔鳥と貝の争い〕を機とし漁夫の慾を逞うするものもありしならん。実に危険なる次第にして、今よりこれを思えば竦然〔ぞっとしてすくむさま〕たらざるを得ず。

しかるに幸いにも当時幕府の政権を握りし阿部伊勢守その他二、三の人々は、真心天下を憂うるの士にして、慎重に事を処し、米国使節の言を聴いて正しくその意を了し、誠実もってこれに応ずるとともに、警戒を厳にして過激輩の暴動を防ぎ、遂に米人の請を容れて開港を承諾するも国中の平和を破らず、難局を無事に収むるを以て得策とし、始終この方針をもって談判したるその対手は、我が国土に対し寸毫の野心なき米国の使節、君子をもって称せられたるペルリなれば、条約の穏やかに締結せられしももっともの次第にして、その有様を形容すれば、心事高潔なる隠士が人品卑しからざる都人士にその門を叩かれ、出でてこれに接すれば突然交際を望むものなりという、不意の来訪に一時は驚きしも、熟らその都人士を見れば容貌風采堂々たる紳士にして、しかもその我に交を求むるや甚だ慇懃なり、すなわち意を決して手を握り相往来することを約したるが如きものにして、双方の仕合せこの上なく、天成の機会円熟してここに至りたるものというも可なり。

爾来米国は常に日本の側に立ちて親友の態度を取り、維新以前国事紛難の際、陰に陽に我が国を扶掖したるは我々の親しく目撃せし処にして、その厚意謝する所を知らず。されば我国の官民共に米国の高義を思い、相親しむの情、切にして、ペルリ渡来より今に至るまで五十年に垂んとする長日月の間、曽て一度も不快の意を顕わしたることなく、今日の如き和気洋々の会合を見たることはしばしばなり。この上もなく目出度き次第にして、世界開闢以来、他に類例あるを聞かず。実に千古の美談にして、両国人民の大に誇るべき所ならん。

　小生の如きはペルリ渡来の節、若し戦争の起こりしならんには、藩主の命令を以て戦場に逐出され、如何なる最後を遂げしやも料られず。幸いに今日まで生命を保ち、一個の老書生として文明開化の活劇を眺め幸福の生涯を送るは、無事終局の賜にして、彼我当局者の恩を担うこと浅からず。浦賀事件以来四十七年の今日、当時ペルリの配下に属せしビヤズリー少将を迎えて一言の歓を述ぶるは真に無上の愉快なり。

　想うにこの席に来会の紳士中には、当時親しくその事に関係して米艦に往来したる人もあるべく、その人々とビヤズリー氏との再会は一場の奇遇、定めて面白き懐旧談もあらん。親しくこれを聴く能わざるは甚だ残念の次第なり。ついては今後日米両国の人民はかくの如く深き因縁ある間柄なるを忘却することなく、米人は皆コンモドル・ペルリの心持ちにて日本人を遇し、日本人はまた当時米国使節に応接したる人々の心持ちにて米人に交わり、互いに相尊敬し相信愛して永く親密の友情を保たんこと、これ小生の熱心に希望する所なり。


---

明治三十三年十一月、上野の精養軒で催されたレスター・A・ビヤズリー米退役海軍少将歓迎会の席上、福沢の長男・一太郎によって代読された演説。福沢は明治三十一年九月に脳溢血で倒れ、当時は身体が不自由であったため、その談話を聞き取って原稿が作成された。文中、幕府の翻訳方に雇われたのは最初の米国行きの前とされているが、実際は後のことである。ビヤズリーがペリーとともに浦賀に来航した当時を回顧した福沢は、あのと

き戦争が起きれば戦場に駆り出されて死んでいたかもしれず、生き残って「文明開化の活劇」を眺め、幸福な生涯を送れたことを感謝し、日米両国の人民は両国が深い因縁で結ばれていることを忘れず、互いに尊敬・信愛し、永く親密な友情を保つよう期待している。福沢、最後の演説であった。

# 注

（1）**肥田君**　肥田昭作（一八四二―一九一二）。慶應義塾に学んだ実業家。当時は文部官僚で、この演説の三ヵ月後、東京外国語学校長に就任。のちに銀行・鉱山経営などの分野で活躍した。

（2）**民選議院**　この年の一月、征韓論争に敗れた板垣退助をはじめとする元参議等が、民撰議院設立建白書を提出。民撰議院を設立すべきかどうかが、知識人の間でも大きな話題となっていた。

（3）**マグナカルタ**　一二一五年、イングランドのジョン王に対して、貴族や市民が王の権力を法律で制限させた文書。民主主義の起源と言われる。ここでは、将軍が暴政をしないことを約束したとして、大政奉還がそれと同じだとされている。

（4）**後藤象二郎**　一八三八―一八九七。土佐藩出身の政治家。幕末に大政奉還を実現させたことで知られる。維新後、参議となるが、征韓論問題で下野。民撰議院設立建白書に名を連ね、その後、大同団結運動などで活躍して、逓信大臣なども務めた。伯爵。福沢が高く評価し続けた人物である。

（5）**田中不二麿**　一八四五―一九〇九。尾張藩出身の政治家・官僚。幕末期は尊王攘夷運動に従事し、維新後は文部官僚として活躍した。福沢と親しく、田中に宛てた福沢書簡が多数、京都大学文学部日本史研究室編『田中不二麿関係文書』に収録されている。

（6）**前野蘭化**　前野良沢。（一七二三―一八〇三）。豊前中津藩の蘭方医。『解体新書』の翻訳者として知られる。

（7）**桂川甫周**　一七五四―一八〇九。江戸幕府の奥医師。『解体新書』の翻訳に最年少で参加した。

（8）**杉田鷧斎**　杉田玄白（一七三三―一八一七）。若狭小浜藩の蘭方医。前野良沢などと『解体新書』を訳した。回顧録である『蘭学事始』は、福沢が公刊し、福沢はその功績を高く評価している。

（9）**大阪緒方先生の門**　蘭方医・緒方洪庵（一八一〇―一八六三）の適塾。福沢はここでオランダ医学を学び、塾頭も務めた。

（10）**軍艦奉行某氏**　木村喜毅（一八三〇―一九〇一）。幕臣。軍艦奉行を務め、福沢を従僕として、咸臨丸でアメリカに渡った。開成所頭取、海軍所頭取を歴任。摂津守。隠退後の号は芥舟。福沢とも長く親しい関係にあった。

（11）**旧幕府の使節**　文久遣欧使節。米・蘭・露・英・仏との安政五ヵ国条約の未履行部分について延期を求めるために派遣された。文久元年（一八六二年）から翌年にかけて欧州各国を歴訪し、福沢は通訳として参加、各地で見聞を深めた。

（12）**小幡君兄弟**　小幡篤次郎（一八四二―一九〇五）と甚三郎（一八四六―一八七三）の兄弟。篤次郎は福沢の右腕として、長らく福沢の活動と慶應義塾の経営を支え、教育者、文筆家などとしても活躍した。甚三郎（もと、仁三郎）はアメリカに留学して客死。将来を嘱望していた福沢は、その死に強いショックを受けている。

（13）**小泉信吉**　一八四九―一八九四。福沢の塾を経て、中上川彦次郎とともに英国に留学。大蔵官僚、横浜正金銀行勤務のあと、慶應義塾総長に就任。のちに塾長を務めた小泉信三の父。

（14）**中上川彦次郎**　一八五四―一九〇一。福沢の甥。慶應義塾に学び、英国に留学、官僚となるも明治十四年政変で下野。時事新報や山陽鉄道の社長などを経て、三井財閥の経営に従事した。福沢の信頼が厚く、中上川宛の福沢書簡が多数残されている。

（15）**和田義郎**　一八四〇―一八九二。慶應義塾幼稚舎の初代舎長。福沢の塾に学んだあと、年少の生徒を預かって和田塾と呼ばれ、これが幼稚舎と改称された。

（16）**津田純一**　一八五〇―一九二四。慶應義塾に学び、アメリカに留学。ミシガン大学ロースクールを卒業して帰国。法学知識を生かしつつ、教育者などとして活躍した。

（17）**「ウェーランド」氏の経済論を輪講**　上野で新政府軍と彰義隊の戦争が行われているなか、福沢はフランシス・ウェーランドの経済書の講義を止めることなく続けた。その五月十五日には、現在も毎年、慶應義塾で記念講演会が行われている。

(18) **大槻** 大槻玄沢（一七五七―一八二七）。陸奥一関藩出身の蘭方医。前野良沢の弟子。『蘭学階梯』の著者として知られる。

(19) **宇田川** 宇田川玄真（一七六九―一八三四）。美作津山藩の蘭方医。大槻玄沢の弟子。

(20) **坪井** 坪井信道（一七九五―一八四八）。江戸の蘭方医。宇田川玄真の弟子。

(21) **杉田** 杉田成卿（一八一七―一八五九）。蕃書調所教授。坪井信道の弟子。

(22) **箕作** 箕作阮甫（一七九九―一八六三）。美作津山藩の蘭方医。宇田川玄真の弟子。箕作家は学者一家で、秋坪や佳吉といった、福沢と縁の深い学者も多い。

(23) **伊東** 伊東玄朴（一八〇〇―一八七一）。江戸幕府の奥医師。天然痘対策のための種痘の実施に尽力したことで知られる。

(24) **戸塚** 戸塚静海（一七九九―一八七六）。江戸幕府の奥医師。伊東とともに、種痘に従事した。

(25) **林** 林洞海（一八一三―一八九五）。江戸幕府の侍医・法眼蘭方医。維新後は大阪医学校長などを歴任。

(26) **大槻** 大槻俊斎（一八〇四―一八六二）。蘭方医・西洋医学所頭取。伊東、戸塚とともに、種痘の実施に努めた。

(27) **廃仏** 廃仏毀釈。明治政府の神仏分離令をきっかけに、全国各地で仏像・仏具・寺院の破壊、寺院の廃合、僧侶の還俗などが強制的に行われた。

(28) **東京の上野より本庄までの線路既に通じたる上** この演説の約二ヵ月前、上野―熊谷間の日本鉄道の駅として、本庄駅が開業していた。

(29) **今度東京より当地に鉄道の通ずるあれば** この演説の約五ヵ月前、上野―熊谷間の日本鉄道が開業している。

(30) **岡本貞烋**　一八五三―一九一四。慶應義塾に学び、交詢社や時事新報社の設立に参加。実業界でも成功を収めた。この間、福沢の秘書役を務めていたことでも知られる。

(31) **浜野君**　浜野定四郎（一八四五―一九〇九）。福沢の塾を経て、中津市学校長、義塾教員を務め、この演説の当時は慶應義塾長。その後も義塾の要職を歴任した。

(32) **中村道太**　一八三六―一九二一。塾を鉄砲洲に構えていた頃に福沢と出会い、横浜正金銀行（現在の三菱ＵＦＪ銀行）の初代頭取を務めた。この演説の頃、慶應義塾の講堂建築のため、建築費を寄附している。

(33) **国会開設の期限も近し**　明治十四年、明治天皇は勅諭によって、同二十三年に国会を開設することを約束しており、この演説の三年後に迫っていた。

(34) **門野幾之進**　一八五六〜一九三八。慶應義塾に学び、義塾で教壇に立ったあと、千代田生命保険社長や時事新報社会長、貴族院議員などを務めた。義塾では教場長や副社頭などを歴任している。

(35) **益田英次**　一八五六〜一九〇八。慶應義塾を経て、義塾教員となり、塾生を管理する塾監を務めた。

(36) **社頭**　慶應義塾の役職。初代は福沢諭吉、二代目は小幡篤次郎、三代目が福沢一太郎（諭吉の長男）、四代目が福沢八十吉（一太郎の長男）で、現在は空位となっている。当初は社中の代表・支配人とされていたが、その後、義塾経営全体の監督者となり、やがて、塾員の特選・除名にその権限が限定され、義塾の経営権は塾長に移っていった。

(37) **一太郎**　福沢一太郎（一八六三―一九三八）。福沢諭吉の長男。慶應義塾に学び、アメリカに留学、帰国後は義塾の教員を経て、第三代の社頭に就任し、約三十年間在職した。一八八九年に結婚した箕田かつとは、一年ほどで離婚、その後大沢糸と再婚して一男二女に恵まれている。

(38) **新井白石**　一六五七―一七二五。江戸時代の政治家・学者。その学問的業績は多岐にわたるが、西洋への関心も高く、潜入したイタリア人宣教師ジョバンニ・Ｂ・シドッチなどから聴きとった内容を『采覧に著しきもの」と述べているのは、これを指す。

(39) 中川淳庵　一七三九―一七八六。若狭小浜藩の蘭方医。『解体新書』の翻訳に携わったことで知られる。

(40) プロフェッサ・リスカム　ウィリアム・S・リスカム（一八四八―一八九三）。米ブラウン大学出身の文学者。慶應義塾大学部発足にあたって、ハーバード大学学長チャールズ・W・エリオットの推薦を受け、文学科主任教師として来日した。

(41) プロフェッサ・ドロッパ　ギャレット・ドロッパーズ（一八六〇―一九二七）。米ハーバード大学出身の経済学者。大学部発足にあたり、エリオットの推薦で理財科主任教師として来日した。帰国後はサウス・ダコタ大学学長などを務め活躍する。

(42) プロフェッサ・ウィグモル　ジョン・H・ウィグモア（一八六三―一九四三）。米ハーバード大学出身の法学者。大学部発足にあたって、エリオットの推薦で法律科の主任教師として来日した。帰国後、ノースウェスタン大学ロースクールの長となり、証拠法学の分野で権威となり、義塾とアメリカの大学との接続役を担ったことでも知られる。

(43) 元田肇　一八五八―一九三八。政治家、代言人。東京大学を卒業して代言人となり、当時は、慶應義塾大学部法律科で教鞭を執っていた。政治家として活躍し、衆議院議員に当選十六回、逓信大臣や衆議院議長などを務めた。

(44) 沢田俊三　一八五三―一九〇九。代言人。米イエール大学に学び、帰国後、代言人を務めながら、慶應義塾大学部法律科でも教えた。

(45) 二十四孝流の孝行　中国古代以降における代表的な二十四名の孝子の説話をまとめた教訓書に示された孝行のこと。日本にも室町時代以降に伝承され、御伽草子や浄瑠璃などが作成された。

(46) 酒井氏　酒井良明（一八五二―一九三〇）。酒井寄宿舎舎長。慶應義塾教員を経て、幼稚舎教員などを務め、三田構内に酒井寄宿舎を設置、幼稚舎卒業生などで家庭的世話を必要とする者を収容した。

(47) **朝鮮事件**　明治二十七年に朝鮮南部で勃発した甲午農民戦争。日清両国が出兵し、日清戦争が誘発された。

(48) **醵集の事を謀るのみ**　軍資醵集相談会は、福沢、三井八郎右衛門、岩崎久弥、渋沢栄一、東久世通禧が発起人となって開催され、明治二十七年七月三十日付で東京府下の華族、富豪など有力者に案内状が送付されていた。開催は八月一日、会場は日本橋区坂本町の銀行集会所であった。

(49) **償金も取り土地も割譲**　日清戦争の講和条約（下関条約）において、日本は清国から二億両の賠償金を獲得し、遼東半島と台湾、澎湖諸島を割譲させた。この演説の二日後に行われたロシア、フランス、ドイツの三国干渉により、遼東半島は還付を余儀なくされる。

(50) **藤野善蔵**　一八四六―一八八五。長岡出身。北越戦争に従軍後、慶應義塾に入学。長岡洋学校の設立にあたって教師として招聘された。

(51) **馬場辰猪**　一八五〇―一八八八。幕末に福沢の塾に学び、英国留学。帰国後は自由民権運動の指導者として活躍した。晩年は渡米して政府批判を続け、客死。

(52) **藤田茂吉**　一八五二―一八九二。慶應義塾を経て、『郵便報知新聞』の論説記者として活躍。福沢の「国会論」は、藤田と箕浦勝人の名前で同紙に発表された。その後、政治家として活躍している。

(53) **吉川泰次郎**　一八五二―一八九五。慶應義塾に学び、東奥義塾など各地の学校で教え、実業界に転じて三菱財閥で活躍した。

(54) **ガンブリング**　ギャンブルのこと。

(55) **長与専斎**　一八三八―一九〇二。医者、官僚。緒方洪庵の適塾に学び、福沢の後を継いで塾頭となった。内務省衛生局長などを歴任し、伝染病対策で大きな功績を残した。福沢とは長年の親友。

(56) **ビヤズリー少将**　レスター・A・ビヤズリー（一八三六―一九〇三）。米国海軍士官。マシュー・C・

ペリーに従って幕末に浦賀に来航。その後米海軍兵学校を卒業し、少将まで昇進して、一八九八年に現役を退いた。その三年後の七月にも、久里浜海岸で催されたペリー上陸記念碑の除幕式に参加している。

# 編者解説

## Ⅰ

福沢諭吉は「Speech」を「演説」と訳し、慶應義塾構内に三田演説館を開設して日本に演説を普及させた人物でありながら、これまで、まとまった演説集が編まれたことはなかった。

例えば、西川俊作・山内慶太編『福澤諭吉著作集』第五巻（学問之独立・慶應義塾之記）（慶應義塾大学出版会、平成一四年）には、教育・慶應義塾関係の演説二十編が収められているものの、実際には、三田演説館や交詢社などで語り、『時事新報』『交詢雑誌』などに掲載された、百三十編余りの演説筆記・草稿が残されている。編者は、こうした演説筆記・草稿のうち、慶應義塾編『福澤諭吉全集』全二十一巻・別巻（岩波書店、昭和四四年～四六年）に収められている百二十九編から、重要と思われる七十三編を選び、時代順に並べてタイトルを付け、章扉の解説、寸評、注を加えて本書を構成した。

福沢の演説については、松崎欣一『語り手としての福澤諭吉―ことばを武器として』（慶應義塾大学出版会、平成一七年）に収録されている「付表1　福澤諭吉の演説」に一覧が示されているほか、平山洋も「福澤諭吉演説一覧」（『国際関係・比較文化研究』第四巻第二号、平成一八年三月）を発表しており、編者が演説を採録し、各演説の年月日、および会合名を特定するにあたっては、いずれも参考資料として利用させていただいた。

なお、ウェイン・H・オックスフォードは、カリフォルニア大学ロサンゼルス校で福沢の演説についての博士論文をまとめ、これをもとに昭和四十八年（一九七三年）に北星堂書店から『The speeches of Fukuzawa : a translation and critical study』を刊行している。同書には、福沢の演説のうち三十一編が英訳されて収録され、詳細な解説や演説一覧が付されており、きわめて有益であるため、編者も参考にした。その英訳に当たっては、清岡暎一（慶應義塾大学名誉教授／福沢の孫）の助言を受けており、英語で福沢の演説を読みたい読者は、同書を参照されたい。

## Ⅱ

本書に収録されている福沢の演説筆記・草稿のうち、最古のものは、明治七年（一八七四年）六月の「「演説」とは何か」である。ここで福沢は、演説の意義について語っており、それは学問の普及や日常生活の挨拶のために必要な能力で、学者だけでなく、婦人にも子どもにも必要なものであり、演説の法がなければ議論できず、それでは議会政治も成立しないと説いている。

同年十二月に刊行された『学問のすゝめ』第十二編にも福沢は、「演説の法を勧むるの説」と題する章を掲げ、演説とは英語で「スピイチ」と言い、大勢の人を集めて説を述べ、思うところを人に伝える法であり、寺院の説法に似ているものの、日本には古来その伝統がないと言う。議会、学者の集会、会社、市民の寄合から冠婚葬祭、開業開店にいたるまで、様々な場面で見られ、議会を開いても、説を述べる方法がなければ、その用をなさない。福沢は、読書は一人でできるが、談話と演説は人とともに行わなければならず、演説会が要用であることは明白で、それを学者が推奨しないのは懶惰であると批判している（福沢諭吉『学問のすゝめ』岩波文庫、令和三年、一二二〜一二五頁）。

ここで注目すべきなのは、演説は自分の意志を相手に向かって一方的に伝えるだけではなく、「議論」や「議会」の前提として位置付けられている点である。福沢にとって、「討論演説」「演説辨論」はセットの概念であり、当初から双方向の意思疎通が企図されていた。河野有理が指摘するように、福沢は「合議」や「討論」の充実を、演説の最終的な目標に据えていたのである（河野有理『偽史の政治学──新日本政治思想史』白水社、平成二九年、三五頁）。福沢は交詢社での演説で、繰り返し「知識交換世務諮詢」の意義を説いたが、それも、身分や立場を超えて、討論・議論・談話・集会・交流することの重要性を、福沢が重視していた証左であろう。

福沢が、「演説」の導入にあたって、こうした双方向の意思疎通の重要性を忘れなかったのは、なぜか。

福沢は漢学から蘭学、英学へとステップを踏んできた人物である。近年、前田勉は、江戸時代の儒学学習において、会読という車座の討論会が設けられ、それが幕末の武士の処士横議や政治的公共性を生んだと指摘している（前田勉『江戸の読書会―会読の思想史』平凡社ライブラリー、平成三〇年、三三～四五、二三一～二五〇頁）。

福沢自身、漢学時代から、そうした学問環境に身を置いており、『福翁自伝』で、「蒙求などの会読」に取り組み、先生や書生相手に「会読の勝敗なら訳けはない」状態であったと回想している。蘭学学習においても、緒方洪庵の適塾において、「いろ〳〵の事に就て互に論じ合」いながら学問に取り組み、一冊の本を分担して読み解く「会読」の授業のために、必死に勉強した姿が描かれている（松沢弘陽校注『福澤諭吉集　新日本古典文学大系　明治編一〇』岩波書店、平成二三年、一三、七〇～一一〇頁）。

前田は、福沢の漢学・蘭学学習における会読体験が、門閥制度とは異なる空間を提供していたことに着目し、初期の慶應義塾でも会読が行われていたことをあきらかにした（前掲『江戸の読書会―会読の思想史』、二八～三〇、三一八～三一九頁、前田勉「江戸の読書会の思想的な可能性―昌平坂学問所と福沢諭吉」『福澤諭吉年鑑』四二、平成二七年、五六～六〇頁）。

福沢にとって、双方向の意思疎通は、きわめて身近で大切な学問的営為だったのであり、それが、「演説」を単独の意思伝達に終始させず、双方向の意思疎通へと展開させたひとつの要因となったのではないか。

なお、福沢は、明治七年に刊行した『会議辯』において、日本では昔から、「談話」の体裁が整っておらず、学者の議論も商売の相談も政府の評議も、時間や費用を費やすばかりで、成果が挙がらなかった、と指摘している。議会開設を含め、学問、商業、政治の発展を目指すのであれば、まず「集会談話の体裁」が作られなければならない、と言う（慶應義塾編『福澤諭吉全集』第三巻、岩波書店、昭和四四年、六一五頁）。

会読という学問体験だけでは、日本の「談話」文化は、まだ未成熟だと考えたのだろう。こうした、「談話」文化に対する否定的評価の上に立って、福沢は「集会談話の体裁」を整え、さらに会読の肯定的体験を加味して、演説の先に討論の重要性を据えたのである。

ともあれ、日本になじみのない「演説」を普及させることは、苦難の道でもあった。福沢の後年の回想によると、明治七年、木挽町の精養軒で知識人結社・明六社のメンバー十名ほどで集会を催した際、「スピーチュ」が話題となったが、日本語でそれができるという福沢の意見に賛同する者は少なかったと言う。そこで福沢は、何気なく、「今日は諸君に少しお話し申すことがあるが聞て呉れないか」と呼びかけ、テーブルの周囲に座らせて、台湾出兵について三十分か一時間程度の話をした。終わって、「今の僕の説は諸君に聞き取りが出来たか」と尋ねると、メンバーは皆よくわかった、と答える。福沢は、それ見たことか、日本語で演説ができないというのは「無稽の妄信」か「臆病者の遁辞」である、今自分が話したのは日本語であり、それで話した内容がわかれば演説以外の何物でもない、と応じた。以後、演説は無理だという声は聞かれなくなり、「此日は先づ演説首唱者の勝利に帰して相分れたり」と福沢は振り返っている（慶應義塾編『福澤諭吉全集』第一巻、岩波書店、昭和四四年、五四〜五九頁）。

こうして周囲の理解を得ながら、福沢は慶應義塾、交詢社、と徐々に演説の輪を広げ、その理想と思想、構想を開陳していく。

## Ⅲ

福沢は政治、行政、外交、経済、商業、教育、ジャーナリズム、社交、家庭、宗教など、実に幅広い分野で言論活動を展開した思想家だが、本書に収録された演説は、それらをバランス良く網羅しているわけではない。

福沢は、読者や聴衆によって書き、話す内容や方法を巧みに変え、効果的に影響を及ぼすことを企図した思想家であり、今日筆記・草稿が残っている演説の大半は、慶應義塾で学生をはじめとする義塾関係者に対して語ったものと、交詢社の大会・随意談会などで、その社員に対して話したもの、の二種類によって占められている。

慶應義塾は言うまでもなく教育機関であり、交詢社は「知識交換世務諮詢」を目的とした知的サロンであったから、福沢の演説内容も必然的に、教育や交際に関わるテーマに偏ってくる。義塾の学生や交詢社の社員へのメッセージ、となると、内容が重複することも避けられない。しかし、いや、だからこそ、福沢が繰り返し語り、説いて聞かせた内容からは、彼の思想の神髄とも言うべきものを、読み取ることができる。

本書では演説ごとに寸評を入れていることから、以下、演説をいくつかに分類し、寸評をまとめて補足説明を加えながら、演説にあらわれた福沢思想を読み説いていこう。

## （一）慶應義塾の学生たちへ

本書収録演説のうち、慶應義塾の関係者に対する最初のものは、明治十一年一月に行なわれた。福沢はここで、「進取」の気風をもって海外と文明化の競争を繰り広げ、そのために学問を実学に寄せ、「人間交際」を活発にすべきだと説いている。

この頃、義塾でははやくも、過去を振り返る営みがはじまっており、塾創設二十周年の同年には、三田演説館で祝賀会が開かれている。翌年一月の演説で、福沢は戊辰戦争中も休業しなかった塾の歴史を誇り、社中協力によって義塾を維持してきたので、今後もともに将来を発展させていきたいと語っている。当時、義塾は西南戦争後のインフレなどの煽りを受けて深刻な経営難に陥っており、一時は福沢もその存続を諦めるほどだったが、それを救ったのも社中の人々であった。

福沢の社中に対する配慮と呼びかけは継続し、明治十九年七月の維持社中の集会での演説では、義塾の現状や収支見込みを報告して、支援の輪を広げてほしいと語っている。晩年の明治三十年九月の演説でも、私塾は有志の「私徳」によって成り立っていることを強調して、彼らの寄附に頼らざるを得ない現状を説明している。

義塾は英語英学をもって学問の中心とし、福沢もそれを自負していたが、政治経済についての議論を避けたわけではない。むしろ明治十五年二月の演説にあるように、「真成の経世論」を知らないからこそ、若者が政治に熱中して国家の治安を乱す、と福沢は感じており、それが当時の自由民権論者に対する不満の種でもあった。ロシアでの皇帝専制に対する抵抗運動など、欧州における過激な「官民」の衝突について知悉していたからこそ、福沢は英国流の議会制度導入に傾いたわけだが、その懸念は、義塾の教育方針にも現れていたのである。

福沢が演説において、義塾の教育目的の軸に据えたのは、実業であった。福沢は早くから実業の重要性に着眼し、明治六年には商業の学問的重要性を訴える観点から、簿記を普及させるべく、『帳合之法』を出版。以後も実業への関心を抱き続け、明治二十六年には『実業論』を刊行して、日本において実業が発展しない理由を分析し、政府の介入を縮小させて、民間の実業の担い手を育てるべきだと説いた。この間の明治二十三年八月から九月にかけて『時事新報』に連載した「尚商立国論」では、「商武」の国であった日本を「尚商」の国とすべく、封建武士のように官僚を尊んで、その道を歩みたがる風潮を批判し、民間の商工業の地位を高め、「官尊民卑」の陋習を打破するよう訴えた。その文脈のなかで、福沢ははじめて、「独立自尊」という用語を用いている。福沢にとって、実業の奨励は、「官尊民卑」という風潮を覆し、「民」の立場を向上させ、独立した個人を育成する上で、避けては通れない思想課題だったのである。

幸い、義塾には地方富豪の子弟が多かった。福沢は明治十六年六月の演説で、そうした子弟は帰郷して郷土で事業に励むよう勧め、実務から遠ざけられないよう、周囲から信頼される徳望を身につけてほしいと語り、郷里との音信も欠かすことがないよう諭した。明治二十五年十一月の演説でも、地方富豪の子弟が集まった商業倶楽部に期待を寄せて、家業を継いで地元の信頼を勝ち取っていってほしいと呼びかけている。そのために「仁恵」の精神を身につけるよう繰り返し説き、仏教の有用性を強調したのも、福沢の特徴である。晩年の明治三十一年六月、地方富豪が「都人士の風」を気取っているのを揶揄した演説も、そうした「仁恵」の精神が欠けていることへの批判に裏打ちされていた。

郷土の家族に手紙を書いて、その心を慰めることは、「愛情」の表現であるとともに、「仁恵」の精神を涵養するトレーニングだったのかもしれない。明治二十三年十一月の演説でも、江戸時代まで子どもに課されていた親孝行の教訓書の類いは「無理なる注文」だとしつつ、手紙を書いて近況を伝えることは必要だと述べている。福沢自身、長男・一太郎と次男・捨次郎のアメリカ留学中、頻繁に手紙を書き、また両名も多くの返事を書いた。『福翁自伝』のなかで福沢は、「親子の間は愛情一偏で何ほど年を取ても互に理窟らしい議論は無用の沙汰である」と述べた上で、「私も妻も全く同説で親子の間を成る丈け離れぬやうにする計り」で、両名の留学中は「亜米利加の郵船が一週間に大抵一度、時としては二週間に一度と云ふ位の往復でしたが　小供両人の在米中私は何か要用の時は勿論、仮令ひ用事がなくても毎便必ず手紙を遣らない事はない、六年の間何でも三百何十通と云ふ手紙を書きました」と回想している（前掲『福澤諭吉集　新日本古典文学大系　明治編一〇』、三四四頁）。

実業界に話題を戻すと、福沢は明治十九年一月の演説で、教育の目的は「実業者」を作ることにある、とまで極論し、今後はもっと「実学」に力を入れ、「実業の人」を生み出したいと述べている。翌年四月にも、封建時代と違って今や頼れるのは家柄ではなく個人の才力のみであり、学問を社会に応用して成功してほしいと呼びかけた。明治二十四年十月には、実業界就職後の将来を見据えて、学生時代から学問を実践に移し、「業を実」に変換する営みを忘れないようにと語っている。翌年十月には、心身の働きを実地に応用して、人材不足に悩む実業界の需要に応えてほしいと述べた。

こうした福沢の期待を背景に、池田成彬、小林一三、荘田平五郎、日比翁助、中上川彦次郎、藤山雷太、藤原銀次郎、松永安左エ門、武藤山治、といった名だたる財界人をはじめ、多くの実業家が義塾から社会に輩出されていった。

もとより、実業だけが義塾の教育目的として演説で語られたわけではない。明治十九年二月には、道徳や品行も重要であり、とかく道徳論者には言行と齟齬を来している場合が多いとして、道徳は人の目に示して感じせしめるものだと説いている。明治二十一年六月の演説では、礼儀や美術、文学に対する素養を欠いて「高尚」な人格を獲得できなければ、才能を生かすことができない、と語った。借金や散財をしないこと、心身の健康を維持することも、繰り返し言って聞かせている。明治二十三年一月の有名な演説「学問に凝る勿れ」でも、学問ばかりに凝り固らず、むしろ学問は内に秘め、俗事をこなしつつ、周囲を先導していく人間像を提示した。こうした理想的な学生像が構築できず、風紀が乱れて、粗野な言動に奔る学生が一人でも出てしまえば、義塾の信用が落ちる。その意味で、義塾が「共有」物であることを、福沢は明治二十三年十月の演説で強調していた。

義塾を福沢の「私有物」から社会の「公共物」へと移管していくこと。それは老齢を迎えた福沢にとって、避けては通れない課題であった。しかし、義塾の経営を次世代に託していくのは、簡単なことではない。明治二十年十一月の演説にあるように、福沢は小泉信吉を総長（のち、塾長）に就かせて塾務を統括するよう改革したが、学生のボイコットへの対応などをめぐって福沢と意見を異にした小泉は、結局、病を理由に和歌山に帰郷、職を辞してしまう。

その福沢自身は年を重ねるごとに、次第に偶像化されていった。明治二十六年十月の福沢の銅像開披式での演説には、あまり嬉しくない福沢と、しかし、公共財としての義塾の存続のためならば、その象徴として偶像化されることもやむを得ないという、複雑な心情があらわれている。

二年後に還暦を迎えた福沢は明治二十八年十月の演説で、祝賀会に集まった面々に頼もしさを感じ、未来の建設を任せているが、若干の不安もあったにちがいない。翌年十一月の故老生懐旧会で語った演説の一節から、「慶應義塾の目的」として知られることになる文章を記して後世に遺したのも、そうした期待と不安の現れであろう。

## （二）交詢社の社員たちへ

福沢が交詢社に期待していたもの、それは一貫して、社則第一条にある「本社の目的は社員たる者交互に智識を交換し世務を諮詢するに在り」にあった。明治十三年一月の発会の際の演説にあるように、モデルは情報、金銭や物資などを交換していた江戸時代の各藩邸である。福沢は交詢社に、職業や身分、地域などを超えた、知識の「ステーション」となるよう期待した。

この趣旨を徹底するためには、「人間交際」を深めなければならない。しかし、集会や宴会というと、どうしても前時代的な「酒池肉林」の宴会がイメージされてしまう。福沢は翌月の演説でこうした宴会を批判し、集会とは肉体ではなく精神を慰めて情を結ぶものだと論じた。

新たな「人間交際」の姿を描き出そうとする交詢社は、それが新たな試みであるために、既存や外来の枠組みで理解され、誤解され続けた。典型的なのが、「政談会社」「政党」イメージである。明治十四年の政変の際に井上毅が交詢社にそうしたイメージを投影して警戒したことはよく知られているが、福沢ははやくもその前年の二月に、交詢社は「政談会社」「政党」ではない、と否定している。

しかし、どんなに交際や談話、文通の重要性を説いても、政治を論じ、私擬憲法案を示し、かつ政治の外に「逍遥」する、という立ち位置は、周囲の理解を得にくいものであった。政変後の明治十五年四月、福沢が改めて交詢社が政党ではないと否定したのはそのためだが、交詢社員で政党に加入した場合、実家が交詢社だっただけだという論理は、やはり対抗する相手には理解されにくかろう。

それでも、福沢は「知識交換世務諮詢」を説き続けた。松方デフレ下の明治十八年四月には、「智識世務」に不景気はないと喝破している。交換すべきは実知識であり、求められるのは不偏不党、中庸、独立の態度であった。帝国議会開設を前に、その点がさらに強調され、明治二十二年四月には、交詢社は「知識の府」たれと論じ、議会の熱狂から距離を置き、天下の方向性を示していくべきだと説いている。議会開設後も、明治二十四年四月の演説で、政論の熱気を冷ます機能を交詢社に求め、そのために「無味無臭」であることを要請した。

福沢の生涯にとって極めて大きな出来事であった日清戦争も、終わってみれば、帝国として膨張した日本に見合っただけの知識が備わっていない、という現状が目立つばかりであり、そのために、交詢社に一層の知識の交換を求めざるを得なかった。明治三十年四月には、衆生済度という仏教用語を用いて、交詢社に悟りへと導く仏や菩薩の役割さえ期待している。翌年四月の大会での演説が、福沢生前最後の交詢社での演説だが、自分は死ぬまで知識を交換して社会の先陣を切る、と語る福沢を前に、社員たちはどんな印象を持っただろうか。

福沢の死去からわずか二ヵ月後、文書による「知識交換世務諮詢」を支え、福沢の演説を掲載してきた『交詢雑誌』が幕を閉じ、その翌月の大会では同社をクラブ組織へと変更することが決められたことを考えると、社会や社員の需要と福沢の期待との間には、深刻なズレが生じていたと言わざるを得ない。以後、交詢社には食堂、酒場、ビリヤード場などが設けられ、同社は都市上流層を中心とした会員の談話・遊戯の場となっていく。時代が下るにつれ、交詢社での福沢の演説の声は虚しく響いていったのではないか。

## (三) 官学・医学・法学・政界へ

福沢が演説を語ったのは、慶應義塾や交詢社だけではない。特に明治前半は、官立・私立、多くの学校の記念行事に招かれて、祝辞を贈った。

明治十年三月には、開成学校に講義室が設けられた際に、祝詞を述べている。福沢はここで、江戸時代では、私学経営者の自分が官学の式典に招待されるなど想像もできないことだと語った。「官尊民卑」を肌で感じてきた福沢にとって、これは名誉なことだったにちがいなく、学問に「官私」の区別はないという持論を体現する場面でもあった。

福沢が「私」において学問を営む上で、「官」の壁は高く、分厚いものであった。慶應四年(一八六八年)閏四月十日付の山口良蔵宛書簡では、「此塾小なりと雖トモ、開成所を除クトキ者江戸第一等なり。然ハ則日本第一等乎」(慶應義塾編『福澤諭吉書簡集』第一巻、岩波書店、平成一三年、九三頁)と述べており、義塾にとって開成学校の前身である開成所が、目の上のたんこぶ的存在であったことをうかがわせている。福沢は一太郎と捨次郎を東京大学予備門に通わせたが、それは「官」の壁を認めざるを得なかったためか、あるいは、学問に「官私」の別はない、という持論からだったか。

少なくとも医学の分野では、「官私」の区別を超えた、共感があったようである。明治十二年十月の東京大学医学部学位授与式での祝詞を見ると、東大医学部も蘭方医の長い歴史の

延長上で捉えられており、その上で貴賤富貴や知愚強弱の別なく、患者を愛し、心身ともに
癒やしてほしいと語っている。福沢が適塾でオランダ医学を学び、蘭方医の先学に深い敬意
を示して、『蘭学事始』の刊行に努めたことはよく知られており、東大も福沢も、同じ蘭方
医の系譜の上に立っていた。

　こうした共感は、晩年の明治三十一年九月の長与専斎還暦祝賀会に寄せた祝辞で、医療行
政で業績を挙げてきた適塾の同窓である長与を高く評価し、「文明医学」という言葉で、そ
の偉大な「医業」を讃えていることからも、うかがえよう。福沢は医者ではないとはいえ、
ともに医学を学んだ親友として、長与が発展させた「文明医学」の世界に身を寄せている自
覚があったことは、想像に難くない。

　長与がコレラ対策の一貫として設立した大日本私立衛生会で明治十七年一月に福沢が演説
し、水道の整備のあり方について説いたのも、二人の親密な関係、そして「官私」関係と無
関係ではない。同会は、公衆衛生に対する民間の意識を高め、政府の施策を援助するために
設立されたもので、「官私」を架橋する存在であった。今も昔も、民間の協力なくして伝染
病の感染拡大を防止することはできず、それは長与も福沢も、よく認識していた。

　インフラ面では、福沢はとりわけ鉄道の普及を重視し、演説でも明治十六年十二月に熊谷
で、開通したばかりの上野との線路を活用して商業を発展させてほしいと呼びかけている。
翌年三月には聴衆の北海道開拓への関心を喚起する演説をしているが、福沢自身、その開拓
のために北海道炭礦鉄道の設立に関与し、女婿の桃介を就職させた。福沢が着眼した文明の

った。

利器―鉄道、郵便、電信、印刷―は、「人間交際」の上でも、欠くことのできない要素であった。

自然科学や発明と対極にあるとされがちな宗教についても、福沢は演説で多くを語った。明治十五年三月の演説では、国内秩序維持のためにキリスト教の浸透を防ぐべきであり、そのために仏教を保護・利用すべきだと説いた。この後、福沢は明治十七年六月に『時事新報』に連載した「宗教も亦西洋風に従はざるを得ず」で、欧米諸国との関係悪化を防ぐため、日本の宗教をキリスト教化すべきことを説き、その後、ユニテリアンに接近していくことはよく知られているが、功利主義的観点から宗教を利用・活用しようという姿勢は一貫している。

自らは特定の信仰を持たずに宗教の外に「逍遥」しつつ、その活用法を提言していくというスタイルは、どこか交詢社の政治へのスタンスと似ている。福沢自身にそれはできても、大きな組織がそれを実現して周囲からの理解を得るのは難しい。先駆的で挑戦的であるがゆえの、苦悩である。

このほか、法学教育にも、福沢は少なからぬ関心をみせた。明治十二年十二月には、アメリカ帰りの法学者たちに協力して慶應義塾に夜間法律科が創立され、これが分離独立して専修学校（現在の専修大学）の一源流となったのは、周知の通りである。福沢は明治十八年九月に英吉利法律学校（現在の中央大学）開校式に出席して演説し、法律を身につけて卒業後は、法曹界に入るのではなく、商業・工業の世界で活躍してほしいと呼びかけている。晩年の明治三十一年九月の演説でも、義塾大学部法律科の学生が少ないことを嘆きつつ、法曹界のみならず、企業経営や婚姻相続まで、幅広く法によって規定されている社会における法学の重要性を語った。法治国家として日本を成り立たせようとした福沢らしい、法学教育観であろう。

民間における法学教育の普及は、民間活力の活性化という持論からも、評価される点であった。福沢の推薦で明治七年からアメリカに留学した津田純一は、福沢門下でいち早く法学の学士号を取得して帰国したが、法曹界には入らず、専修学校の設立に関わるなど、私立・官立双方の学校で教育に携わりながら、『交詢雑誌』誌上で法学知識の交換に努めた。こうした生き方が、福沢の一つの理想だったのだろう。

政治・外交に関わる演説は、多くはない。その中で注目されるのは、明治八年六月の演説である。福沢はここで、幕末の志士が掲げた尊王攘夷は建前に過ぎず、本音は徳川幕府の暴政に対する反発であり、その結果生まれた新政府も天皇の政府ではなく、人民の政府であるとして、大政奉還をマグナカルタに重ね合わせている。こうした維新観は、自著『文明論之概略』(明治八年刊)をはじめ、同時期の福沢の著作には繰り返し現れており、くだけた口調の演説ながら、福沢の独特な歴史観を端的に示している。

日清戦争を「文野の戦争」と呼び、軍資醵集運動を起こしてこれを支援し、その勝利に涙を流して喜んだ福沢の姿にも、清国が遅れた腐敗国家、野蛮な暴政国家であるといった世界観が影響しているように思われる。そこには、自らが支援し続けてきた朝鮮開化派を排除した朝鮮守旧派と、それを助けた清国への不満も混じっていたにちがいない。朝鮮の近代化にとっても、日本の近代化にとっても、そして、東アジア全体の近代化にとっても、身分制秩序によって裏付けられた暴政政府は、打倒されるべきであったし、その勝利は「人民」と「文明」のそれでなければならなかった。「門閥制度は親の敵」という福沢の言葉は、単なる私怨を表現したものではない。

日清戦争後の明治二十八年四月の演説で、福沢が帝国の膨張に追いつかない知的世界に懸念を示し、明治三十一年三月の演説において世間にはびこる排外主義や自尊自大に嫌悪感をあらわにしたのも、日本が「文明」世界から足を踏み外してしまうことへの警戒心からだったと思われる。慶應義塾出身の議員たちを含め、戦時下で政府と議会が「官民一致」を実現したことを、持論である「官民調和論」の観点から評価しつつ、今後の商業・工業の戦争では「文明開化の一法」のみが求められる、と評した明治二十八年一月の演説も、同じ文脈から理解されるべきであろう。

その意味で、福沢が最後に遺した明治三十三年十一月の演説が、「文明開化の活劇」を目撃してきた人生を顧みて幸福だったと自負しつつ、日米間の尊敬と信愛、友情を強調したものとなっているのは、きわめて示唆的である。日米関係はまだ良好で、移民問題や大陸での利権をめぐる衝突も、顕在化してはいなかった。しかし、福沢が生きてきた明治の「文明開化の活劇」の物語から、日米関係が一歩外れるとき、それは日本にとって大きな危機となることを、病床の福沢は敏感に感じとっていたのかもしれない。

Ⅳ

福沢が演説を普及させるために明治八年五月に設置した三田演説館は、関東大震災や太平洋戦争の際の空襲といった苦難を乗り越え、慶應義塾大学三田キャンパスの一角に重要文化財として現存している。福沢が度々演壇に立った三田演説会をはじめ、慶應義塾の重要な催しが、現在もそこで執り行われており、演壇の背後には、演説をしている福沢の姿を描いた肖像画が掲げられ、後世の演説者たちを見守っている。

本書のモデルとなったのは、平成二十三年（二〇一一年）に講談社学術文庫として刊行された瀧井一博編『伊藤博文演説集』である。明治の政治家を代表する伊藤に演説集があって、明治の思想家を代表する福沢諭吉の演説集がないのはいかがなものか、といった問題意識から、編集部の青山遊氏より本書の編者を依頼された。企画立案から編集、刊行にまで熱心に導いて下さった青山氏に、心より感謝の意を表したい。

編者を引き受けたはいいものの、伊藤と違って福沢には、演説集の底本となるべきものがない。『福澤諭吉全集』には、百二十九編に及ぶ福沢の演説筆記・草稿が分散して収録されており、まずはそれらを収集するところからはじめた。作業は主に、編者が所員を務めている慶應義塾福澤研究センターにて行った。協力して下さった同センターの教職員の皆様に、厚く御礼申し上げる次第である。

編者の恩師である寺崎修・慶應義塾大学名誉教授は、『福澤諭吉書簡集』（全九巻、岩波書店）の編者の一人を務められ、そこから代表的な福沢書簡を集めた『福沢諭吉の手紙』（岩波文庫）の編纂にも携わられた。編者の福沢研究は寺崎名誉教授の薫陶によりはじまったものであり、同書簡集・文庫からは多くの学問的恩恵を受けてきた。本書をもって、恩師から受けた学恩に対し、ささやかな応答ができたならば、と思っていたが、ご生前に献呈することが叶わなかった。謹んでご霊前に捧げたい。

「演説」の創始者である福沢が、いかにしてそれを説きはじめ、聴衆に何を語り、近代日本に何を遺そうとしたのか。読者諸氏が、本書を通して、福沢の努力と奮闘の軌跡をたどってくだされば、編者としてこれ以上の喜びはない。

令和四年（二〇二二年）十二月十一日

三田演説館を仰ぎ見ながら

編者

本書は講談社学術文庫のために新たに編集されたものです。

福沢諭吉（ふくざわ　ゆきち）

1835-1901年。思想家，教育家。中津藩士から幕臣となり，渡米・渡欧。1858年，慶應義塾の礎となる蘭学塾を創設した。

小川原正道（おがわら　まさみち）

1976年,長野県生まれ。慶應義塾大学大学院法学研究科政治学専攻博士課程修了。現在,慶應義塾大学法学部教授。博士(法学)。専攻は近代日本政治史・政治思想史。著書に『福澤諭吉の政治思想』『日本の戦争と宗教　1899–1945』など。

定価はカバーに表示してあります。

独立(どくりつ)のすすめ　福沢諭吉演説集(ふくざわゆきちえんぜつしゅう)

小川原正道(おがわらまさみち) 編

2023年1月11日　第1刷発行

発行者　鈴木章一
発行所　株式会社講談社
東京都文京区音羽 2-12-21 〒112-8001
電話　編集（03）5395-3512
販売（03）5395-4415
業務（03）5395-3615
装　幀　蟹江征治
印　刷　株式会社広済堂ネクスト
製　本　株式会社国宝社
本文データ制作　講談社デジタル製作



ISBN978-4-06-530680-2

# 「講談社学術文庫」の刊行に当たって

これは、学術をポケットに入れることをモットーとして生まれた文庫である。学術は少年の心を養い、成年の心を満たす。その学術がポケットにはいる形で、万人のものになることは、生涯教育をうたう現代の理想である。

こうした考え方は、学術を巨大な城のように見る世間の常識に反するかもしれない。また、一部の人たちからは、学術の権威をおとすものと非難されるかもしれない。しかし、それはいずれも学術の新しい在り方を解しないものといわざるをえない。

学術は、まず魔術への挑戦から始まった。やがて、いわゆる常識をつぎつぎに改めていった。学術の権威は、幾百年、幾千年にわたる、苦しい戦いの成果である。こうしてきずきあげられた城が、一見して近づきがたいものにうつるのは、そのためである。しかし、学術の権威を、その形の上だけで判断してはならない。その生成のあとをかえりみれば、その根は常に人々の生活の中にあった。学術が大きな力たりうるのはそのためであって、生活をはなれた学術は、どこにもない。

開かれた社会といわれる現代にとって、これはまったく自明である。生活と学術との間に、もし距離があるとすれば、何をおいてもこれを埋めねばならない。もしこの距離が形の上の迷信からきているとすれば、その迷信をうち破らねばならぬ。

学術文庫は、内外の迷信を打破し、学術のために新しい天地をひらく意図をもって生まれた。文庫という小さい形と、学術という壮大な城とが、完全に両立するためには、なおいくらかの時を必要とするであろう。しかし、学術をポケットにした社会が、人間の生活にとってより豊かな社会であることは、たしかである。そうした社会の実現のために、文庫の世界に新しいジャンルを加えることができれば幸いである。

一九七六年六月

野間省一